I0160377

MARTA MERAJVER-KURLAT

EL *ULISES* DE JAMES JOYCE:

UNA LECTURA POSIBLE

Jorge Pinto Books Inc.
New York

El *Ulises* De James Joyce:
Una Lectura Posible

© Marta Merajver-Kurlat

En su calidad de autor del texto, Marta Merajver-Kurlat ha registrado sus derechos correspondientes de acuerdo con lo que marca la Ley 1988 de Derechos de Autor, Diseño y Patentes.

Derechos de la edición © Jorge Pinto Books Inc. 2008.

Todos los derechos reservados. Quedan prohibidos la reproducción total o parcial de esta publicación, su almacenamiento bajo cualquier sistema que permita su posterior recuperación, y su transmisión por medios electrónicos, mecánicos u otros así como su fotocopiado o grabado sin previa autorización del editor, otorgada por escrito. Asimismo, de no mediar dicha autorización por parte de Jorge Pinto Books Inc. 151 East 58th Street, New York, NY 10022 USA, este volumen no puede ser prestado, revendido, cedido en alquiler ni enajenado comercialmente bajo ningún otro formato de encuadernación o portadas que difieran de aquel en la cual se encuentra publicado.

Diseño de la portada: Susan Hildebrand

Composición tipográfica: Cox-King Multimedia, www.ckmm.com.

ISBN: 0-9801147-7-2
978-0-9801147-7-5

Esta pequeña guía está dedicada a todos los que, desde el año 1980 hasta la fecha, aportaron su deseo de lectura, su constancia, y sus puntos de vista durante los seminarios que ellos mismos impulsaron para no dejar el texto de Joyce como materia pendiente.

Agradezco profundamente su entusiasmo y adhesión, así como la confianza que me transmitió Jorge Pinto, mi editor, para que el trabajo de tanto tiempo se plasmara en un libro antes de que se desvaneciera la tinta de los apuntes tomados antes y después de cada encuentro.

M.M.K.

Índice

Prólogo

Si pudiéramos sintetizar qué nos produce dejarnos llevar por un texto que lee el *Ulises* (no "acerca de", ni "sobre", tal como aclara la autora), deberíamos priorizar el hecho de que estas páginas intenten dar cuenta del pensamiento humano, de su monólogo interior. Es el universal proyectado en lo singular, que se plasma en el pensamiento encarnado en distintos personajes: Bloom, Stephen, Molly, quienes inmersos en su propia lucha, se preguntan nada menos que por su existencia.

Sin embargo, se impone desdoblar la tarea: la primera vía consiste en seguir los vericuetos particulares del pensamiento de Marta Merajver Kurlat, cuyo talento se manifiesta en su audacia y en el trabajo minucioso que se requiere para recorrer algunos de los caminos que sugiere el célebre texto de Joyce. La segunda opción consiste en hacer algunos comentarios sobre el *Ulises* en sí. Ambas tareas bordean una imposibilidad estructural: aquella que define al pensamiento mismo.

En *Diez (posibles) razones para la tristeza del pensamiento*, George Steiner se hace una pregunta crucial que nos acompaña como eje en ambos textos. ¿Hasta dónde podemos pensar el pensamiento, si éste es ilimitado? Explica Steiner: pensamos en algo o acerca de algo, pero hay un más allá del pensamiento que es estrictamente impensable.

Sabido es que *Ulises* toca los límites de lo impensable; justamente en este punto reside la precisión del cálculo de Joyce, así como el trabajo de deconstrucción de la autora, que consigue armar un caleidoscopio mediante el cual, con mínimos movimientos del ojo del observador-lector, se modifica la imagen-lectura del texto. ¿Es el estilo que Marta elige para leer —producto del lugar donde ella se ubica— o es la tarea que el mismo texto de Joyce convoca? El cruce entre estos dos aspectos es ineludible.

Siguiendo la lógica de Russell, Joyce, como tantos otros genios, ha hecho clase. Son los llamados "joycianos" los que dejan marcas imborrables: sostienen en su deseo lecturas posibles que esbozan un punto de infinitud. Baste recordar el homenaje que cada 16 de junio se hace de la obra de Joyce, cuando en distintas partes del mundo se leen durante toda la jornada los capítulos de *Ulises*.

Joyce ya había jugado con la idea de que su texto perdurara y convocara a sus seguidores por nada menos que 300 años. Siguiendo su humor irlandés, podríamos preguntar si el texto de Marta –caracterizado por una notable modestia intelectual–, podrá acompañar las lecturas de *Ulises* a lo largo de esos siglos. Esperemos que así sea... Por lo pronto, la fuerza que ha cobrado el fenómeno joyciano permite pensar que el deseo del autor está cumplido.

En su interés por el pensamiento humano, Joyce consigue casi lo imposible: al igual que la tragedia griega, *Ulises* condensa una compleja trama argumental en un brevísimo lapso de tiempo. Gracias a la importancia que tiene el monólogo interior, también las unidades de espacio y acción conservan, a pesar de su complejidad, una forma clara y definida.

En una forma original de hacerle una dedicatoria a la primera cita con Nora, su mujer, todo ocurre un 16 de junio. A través de la ficción es posible interpretar una novela de amor, y de igual manera se entrevé una discreta pasión en los años que Marta dedicó al *Ulises* en su seminario.

Tal como hace la autora al distinguir tres niveles en la lectura de Joyce, también su propio texto puede dividirse en tres estratos. En primer lugar, el descriptivo, histórico, de exégesis o hermenéutica, donde trabaja la realidad del pasado en el tiempo de la novela. El segundo es el intercambio que ella va produciendo con sus interlocutores, además de sus propias acotaciones y recuerdos. Por último, la discontinuidad introducida por las voces, que casi al modo de una asociación libre en algunos casos, o de investigación, en otros, llevan a cabo una interesante inserción en la urdimbre del seminario.

En el *"laberinto"* de sus entradas se destaca el siguiente pasaje, en el que la autora nos invita a recorrer *"los senderos como se nos presentan, yendo y viniendo sin un orden establecido. Es un desafío a la imaginación y mucho más entretenido que un ordenamiento a la manera escolar. En algunos momentos vamos a encontrarnos más allá de la división formal de los episodios, apostando a la desestructuración que propusimos al principio"*

Decimos "seminario", pero paradójicamente el libro de Marta dista del discurso universitario. Acaso lo atraviese el propio posmodernismo que la obra genera. En su exhaustivo trabajo arqueológico, salen a luz distintas entradas, puntuaciones, mínimos ordenamientos que se desarman rápidamente para dar lugar al advenimiento de otras capas. Uno de los méritos de la lectura de Marta es haber dejado una puerta abierta: sin designadores rígidos, se van construyendo mundos posibles –al decir de Kripke–, para la lectura del *Ulises*... Podría haber otros.

De la autora, pocas palabras. Solo un recuerdo infantil, y como tal, encubridor: con lentes un poco grandes para su edad, sumergida en las *Mil y una noches*, y narrándome, después de leer sobre mitología, las hazañas de Odiseo, de "nuestro" Ulises... Ese relato me encantaba, como encantaba al héroe el canto de las sirenas.

Y ahora, a leer, *"ya que a cada lector le repercuten estas escenas según que cuerda emotiva pulsen..."*

Alicia Merajver de Hartmann

Introducción

Durante más de treinta años de conversaciones con amantes de la lectura, he venido escuchando la frase "Intenté repetidamente leer el *Ulises* de Joyce, pero abandoné en la página 5..., 10..., 15...".

Los frustrados lectores de esta obra maestra de la literatura se sienten perturbados por su imposibilidad de encontrar el sentido que guió la escritura o, en su defecto, de darle un sentido propio que les permita avanzar.

Son incontables las obras, producto de otras plumas, que ofrecieron explicaciones y redes temáticas y lingüísticas para facilitar la tarea del neófito. Desafortunadamente, el nivel de dificultad aumenta, dado que una palabra o concepto de los eruditos en el tema remite a otros que no forman parte del bagaje del lector no especializado. Así desalentado, éste confina el *Ulises* a su biblioteca, esperando volver a él algún día.

Para colmo de males, el desdichado no-lector de *Ulises* a menudo se mueve en círculos profesionales donde unos pocos hacen gala de su conocimiento a la letra y 'de la letra' (Lacan *dixit*) del texto, erigiéndose en amos de un saber que ofrecen compartir, bien que cuidándose de volar a mayor altura aún que los simbólicos pájaros de Joyce, puesto que renunciar al monopolio del saber equivale a perder el poder. Saber y poder ilusorios, sin duda, pero operadores irrenunciables en una ecuación en la que es imprescindible que el otro quede marcado por un menos.

En justicia, entre estos pocos, algunos son estudiosos genuinos de las perplejidades a las que nos enfrenta Joyce. No son estos, por cierto, los que se atrincheran tras un discurso cuya carga de enigmas asegura que quien escucha se perpetúe en la creencia de que jamás comprenderá.

Curiosamente, los emisores de este discurso no han abrevado directamente de la fuente. Por lo general, entre ellos y la obra media la preposición 'sobre', en sus sentidos de 'por encima' y 'acerca de'. La inclusión de la preposición los aleja de la palabra de Joyce, y hace que transmitan su subjetivación de la subjetivación inevitable ya realizada por el comentarista único o los comentaristas varios a los que recurrieron, provocando así una distorsión catastrófica para su público.

En abierto contraste con la afirmación de un saber, el presente texto carece de toda pretensión académica. Simplemente intenta acompañar al lector por los meandros del laberinto joyceano, buscando los hitos que lo ayuden a recorrerlo con confianza en su discernimiento, y asegurándole la libertad de encontrar significados y sentidos distintos de los que aquí se señalan.

El *Ulises* impresiona como una construcción hermética, encerrada en sí misma. Parece insinuar que se necesita una clave de decodificación, o una llave; quizás las llaves que, a lo largo de la historia, van y vienen, son olvidadas, se pierden, o se teme perder.

Si el lector, haciendo a un lado prejuicios y temores, fuerza la resistencia del texto y la suya propia, de la mano de esta guía conseguirá sortear los obstáculos que parecen cerrar los senderos del laberinto, y encontrará salida. No *la* salida; no la predeterminada por el ritual cuasi religioso con el que se cree hay que trabajar este experimento literario, sino *su* salida, la que lo deje satisfecho y le proporcione placer.

Si las páginas que siguen le facilitan el encuentro con los mundos y los tiempos que Joyce concentró en un solo día, si logra aprehender el humor, la queja, la crítica, la observación de la realidad, las trampas del pensamiento, este libro habrá cumplido su propósito.

El origen

Este libro es el producto de casi treinta años de seminarios dedicados a esclarecer, desde una perspectiva paralela a la mirada del lector, los puntos más oscuros que se presentan al abordar el *Ulises* de Joyce.

Si bien la autora llegaba a las aulas con el texto ajeno bajo el brazo y un punto de vista propio, abonado por las repetidas lecturas de la obra y de muchos de sus comentaristas distinguidos, y tamizado por su subjetividad, en tanto la postura objetiva frente a una obra de arte es, en su opinión, falacia de una crítica que pretende erigirse en ciencia, ese punto de vista se vio enriquecido por los aportes de todos y cada uno de quienes integraron los seminarios. No pudiendo nombrarlos uno por uno, ni separar sus contribuciones originales, los ha hermanado bajo las voces de interlocutores inidentificados, integrados en una poderosa fuerza que marca la presencia y la palabra de una huella que hizo surco en la memoria.

En poco menos de veinte años se calcula el tiempo que Ulises rey de Itaca permaneció alejado de su hogar. Aparentemente, nueve de ellos transcurrieron en la guerra de Troya, y el resto en los mares tempestuosos, perseguido por la ira de Poseidón, con intervalos en tierra/islas donde la acogida le fue propicia en ciertas ocasiones, y casi fatal en otras. Finalmente, logró retornar a su patria y, luego de resolver algunos contratiempos domésticos –dando muerte a los pretendientes de su esposa, por ejemplo– retomar la cotidianeidad de una existencia no diferente de la de otros hombres.

La autora no ha corrido la misma suerte. Por lo que a nuestro *Ulises* se refiere, continúa navegando por sus páginas, y sin duda no piensa hoy lo que pensaba cuando se embarcó por primera vez en esta nave.

En *Los mitos griegos*, Robert Graves nos advierte sobre la necesidad de distinguir entre el mito 'puro' –la forma narrativa en la que se perpetuaron los rituales tendientes a promover la fertilidad y permanencia de un reino– y otras doce construcciones que los hombres, a sabiendas o no, enmascararon bajo el generoso manto del mito, dos ejemplos de los cuales serían la saga heroica tal como la presenta la línea argumental de *La Ilíada* y la alegoría filosófica de Hesíodo.

Deberíamos agregar la construcción número trece: los 'mitos' que algunos estudios metaliterarios han forjado sobre la literatura misma. Específicamente, es probable que el más preocupante sea el que postula que la vida de un artista explica su obra. El artista no puede ni desea sustraerse de su creación; aún así, la propuesta y la apuesta de esta aproximación al *Ulises* consiste en concentrarse en la obra, en hacer que nos hable, con la esperanza de que un plus de empatía nos acerque a una mínima aprehensión de la vida del artista.

Abordajes de una lectura

En la decisión de un modo de abordaje de la lectura, preferiría despegarme del primer análisis 'oficial' que se hizo de este libro, el análisis de Stuart Gilbert, basado en una comparación entre cada una de las partes de *Ulises* con los cantos de *La Odisea*. La razón por la cual deseo apartarme de este camino es que éste es el camino fácil. Resulta tranquilizador 'saber' que tal episodio corresponde a tal canto, pero encuentro más interesante un esquema desestructurante, que nos permita otra mirada.

El análisis de Gilbert no respondió a un capricho. Tuvo una serie de charlas con Joyce, y fue Joyce mismo quien le dijo que lo que estaba escribiendo seguía el hilo de los cantos de *La Odisea*, nombrando cada uno de los episodios de su texto según los nombres de los distintos cantos. Joyce le comunicó, además, que las partes de su libro hacían referencia directa a las partes del cuerpo, a los colores, a las formas musicales. Sobre la sólida base de la palabra del autor, Gilbert encaró su 'decodificación', lo cual provocó el enojo de Joyce, quien declaró que no eran así las cosas, dejando a Gilbert en una situación sumamente incómoda. ¿Cómo podía no ser así, si había recibido la información de la fuente más fidedigna? Bien, es que era verdad el paralelo, pero sólo hasta cierto punto, en tanto era muchas otras cosas también. Vamos a hacer algunas referencias comparativas, pero sin permitir que este modo de interpretación se convierta en el eje de nuestro pensamiento.

Creo que es interesante recordar en qué momento se le presenta a Joyce, por primera vez, la idea de que Ulises el héroe mítico es alguien importante en su vida. En el año 1917, Joyce, maestro, sostiene una conversación con un alumno y le cuenta una experiencia de su propia vida escolar. Reflejando el tipo de aprendizaje formal aplicado en aquellos tiempos, Joyce relata que, a los 12 años, estudió la guerra de Troya. Él recuerda poco y nada de la guerra en sí, pero el personaje que quedó grabado a fuego en su memoria fue Ulises. Comenta, además, que los otros protagonistas de la guerra no sobrevivieron en las narraciones, sino que murieron en el momento en que los grandes autores de la tragedia griega decidieron su muerte en las obras que les dedicaron. Es decir, que no hubo –fuera de *La Ilíada*– un gran poema épico dedicado a otros protagonistas griegos. Aclaro 'griegos' porque el príncipe troyano Eneas tuvo su poema en la bellísima *Eneida* de Virgilio. En cambio, Ulises sí fue retomado en *La Odisea*, porque era el personaje más humano.

Después de esta conversación con su maestro, el alumno de Joyce la reconstruye, o la recrea, o la completa –la memoria y la subjetividad siempre modifican de algún modo el recuerdo– en su propio diario. Escribe que Joyce le ha dicho que el tema más hermoso y más abarcativo de lo humano se encuentra en *La Odisea*. Haciendo hablar a Joyce en primera persona, y según Richard Ellmann, éste es el registro que asienta: "… [El personaje de Ulises] es más grande y más humano que el de Hamlet, que el del Quijote…, el de Dante y el de Fausto. […] Quiero ser completamente sincero: a los doce años me gustaba lo sobrenatural del personaje de Ulises. Cuando estaba escribiendo *Dubliners*[1], en realidad primero pensé titularlo '*Ulises en Dublín*', y luego deseché la idea. En Roma, cuando iba promediando la escritura de *Retrato del Artista Adolescente*, me di cuenta de que su secuela forzosamente tenía que ser *La Odisea*, y comencé a escribir el *Ulises*. Ahora, ¿por qué es que siempre retorno a este tema? *In mezzo del camin* ["En medio del camino", ahí está citando a Dante], encuentro que la persona de Ulises es la más humana de la literatura mundial. Ulises no quería ir a la guerra de Troya; sabía que la razón oficial de la guerra era sólo un pretexto para los mercaderes griegos en busca de nuevos mercados. Cuando llegaron a reclutarlo, estaba arando su campo, fingió locura, y sólo accedió cuando los emisarios pusieron a su hijo de dos años en el surco".

Vamos a interrumpir aquí la cita para recordar la razón por la cual llegaron los emisarios. Ulises, como tantos otros príncipes, se había postulado como pretendiente de Helena, la mujer más bella, hija –en el mito– de Zeus y Leda. Todos los reyes y príncipes tenían derecho a postularse como maridos, y su suerte se decidía mediante juegos de destreza y competencias diversas, aunque no seríamos

---

1   En versión en español, *Dublineses* o *Cuentos de Dublín*.

demasiado mal pensados si sospecháramos que se hacían algunos acuerdos secretos previos, como ocurre hoy en día en algunos concursos en los que los premios están adjudicados de antemano, y los competidores de buena fe sirven a los fines de una pantomima de transparencia. No sabemos si fue éste el caso, pero era tal la tensión que se respiraba entre los pretendientes, que dirimieron posibles conflictos ulteriores jurando solemnemente que los perdedores se unirían en alianza para defender los derechos del ganador si alguien osaba poner sus ojos en Helena una vez casada. Sabemos que Paris, príncipe de Troya, no se conformó con poner los ojos, sino que raptó a la dama –no es que ella opusiera resistencia– y esto hizo que el juramento cobrara entidad, y que todos los presentes en ocasión de la boda fueran convocados, aparte de algunos refuerzos extra. Que todo esto es una versión simplista de una metáfora que merece otro libro, en un punto donde se fusionan la historia y el mito, aquí no importa. Sí es significativo que el único príncipe que no desea ir a la guerra lo hace para salvar a su hijo, puesto que si no deja de fingir locura debe necesariamente pasar el arado por el cuerpecito de Telémaco.

En la anotación del diario del estudiante, Joyce agrega: "y después de Troya no se habla más de Aquiles, ni de Menelao, ni de Agamenón; hay un solo hombre con quien no se ha terminado, porque su carrera heroica acaba de comenzar".

Por fortuna, el alumno incluyó otros detalles de aquella conversación que, de no quedar asentados en su diario, se habrían perdido para nosotros. A través de este tercero, Joyce nos dice que Ulises fue también un gran músico, lo que lo llevó a enfrentar los peligros de escuchar los cantos de las Sirenas –sabemos que Stephen, protagonista del *Artista...*, también es músico. A Joyce le fascina el delicioso humor del episodio de Polifemo, cuando Ulises, después de cegarlo, responde a la pregunta por su nombre diciendo: "Me llamo Nadie", lo cual crea una enorme confusión entre los cíclopes. Ansiosos de vengar a su hermano, preguntan quién le ha infligido tan tremenda herida. "Nadie", es la respuesta del herido, sumiendo a los otros en el desconcierto total. Joyce encuentra "cuán profundamente humano el que este hombre de cincuenta años se enamore de Nausicaa, una muchacha que cuenta sólo diecisiete años; ¡qué tema hermoso!. Y no olvidemos sus rasgos de generosidad cuando se encuentra con Ayax en el mundo de los muertos, y algunos otros toques hermosos. Tengo miedo de tratar este tema; me resulta absolutamente abrumador".

Entonces, este autor queda marcado por el personaje desde la muy temprana e impresionable edad de doce años, y lo va trabajando en su mente, por lo que él llama la profunda humanidad de Ulises.

Odiseo v. Ulises

Respetando los apelativos griegos– por facilitar la comunicación, ya que Grecia como tal no existía en la época de las sagas que inmortalizaron a los héroes a los que hemos hecho mención– *La Ilíada* toma su nombre de 'Ilión', porque así llamaban los griegos a Troya, y *La Odisea* refiere las andanzas de su protagonista, Odiseo. Dicen los estudiosos que Ulises es el nombre latino de Odiseo, al que se llegó sea por medio de un trasvasamiento idiomático, como ocurrió con los nombres de los dioses del Olimpo, o por medio de deformaciones fonéticas, y algunos afirman que hasta ortográficas. Sin embargo, ambos nombres no significan lo mismo. En griego, *odiseo* significa 'enojado', mientras que *Ulises* es una combinación de dos términos: *'oulos'*, que significa 'herida', e *'ischea'*, que significa 'muslo'. La condensación de ambas daría *'ulixes'*. Ahora bien, la herida en el muslo, causada generalmente por un colmillo de jabalí, era una de las formas rituales de muerte de los reyes en las tempranas épocas del matriarcado, cuando estaba establecido que el rey debía morir para ceder su lugar a un nuevo consorte de la reina de acuerdo con los cambios en las fases de la luna que regían la fertilidad de las tierras, la abundancia de las cosechas, la permanencia de los reinos, y que, por magia simpática (magia de imitación), extendían el bienestar a todo el pueblo. En *La Odisea* es la cicatriz de esta herida en el muslo lo que hace que Euriclea, la antigua niñera de Ulises y ama de llaves del palacio durante sus años de ausencia, lo reconozca como quien es. La cicatriz desempeña, en este caso, el doble rol de marca de reconocimiento y una alusión a la posibilidad de escapar a la muerte ritual, lo que nos hace sospechar que la fiel Penélope del relato debe haber sido una sacerdotisa-reina que sustituyó a un rey (Ulises) por otro hasta que las lunas permitieron que el antiguo rey retomara su puesto retando a duelo a su sustituto. Las costumbres del reemplazo de los reyes, fascinantes como son, nos atañen solamente en la medida en que el protagonista de *Ulises*, Leopold Bloom, teme ser reemplazado por un rival en los afectos de su mujer.

Para concluir con la doble nomenclatura, en las leyendas de *La Odisea* se mezclan dos personajes, uno cuasi histórico, Odiseo, a quien paradójicamente corresponden muy pocos de los episodios del poema, y otro totalmente mítico, que en su figura encarna a todos los reyes de la época que se valen de mil estratagemas para eludir la muerte ritual. Tomando en cuenta que Joyce ha llamado a su obra *Ulises*, tendríamos que pensar que resuena alguna cuestión con la muerte, figura presente en el texto desde el comienzo mismo.

Estructura y discurso

La estructura de *Ulises* es sumamente sencilla; casi diría, engañosamente sencilla. Las redes de la historia, el deambular del lenguaje que acompaña la errancia de los dos personajes masculinos por las calles de la ciudad durante el término de un día, se montan sobre un armazón compuesto por tres alambres: una primera parte que corresponde a Stephen Dedalus, el protagonista del *Retrato*, de quien decimos es 'un hijo en busca de un padre', ya veremos luego por qué; una segunda parte, que corresponde a Leopold Bloom, el protagonista, 'un padre en busca de un hijo', y una tercera parte, en la cual se concreta la reunión de ambos.

Lo que hace más obstáculo y presenta mayor resistencia es la forma en que se estructuró el lenguaje, sin importar si se lee en el idioma original o en versión traducida. Encontramos tres niveles de discurso. Uno es el nivel descriptivo, el de la situación; otro es el nivel del discurso codificado para la comunicación con los otros personajes, presente en los diálogos, y el último es el nivel del *stream of consciousness* –corriente de la conciencia o fluir de la conciencia. Denominación desafortunada, puesto que este nivel contiene aquellos pensamientos que todavía no han sido estructurados para su comunicación, y que irrumpen en la mente de los personajes, así como irrumpen/interrumpen el discurso codificado y la descripción. Si estos pensamientos fueran conscientes, contendrían los operadores lógico-sintácticos que permiten su comprensión. No es así, y además se entretejen constantemente con los otros dos niveles, sin aviso, desde un estrato regido por otra lógica, que podríamos llamar pre-consciente.

Durante la lectura, es necesario tener presente que todo aquello que parecería carecer de sentido respecto del transcurrir de la acción y del discurso de la comunicación está inserto dentro del alud asociativo que puebla la mente de los hablantes. Los ingleses, con esa inigualable manera de graficar económicamente lo que nuestras lenguas romance despliegan en largas oraciones, dicen que esto ocurre *at the back of the mind*; es decir, no precisamente en el foco de la conciencia. ¿Cómo hace Joyce para armar este discurso? ¿Cuál fue la técnica que utilizó? Tomaba notas e iba escribiendo oraciones o trozos de oraciones, y luego, con un lápiz de color, buscaba un ordenamiento diferente de aquel en que las había escrito originalmente. Las notas podían ser fragmentos (frases sin verbo), oraciones completas, o palabras sueltas. Pero no es éste el orden que conserva cuando decide que esta parte de la escritura está terminada, sino que cruza las notas de modo que una que está en el cuarto renglón se acomode junto a otra que está en el primero, por ejemplo, y sigue así hasta lograr el efecto deseado, que es el de una cierta armonía lingüística, pero también un impacto de incongruencia.

¿Por qué querría esto último? Joyce encuentra que existe una incongruencia constante entre el arte y la realidad; que el arte del momento no refleja la realidad del momento y, por otra parte, que la totalidad del discurso de su época, tanto artístico como político, es una retórica vacía transmitida por una sintaxis incongruente con aquello del lenguaje que él se propone representar. Entonces, no es casual que, a veces, el texto nos deje sin posibilidad de comprensión: nos está haciendo experimentar en carne propia el efecto de incongruencia que él siente. Se trata, por lo tanto, de un acto intencional.

Hay oraciones cortadas que quedan inconclusas, y el lector las tiene que terminar como pueda. Otras finalizan en otro lugar del texto, y mientras tanto van deviniendo en otra cosa o en otro suceso. Quiebra la palabra combinando partes de una y otra, y utiliza muchísimo la onomatopeya y la aliteración. Todas estas variaciones están al servicio de la creación de efectos de sentido.

Tocante a este punto, los asistentes a mis seminarios solían embarcarse en dos corrientes. Los psicoanalistas no aceptaban fácilmente que el quiebre de la lengua fuera calculado, porque ello daba por tierra con un Joyce diagnosticado psicótico post-mortem a partir del 'deterioro' de su lenguaje. Los literatos insistían en que, pudiéndose leer una métrica poética en la articulación lingüística del *Retrato*, les parecía improbable que Joyce hubiera recurrido a una técnica de 'rompecabezas' para *Ulises*. En consecuencia, creo oportuno detenernos en la función del poeta.

En la tradición druídica, el vate o bardo parece haber cumplido una función religiosa que consistía, no en codificar, sino en encriptar, aquellos misterios a los cuales sólo los iniciados debían tener acceso.

Si en verdad fue así, el origen de la poesía entre los celtas se produjo en la intención de impedir que el vulgo penetrara el significado de los misterios iniciáticos. Los misterios eran los mismos para ellos que para nosotros hoy: el origen de la vida y la incógnita de la muerte, de dónde venimos y a dónde vamos. Las respuestas de los druidas no debían ser conocidas por el hombre común por idénticas razones por las que ahora el conocimiento se le escamotea al hombre común: saber es poder, en el muy real sentido de detentar el poder. No podría afirmar que el texto que vamos a leer presenta la intencionalidad del encriptamiento, pero sí que provoca ese efecto.

Finalmente, no es posible leer sin recordar que todo escrito se construye en dos niveles universales: el del enunciado y el de la enunciación. El primero empieza y termina en la selección, recorte, y empalme de lenguaje que el autor eligió para expresar una idea en particular. El nivel de la enunciación es aquello que excede al anterior, un 'más allá' que el lector percibe y que es imposible de calcular, aún cuando el autor crea que lo ha calculado todo. Hay muchos ejemplos de esto en la literatura, pero se me ocurre que uno de los más significativos es lo que le ocurrió a D. H. Lawrence cuando escribió *Hijos y amantes*. Él se hallaba convencido de haber escrito una autobiografía novelada. Las características y experiencias de vida de Lawrence no guardan parecido alguno con las de Joyce, y a nadie se le ocurrió tildarlo de psicótico. Cuando Lawrence escribe su libro no incurre en un 'experimento' literario: respeta la sintaxis convencional; el lector, en la medida en que los sujetos gramaticales no desaparecen, sabe perfectamente quién habla o quién piensa; la puntuación se aplica según las reglas del buen decir, y aparentemente no hay nada más que lo que allí está escrito, siempre dentro de los límites que el autor impuso a la narración.

Pero hete aquí que un crítico hace un comentario sumamente severo respecto del odio que Lawrence siente por su padre. Y Lawrence queda atónito. Responde que él no escribió en ese sentido, que no era su intención expresar un odio que, por otra parte, estaba lejos de sentir, e hizo un escrito de descargo. Sin embargo, alguien leyó el nivel de enunciación que él no pudo controlar, atravesando la arquitectura de los elementos ficticios y estéticos y el cuidado puesto en el entramado del lenguaje.

Volviendo al discurso que nos interesa, el *stream of consciousness*, que hoy casi todos los narradores emplean en alguna dosis, era en aquel momento un estilo experimental, artificios del escritor para ver hasta qué punto era posible trasladar a la página algo que es casi intransmisible, porque no ha pasado por el embudo de codificación de los lenguajes compartidos, sino que se aparece a la mente en estado bruto, ligándose y religándose caprichosamente al modo de la 'asociación libre'.

Otros escritores desarrollaban paralelamente este tipo de experimento: William Faulkner y Virginia Woolf –ésta, curiosamente, nacida y fallecida en los mismos años que Joyce. Woolf no toleraba la escritura de Joyce. No era la supuesta incongruencia lo que la irritaba, sino la crudeza del lenguaje y la crudeza de los temas. Viene a cuento recordar que *Ulises* pudo publicarse gracias a un fallo judicial que lo declaró 'no obsceno', pues con este obstáculo tropezó mucho tiempo. En fin, con sus diferencias, estos y otros autores menos conocidos intentaban poner por escrito algo casi inasible, imposible de concretizar, y que se presenta como el pensamiento que irrumpe en algún lugar mientras el que habla se está ocupando de otra cosa.

Detrás de la puerta

Antes de abrir la puerta de entrada a *Ulises*, resulta casi indispensable transitar brevemente algunos tramos del sendero recorrido por el *Retrato del Artista Adolescente*, en un hilado grueso que nos facilite la asociación entre dos momentos de la vida de un mismo personaje: el protagonista del *Retrato*, y el co-protagonista de *Ulises*, una misma persona, Stephen Dedalus.

En el *Retrato*, sobresale como importante la búsqueda; una búsqueda encarnada en un hijo que busca a un padre. No porque Stephen fuera en realidad huérfano, sino porque su padre, Simon, no encarna para él el Ideal de la figura paterna que, bueno es aclararlo, es producto de la fantasía de cualquier hijo que no haya caído en la trampa de endiosar al padre. No existe tal padre, el padre perfecto, sin fisuras, el que tiene todas las respuestas y está pendiente en todo momento de nosotros, el padre del que jamás nos avergonzamos, ese que se nos presenta como modelo a imitar en cada detalle. Ese padre de la fantasía, el padre de una infancia dichosa tal vez, en la cual el padre era todo para su hijo varón, se va desluciendo poco a poco; se empequeñece su figura hasta adoptar las proporciones de un hombre, y cae del pedestal, en una operación que permite el surgimiento de otro hombre, todavía hijo, pero ya sabedor de que la paternidad no confiere atributos propios de divinidad alguna. El relato de la infancia de Stephen muestra que este proceso no se produjo, en tanto el primer momento de padre=perfecto no ocurrió, y en la coyuntura de advenir a un padre desprovisto de los brillos iniciales que deslumbran a un niño pequeño, este personaje fue buscando sustitutos parciales, efímeros, equivocados, en su afán de recomponer un tiempo falaz pero necesario para que el adulto que será no quede por siempre atrapado en una pérdida fantasmática de algo que nunca estuvo. En un análisis somero de la simbología mitológica que subyace al *Retrato del artista...* es necesario reparar en el par Dédalo-Ícaro, en la analogía del laberinto de Creta con las callejuelas de la ciudad de Dublín, y en la insistencia con la cual el apellido Dedalus aislaba a Stephen de los supuestos otros, sus compatriotas irlandeses, acercándolo al artífice, al artista, al creador, al extranjero en Creta y –no olvidemos esto– al traidor que construye una vaca de bronce para que la mujer del Rey, Pasifae, pueda hacer el amor con el toro de Poseidón. Ese es el punto de traición. Pensemos: Dédalo, un extranjero venido de Sicilia, acogido en Creta de la mejor manera, el favorito del Rey por su extraordinaria habilidad de crear juguetes y artificios mecánicos, traiciona a su amo, protector, y mecenas, con la construcción de este objeto que permite la deslealtad conyugal de la Reina. Entonces, es en ese punto donde lo identificamos a un traidor. A lo largo del *Retrato*, hay puntos donde Stephen se ve a sí mismo como traidor, traidor a la Iglesia en toda la parte de la crisis. Siguiendo esta línea, y sin ahondar en una obra que sólo vamos a utilizar como punto de apoyo, señalo que cuando *El Retrato del Artista...* se tradujo por primera vez al italiano, el título que se le dio fue simplemente *Dedalus*. Ediciones posteriores de los italianos fueron publicadas como *Dedalus: Ritratto dell'artista da giovane*. Este título, al igual que el original inglés, marca la distancia en el tiempo entre la etapa juvenil en la que transcurre la narración y el presente del hombre que mira hacia atrás. Esta narración es descrita por Carla Marengo, una maravillosa italiana estudiosa de Joyce, como un instrumento autoeducativo mediante el cual el 'yo' presente busca el 'yo' pasado.

De las situaciones del relato en *El Retrato del Artista...* se desprende que el joven Stephen será un artista, y no simplemente una versión icárica, es decir, a lo Ícaro, como queda sugerido por su apellido y su relación a su padre biológico, sino también, y al mismo tiempo, una figura crística, es decir, a lo Cristo en cuanto al sacrificio, preanunciada en el cuento infantil que introduce el Capítulo 1. Cuando analizamos el fragmento de 'la vaca mu', asociamos el nombre de

Betty [diminutivo de Elizabeth = Isabel] Byrne con el de Santa Isabel en el momento de recibir la anunciación del nacimiento de San Juan Bautista. Esta figura se nos presenta acompañada por San Juan, representado en el *Retrato* por la figura de Cranly, amigo de Stephen en la ficción. En realidad, el nombre verdadero del real amigo de Joyce, a quien él llama Cranly en el relato, era Byrne, y este apellido se adjudica al personaje femenino en la historia infantil de la vaca. Cranly-Byrne se presenta como opuesto a Lynch, otro compañero de colegio de Stephen, cuyas características satánicas se insinúan con el adjetivo "serpentino", la serpiente que puso fin al Paraíso. También él, Stephen, toma para sí adjetivos de Luzbel, es decir, el nombre del ángel antes de la caída, cuando orgullosamente repite estas palabras: *non serviam*. 'No servir al amo', respecto del conflicto entre Irlanda e Inglaterra, pero también equiparable al *non serviam* de Luzbel respecto de servir a otro amo, a Dios, lo que da principio a la batalla entre los ángeles, en la que aquellos que tomaron partido por Luzbel terminan como ángeles caídos, y pasan a integrar las huestes de los hasta entonces inexistentes 'demonios'.

Marengo, además, equipara la figura de Stephen a Prometeo y a San Esteban, en la medida en que fueron martirizados por rehusarse a someterse a diferentes tipos de autoridad: Prometeo, a la autoridad de Zeus en cuanto a no dar el fuego divino al hombre; y San Esteban muriendo por su fe, es decir, no sometiéndose a la autoridad de una religión no católica.

En el libro anterior al *Retrato...* que podríamos llamar borrador de el *Retrato* –en *"Stephen el héroe"*– era evidente que se pretendía hacer la apología de un protagonista. En este libro, en cambio, se la sustituye por la apología de la obra de arte. Se construye una imagen estética a través de un lento proceso de indagación interior de iniciación en la vida y en el arte, que comporta la transformación de la propia finitud y mortalidad en la propia libertad. Hablando de este proceso, Richard Ellmann, que es *la* autoridad en Joyce, ha dicho que constituye un patrón donde se identifican el despertar del artista con el despertar del embrión humano, y que aquí se conciben la conciliación del realismo y del simbolismo, de la variedad y de la unidad de la obra. El estilo del lenguaje que elige Joyce para esta obra va imitando los estadios lingüísticos del hombre, partiendo de un idioma infantil, repetitivo, pobre, podríamos decir, pasando por el decir exaltado y apasionado del decir adolescente, y llegando a la construcción serena y severa del joven intelectual que ha elegido por voluntad propia el curso de su vocación.

En esta obra comienza a verse muy lentamente la puntita de este mal llamado *stream of consciousness*. Nosotros hemos discutido esta cuestión del nombre, que fue mejor interpretado por los italianos, quienes lo tradujeron como "expansión de la conciencia" —y esto porque todavía en este libro estamos en el nivel consciente.

El uso del leit motif y de la metáfora sostenida son parte también de la estructura lingüística que Joyce elige, y me refiero con esto a la repetición literal de ciertos términos que nos remiten anafórica y catafóricamente, es decir, hacia adelante y hacia atrás, a momentos en los que prima el mismo símbolo, el agua, por ejemplo, y a las figuras retóricas, como las aves y el vuelo, que no podemos dejar de ligar con la identidad simbólica del personaje. También hay ideas contrapuestas, frío, calor, agua, fango, que contribuyen a un todo orgánico que nos obliga a tener presente la meta de la escritura. Hay elevación y caída, y debemos reconocerlas como momentos necesarios de cualquier proceso artístico. Si respetamos la metáfora principal, al decir de varios críticos, cada capítulo representa un vuelo hacia el mundo que concluye con un redimensionamiento y una caída. Sin embargo, aunque cada uno de estos intentos de alzar vuelo constituyen experiencias fallidas o experiencias humillantes, al mismo tiempo representan una expansión de la conciencia del artista y de sus medios de expresión. En cada uno de los capítulos, el movimiento de expansión y contracción pretende, aunque sea sólo parcialmente, reflejar los movimientos psicológicos del personaje en su pasaje de la incomodidad a la *stasis*. En un análisis de la teoría estética de Santo Tomás de Aquino, definimos la *stasis* como aquello que produce placer o satisfacción a quien observa la obra de arte. Esto no en una caracterización individual, sino abstracta y absoluta para cualquier artista. Aquella verdad personal que el niño del principio del *Artista* buscaba en el misterio de su nombre —recordemos que Dedalus no podría jamás identificarse con un nombre celta— se universaliza con la relación que el artista establece con el todo del lenguaje y del recurso literario: la es donde podemos tener problemas con el 'todo' del lenguaje. Pensemos acá en el 'todo' del lenguaje desde las ciencias del lenguaje, es decir, el lenguaje como sistema; lo que queda por fuera no es la problemática del escritor, sino que compete a otros saberes. Así, el sentido del cierre del libro se da a partir del reconocimiento y de la definición que en ese momento Stephen hace de sí mismo.

Voy a recordar en traducción propia el final de la obra, y también de esa etapa en la vida del personaje: 'Parto por millonésima vez al encuentro de la realidad de la experiencia a forjar en la fragua de mi alma la conciencia increada de mi raza'. Me queda la pregunta última para el lector: ¿cuál raza? Claramente, la raza del artista, como lo indica exactamente la invocación final a Dédalo, su padre mítico, cuando Stephen exclama: '¡Oh, padre! Sírveme en este momento, como antes y después'. Entonces, no es la raza humana, es la raza del artista.

Atisbos

Es momento de comenzar a leer. Vamos a echar mano de algunas herramientas que faciliten la primera aproximación. En cada episodio de la primera parte, Stephen aparece en conflicto con algún aspecto de la sociedad de Irlanda. El verdadero mito de *Ulises* no es Ulises, sino el mito de una Irlanda que ya no existe en el momento en que Joyce escribe. Habiéndola dejado mucho tiempo antes, escribe sobre una Irlanda mítica en tanto ya cambiaron las condiciones sociales, políticas, y económicas.

Durante casi todo el relato, Stephen avanza apoyado en un bastón sin necesidad física de hacerlo, puesto que su problema no es motriz sino ocular. El símbolo del bastón, que no abandona en ningún momento, refiere al peregrinaje. Este mismo tipo de bastones, hechos de una madera particular, se describe en los *Cuentos de Canterbury*, con los peregrinos apoyándose en ellos. Stephen emprende un peregrinaje hacia el autoconocimiento. Quiere saber quién es a partir de saber quién es el padre; esta es la cuestión de la búsqueda del padre. Entendamos que la indagación no es literal; hay un padre de carne y hueso, con nombre y apellido, pero parece que también hay un déficit de la función paterna. En esta insatisfacción es que decimos que Stephen es 'un hijo que busca a un padre', no a **su** padre.

Por otra parte, Stephen tiene algunas cuestiones en relación al agua. En el primer apartado aparece una especie de disgusto por el elemento, y a lavarse con agua. Se dice que es el símbolo de la naturaleza de monje de la cual no se ha podido desprender, a pesar de haber renunciado a la Iglesia Católica hacia el final del *Retrato...* La renuncia fue verbalizada pero, aparentemente, no internalizada: todo el tiempo vuelve a su cabeza, en forma fragmentaria, en trozos de plegarias y partes del ritual de la misa católica cuando él ya se ha declarado fuera de la Iglesia. La relación particular con el agua da cuenta de esto, pero además, el rechazo señala las dudas que lo asaltan sobre sí mismo. Él suele pensar que en realidad es un hipó-crita, y se pregunta si cuando se planta como librepensador, como independiente, como repudiando a la Iglesia y a la política oficial de Irlanda, es sincero o se trata simplemente de una pose. Como duda de sí mismo, y el agua purifica, la renuencia a aceptarla nos recuerda la pregunta por la hipocresía.

El protagonista, Bloom, aunque desde la vereda opuesta, po-dría decirse, comparte con Stephen ciertos rasgos. Stephen está pensando en partir de Irlanda; sin embargo, no lo ha hecho aún, aunque mentalmente se encuentra exiliado de su sociedad. Bloom es un irlandés judío –con lo cual es un exiliado del mundo en ese momento histórico– que lleva una vida sensata y tranquila en violento contraste con unas fantasías 'regidas por la violencia, la crueldad, y la perversión', según un crítico. Aquí es necesario poner mucho cuidado en separar los episodios de la vida real del personaje y los de su fantasía, porque Joyce no avisa, y pasa abruptamente de un aspecto a otro.

Irlanda es un leit motif constante, presente sin ser nombrada, o al menos no con ese nombre. En el primer apartado, se habla de una lechera –la leche es otro tema recurrente que encontramos antes en el *Retrato...* decadente, vieja, y que ya no reparte bien la leche. Es Irlanda. Se habla de una 'madre Grogan', que no es un personaje, sino sólo una alusión a una vieja que anda por ahí diciendo pava-das. También es Irlanda. La Irlanda subyugada por Inglaterra está simbolizada por la Torre Martello, construida por los ingleses en la primera mitad del siglo XIX como parte de un sistema integral de defensas. Allí convive Stephen con el irlandés Mulligan, y un visitante ocasional, el inglés Haines. Haines, en su encarnación del conquistador, muestra una actitud condescendiente hacia sus compañeros; en última instancia, él es el patrón. Da la impresión de que inclusive es él quien paga el alquiler; no es verdad, pero la impresión persiste. Además, Haines posee un objeto precioso que se menciona una única vez, pero que es sumamente revelador: una cigarrera de oro con una esmeralda en el centro. Inglaterra con Irlanda, la esmeralda verde, la joya enquistada que no puede quitarse de la cigarrera.

Ante tanto detalle, el lector suele preguntarse: "¿Por qué habla de esto, por qué tanta vuelta?". Les aseguro que cada detalle va a algún fin específico, y en general el fin es bastante lógico.

Si pensamos cómo se desenvolvió Inglaterra respecto de sus te-rritorios conquistados, no surge la idea de una intención paterna, a diferencia de lo que ocurrió con Roma, acabado el sangriento período de la guerra y lograda la dominación del territorio. Mi sensación de que Roma asume una postura 'paternal' frente a las nuevas tierras que ha integrado a sus dominios proviene de que los intereses de sus conquistas respondían a razones de practicidad económica y material, resumidas vulgarmente en un 'hagan lo que gusten, continúen practicando sus costumbres sociales y religiosas siempre que no signifiquen un peligro para el Imperio; en fin, vivan según sus hábitos ancestrales, siempre que paguen puntualmente su tributo'. Inclusive el hecho de tomar rehenes de manera encubierta, llevándose a la capital a los príncipes de las naciones subyugadas so pretexto de educarlos con las ventajas de sus propios nobles, seguramente intentaba asegurar que no se habrían de producir revueltas pero, al mismo tiempo, el propósito de la educación y de la convivencia con la civilización más avanzada del mundo se cumplía puntualmente, y los largos aprendizajes redundaban en beneficio del progreso de las tierras anexadas. Roma no mostraba una actitud de conversión; en cambio, Inglaterra se parece más bien ya a una madre empeñada en doblegar la naturaleza de sus 'hijos adoptivos', o a una madrastra que siente que su cercanía la contamina, a menos que se plieguen a su voluntad, y aún así...

La Iglesia Católica no juega un rol menor en la apertura de *Ulises*. Buck Mulligan, el compatriota que también se aloja en la Torre Martello, se burla constantemente de los preceptos religiosos y de lo que Stephen pudo haber sentido por ellos. Por su parte, Stephen no puede evitar que la Iglesia que rechazó acuda todo el tiempo a su mente, llenándolo de culpa: esto es lo que indican los fragmentos de plegarias a los que me referí anteriormente.

El agua aparece también asociada a Bloom, pero en relación a un cambio de signo: en un sentido positivo, de cambio y del flujo de la vida. Las diversas alusiones a la leche nos recuerdan la leche que los griegos ofrecían a sus héroes cuando regresaban victoriosos de las batallas; entonces, cuando nos encontramos frente al brebaje blanco, habría que pensar qué 'hecho heroico de la vida diaria' lo acompaña. El alimento en general se describe muy minuciosamente: el hecho de comer, qué se come, cómo, y dónde. La relación al alimento va dibujando aspectos significativos de la personalidad de los personajes; por eso les prestamos atención, y por eso Joyce se detiene tanto en un punto que podría parecer nimio.

Todo lo anterior, en el primer apartado, está descrito en un estilo épico –o parodia de tal estilo– que es bueno reconocer como muestra de humor. No se trata de la construcción de un estilo; es más que eso. La novela cubre todos los estilos conocidos, sin perder su carácter experimental.

Una última palabra de advertencia. Se dice que *Ulises* no es, estrictamente hablando, una novela. Yo me permito disentir, por cuanto entiendo que, respecto de su estructura, cuenta con los elementos básicos del género: se plantea un conflicto, se desarrolla, y se llega a una resolución. Todo ello ocurre en el campo de la experimentación, para lo cual es necesario preguntarse qué pretende este tipo de escritura. Bien, justamente se empeña en romper con los códigos y reglas del 'deber ser' del género que trabaja. Propongo que abramos bien los sentidos, y nos dejemos penetrar por el texto. No estaría de más hacerlo teniendo a mano un mapa de Dublín como el que dibujó Vladimir Nabokov para sus estudiantes a modo de anclaje a la realidad de la ciudad en su rol de protagonista-sostén en las andanzas de estas vidas.

Barreras

Ya han comenzado a leer y celebro que hayan podido disfrutar del humor desde el comienzo, dado que otro de los 'mitos' que circulan alrededor de *Ulises* es que es un 'plomo', como decimos en Argentina –muy pesado de sobrellevar. De modo que poder rescatar el espíritu lúdico del libro, al margen de otras cuestiones, no es poca cosa.

Lo primero que quisiera señalar sobre la lectura realizada, y que también resulta útil para la venidera, es el problema que presenta la traducción. Una buena traducción no es una transliteración, sino una reescritura que debe respetar fielmente el contenido sin sacrificar el estilo y, especialmente en literatura, elegir los lexemas más apropiados según la inclinación del autor, que no prefirió arbitrariamente un término en lugar de otro. Todo ello sin forzar la gramática y la sintaxis de la lengua a la que se traduce, o haciéndolo dentro de sus propias reglas si han sido forzadas en el original, que es el caso que nos compete. ¡Menuda tarea la del traductor! Entre cualquier original y su traducción siempre queda un resto; en *Ulises*, por excelente que sea la traducción, el resto, aquello que queda fuera del texto, es excesivo. Aún sus mejores traductores deben haberse encontrado con cuestiones insalvables. Las resolvieron como mejor pudieron, y nadie podría haber cerrado las brechas mejor de lo que lo hizo Salas Subirat, por ejemplo. Como traductora, les pido que contemplen las dificultades a las que se enfrentaron quienes emprendieron la hercúlea tarea de verter este texto al español o castellano.

Por ejemplo, no solemos traducir los nombres propios. Sin embargo, en *Ulises* no es posible ignorar el simbolismo de los nombres y apodos; de lo contrario, perdemos mucho de lo que se insinúa. En el inicio de la primera parte, Buck Mulligan llama a Stephen 'Kinch': es el sobrenombre que le ha puesto; el mismo Mulligan aclara su significado en otra frase, muy al pasar, dentro del mismo capítulo, pero como los contenidos rebalsan, es probable que no lo hayan notado. *Kinch* es una palabra anglosajona que significa 'cuchillo'; Mulligan, más adelante, dice *knife blade*: se refiere a la hoja del cuchillo. Es sólo un comentario; aún así, recordarán que insistimos en que no hay que leer a la ligera, porque todas estas aparentes minucias que parecen no tener importancia, en realidad van explicando unas a otras. La pregunta es, ¿por qué Mulligan llama así a Stephen? El anglosajón es una de las bases del inglés que manejamos en la actualidad, pero no es el mismo idioma. Ha quedado algo de vocabulario, modificado en su grafía (graciosamente, muchas de las letras del alfabeto anglosajón han pasado a formar parte de los símbolos fonéticos que tanto fastidian a los estudiantes de inglés) y en su sonido por las distorsiones del tiempo, aunque todavía reconocible, como así también algunos resabios gramaticales. Sin embargo, el inglés que se habla hoy, muy modificado por el latín y por el francés que llegó junto con los normandos, amén de la evolución constante de toda lengua viva, no alcanza para internarse en el anglosajón. Estamos, entonces, ante un término antiguo –cuchillo– con especial énfasis en la hoja, en la parte cortante. ¿Qué de la personalidad de Stephen le ha valido este apodo? Olvidemos lo que hace, y concentrémonos en su palabra y su pensamiento. Ahí vemos que hay un discurso ácido, cortante, un decir lacerante, que funciona a modo de cuchillo.

Recuerdo que en una ocasión un miembro de uno de los seminarios asoció la idea del 'corte' con la forma abrupta en que Stephen había puesto fin a su relación con los jesuitas en el *Retrato*..., y que tomó la frase 'jesuita temeroso' de la traducción para sostener su argumento, criticando al mismo tiempo la elección de la palabra 'temeroso' –el original dice *'fearful'*– en tanto él habría escrito 'temible'. Al respecto, acuerdo con esta corrección, pero nos encontramos nuevamente con el oficio imposible: el del traductor. Finalmente, para coronar lo que he puntualizado antes, la traducción se trata, en todo momento, de tomar decisiones, y los tiempos editoriales no permiten pasar horas frente a cada palabra en actitudes de Hamlet

–que tiene mucha presencia en nuestro *Ulises*, pues es otro hijo que perdió a un padre. Es necesario decidir, y hacerlo rápidamente y con la mayor precisión posible. Todo el contexto de la novela indica que la palabra, en efecto, debería traducirse como 'temible' y no 'temeroso.' No tenemos mucha experiencia de jesuitas temerosos, salvo 'temerosos de Dios', pero, al menos en el imaginario colectivo, hay algo de temible en el discurso jesuita, y hace a su estructura misma, basada, siempre desde el imaginario colectivo, en la particularidad de infundir temor. No necesariamente el temor a las cosas terrenales, como podría ser el caso de la Contrarreforma, cuya agresividad respondía de algún modo al ataque feroz de la Reforma sobre la Iglesia Católica, sino el temor a lo intangible, al castigo en el más allá, a los fuegos del infierno. En el *Retrato...*, el capítulo dedicado al retiro espiritual es un himno al temor del principio al fin. Aquí es donde se justifica la acepción de 'temible', puesto que, a juicio (subjetivo) de Mulligan, cada palabra que pronuncia Stephen posee la intencionalidad de infundir temor. Stephen ha roto con la Iglesia; 'el zorro pierde el pelo pero no las mañas'; o sea, 'una vez jesuita, jesuita por siempre.' Se me ha dicho que el 'atacante' en el diálogo entre ambos es Mulligan. Podemos pensarlo como una forma eficaz de defensa, como 'la mejor defensa es un ataque.'

Por otra parte, mucho de este capítulo nos refresca cosas que se plantearon por primera vez en el *Retrato....* En primer lugar, las características del apellido Dedalus, con sus ecos de extrañeza y de extranjeridad: "un absurdo nombre griego, antiguo". En segundo lugar, Mulligan, hablando de su propio nombre, el verdadero, dado que 'Buck' es un apodo, también lo califica de absurdo: Malachi. En la superficie, quizá lo absurdo resida en la contradicción entre el significado del nombre hebreo del que proviene –Malaquías, 'mi mensajero'; es decir, el mensajero de Dios, quien escribió el último libro del Antiguo Testamento, y la actitud irónica del personaje. No obstante, si nos detenemos en el apodo, descubrimos dos entrecruzamientos interesantes. 'Buck' significa, entre otras cosas, 'ciervo macho.' Hay aquí algún tipo de relación con *kinch*. El cuchillo corta, pero el ciervo da cornadas, que por cierto pinchan y pueden llegar a lastimar malamente. El discurso de Mulligan molesta; no pierde oportunidad de formular comentarios hirientes, algunos de los cuales son francamente cínicos. Este discurso llega como una 'cornada', como un ataque. Retomando la cuestión del Antiguo Testamento, el libro de Malaquías, como cierre, es también el último que anuncia la venida del Mesías. Ya podemos ir viendo algunas asociaciones.

De origen no irlandés, el nombre 'Malachi' va a pronunciarse según las reglas de acentuación que rigen la lengua, y resulta en un pie de verso dáctilo: fuerte-débil-débil, o primera sílaba acentuada. En este capítulo se menciona la palabra 'bardo'. Hemos hablado de los bardos y su función; agreguemos ahora que el dáctilo es el primer pie de base de la poesía irlandesa antigua, y que se empleó con enorme frecuencia para los relatos épicos y las visiones oraculares. Fíjense en la multiplicidad de significados que se unen en diversas cadenas asociativas a partir de 'casi nada'. Se nos ocurre la idea de Malaquías el profeta que anuncia la venida del Mesías –recordemos que algunas de las profecías lo describían como 'el Tigre', agresivo, combatiente, un héroe salvador, mientras que otras lo hacían como 'el Cordero', sumiso, paciente, y pacífico– idea que está refrendada indirectamente en una línea posterior, en la que Stephen dice: "No soy un héroe". ¿Un héroe para combatir/salvar/proteger a quién, a qué? El apellido irlandés, Mulligan, también acentuado como dáctilo, parecería indicar que nuevamente Irlanda se ha colado fantasmáticamente en la ideación.

El sajón

La conversación gira luego hacia Haines, el *Sassenach*, el sajón. Haines, quien se comporta como si fuera el dueño de una casa de la cual le interesa saber cuánto se paga de alquiler, pero necesita confirmar cómo se llama el lugar. ¡Hmmm! Su actitud recuerda la de los imperios; al fin y al cabo, él es inglés. Distintos lectores –no 'eruditos', sino lectores que se acercaron al texto desde la misma posición indagatoria en la que se hallan ustedes– han comentado que Haines suena a un individuo culposo, a hijo de la culpa por los estragos de la conquista; han dicho que marca las diferencias desde el lenguaje, en el momento en que le habla a la anciana que trae la leche en gaélico, la lengua natural de Irlanda, y la pobre mujer supone que le está hablando en francés.

Mi postura es que Haines no asume culpa alguna sino que, muy por el contrario, se corre de ese lugar. Él no tiene 'nada que ver' con la situación, no se siente implicado con lo que está ocurriendo en Irlanda a consecuencia de la invasión inglesa y a la dominación inglesa. En última instancia, Haines ubica la responsabilidad afuera, en ese ente abstracto que se denomina 'historia'. Creo que eso lo define de pies a cabeza. Cuando habla en gaélico, lo hace a modo de una demostración sumamente antipática, desagradable, y humillante. ¿Por qué uso estos adjetivos? Pensemos. Él es inglés; el gaélico no es la lengua natural de Inglaterra; por lo tanto, para un inglés, es un idioma a aprender, como para nosotros las lenguas aborígenes de los países que conquistaron los españoles. Los argentinos no hablamos quechua ni guaraní así como así, a modo de ejemplo, ni los mexicanos náhuatl. Él se dirige a esta anciana irlandesa inculta en lo que supone debería ser su idioma. Ella lo confunde con el francés, y él le hace notar que, siendo irlandesa, debería reconocer mínimamente lo que él supone sería su lengua natural y, desde luego, hablarla. Si desplegamos el razonamiento subyacente, lo que no está escrito pero queda dicho, podríamos inferir una visión descalificadora de 'estos irlandeses que pretenden su independencia y ni siquiera conocen su idioma'. El intercambio verbal se da con la lechera, pero hay otros dos irlandeses presentes y escuchando. El argumento oculto, de una potencia abrumadora, podría resumirse así: 'A qué tanto rasgarse las vestiduras por la independencia, para nacionalizar qué cosa, si uno de los elementos más contundentes que hacen a la unión de un pueblo es la lengua, y ustedes ignoran su propia lengua'.

En un aparte, reflexionemos los latinoamericanos que, cuando nos independizamos de España, cuyo sistema de dominación fue verdaderamente diferente de los procesos de otros países europeos que también se repartieron el mundo, conservamos la lengua de la Conquista. A los demás, y a pesar de las diferencias, les sucedió lo mismo, por otras razones que no interesa analizar acá. La lengua nos mantuvo unidos a los conquistadores como un hilo invisible e irrompible.

Matices de azul

Dejando ahora esta cuestión, hay en el capítulo una imagen sensorial –visual– del mar azul. Quienes me acompañaron en los seminarios la asociaron con la presencia permanente de *La Odisea*, con la fuerza del oleaje independentista que no se detiene ante la ofensa ni los diques, y con una figura materna, en tanto la vida proviene del agua, y un feto humano 'flota' en el líquido amniótico.

Esta última idea fue una especie de iluminación muy anticipada, porque es verdad que Stephen se enfrenta a cuestiones personales con su madre, pero aparecen mucho después, y se traducen en una sensación fóbica respecto de la maternidad y de lo que significa dar a luz. Pero *La Odisea* viene absolutamente a cuento aquí. Ulises protagonista de *La Odisea* parece haber dicho, en efecto, "¿Qué le importan al mar las ofensas?". No lo llamó 'mar', sino que utilizó un tropo o figura literaria llamada sinécdoque, en la que un objeto es representado por alguna de sus características específicas, o la parte por el todo, etc., etc. –no se trata de perorar sobre todos los tipos posibles. Ulises llamó al mar por uno de los nombres de su representación olímpica: Neptuno[2]. Bueno, pues al mar le importaron, y mucho, al punto de tenerlo a mal traer durante diez años, 'prisionero del mar', o de la ira del dios. Aquí tal vez es necesario hacer un pequeño paréntesis. La versión oficial del mito relata que: a) Ulises se resistió a participar de la guerra de Troya porque un oráculo le había advertido que le significaría errar por los mares durante veinte años antes de poder regresar a su hogar y, b) que Neptuno/Poseidón lo persiguió sin piedad porque Ulises cegó a su hijo, el cíclope Polifemo. Ahora bien, en lo que Tolkien llama "el humus de la mente" –que para otros es 'lo que verdaderamente sabemos una vez olvidado todo lo que hemos aprendido en nuestra educación formal'– yo recuerdo que cuando los aqueos, antes de embarcarse en las playas de Troya, hacen un sacrificio propiciatorio a Poseidón, Ulises desdeña acompañarlos, empleando la pregunta entrecomillada más arriba a modo de metafórico encogimiento de hombros. De manera que podemos ir sumando agravios.

Hay, además, otro personaje que, en este primer capítulo, remite a *La Odisea*. Telémaco, hijo de Ulises, se lanza al mar en busca de su padre, no con malos presagios, pero singularmente, en este momento del poema, padre e hijo se encuentran a merced del mar, un mar con una multiplicidad de sentidos, aunque aquí, claramente, en tanto la figura central es Stephen/Telémaco, el mar se asocia a la búsqueda emprendida por estos hijos.

Los rostros del espejo y una nueva creación

Tenemos algunos otros datos. Mulligan, poniendo un espejo rajado frente a Stephen, habla de la ira de Caliban al no ver su rostro en un espejo, y el mismo personaje dice a Stephen: "Si sólo Wilde estuviera vivo para verte", la mitad de una oración que se completaría

---

2 Es significativa la mezcla indiscriminada de formas griegas y romanas para nombrar a los dioses en *La Odisea*.

con la pregunta "¿qué habría visto?", se dice que probablemente haciendo referencia a Dorian Grey, a su realidad y a la mentira que reflejaba. Yo agregaría que, en la medida en que Wilde era el rey de la paradoja, y gran parte de los diálogos de nuestro texto se asientan sobre la paradoja, la frase es halagadora, para hacer las paces en una discusión que se fue agriando. Caliban remite a Shakespeare. A ver si podemos aclarar esto.

La Tempestad de Shakespeare transcurre en una isla; Irlanda es una isla; Itaca, el reino de Ulises, es una isla, y el mar por el que navega está plagado de islas que templan al héroe de diversas maneras. Resumiendo sin mucho detalle, a la isla de La Tempestad llega Próspero, duque y autoridad suprema de Milán, que ha sido destronado y echado en un bote al mar junto a Miranda, su pequeña de tres años, a raíz de una conspiración entre su hermano Antonio y el rey de Nápoles. Convengamos en que Próspero no ha sido un gobernante ejemplar, dado que se ocupaba más de sus propios intereses, centrados en la magia y el esoterismo, que de regir el país. Si nos ponemos en la piel de Antonio, a cargo de las cuestiones prácticas del día a día, podemos imaginarlo pensando: "Yo hago todo el trabajo; soy un rey sin corona. Pues bien; quiero la corona". En cuanto a Próspero y su hija, será el mar –fíjense cómo se entrelazan los símbolos– quien decida si han de vivir o morir. La barca encalla en una isla que se supone desierta, pero no lo está. La habita Caliban, un monstruo deforme, huérfano de una bruja africana. Para Shakespeare, monstruo es lo mismo que para el común de la gente. Para mí, y seguramente no soy muy original al pensarlo así, 'monstruo' connota lo diferente de la norma; ni mejor, ni peor, sólo extremadamente diferente. Cuando Sycorax, la madre de Caliban, vivía, ella lo reflejaba –atención a la cuestión del espejo– desde su lugar materno, y esa era la imagen de sí que Caliban veía. Pero Próspero, el extranjero recién llegado, lo refleja desde otro espejo: él no es el padre. Entonces Caliban comienza a verse reflejado como un ser físicamente monstruoso y como un salvaje impiadoso, para nada semejante al 'buen salvaje' del mito renacentista en ocasión del descubrimiento del Nuevo Mundo.

Creo que aquí se le produce un conflicto grave. Lo que de su persona le dice ese señor desconocido e imponente se contradice con lo que le ha dicho su mamá, y él no tiene posibilidad de constatar una u otra cosa por sí mismo en la medida en que nadie puede ver su rostro salvo en un espejo; aún así, como el espejo devuelve una imagen invertida, el problema no termina de resolverse. Ha de revolverse en las preguntas: "¿Qué tengo de 'lindo', como decía mamá? ¿Qué tengo de 'monstruoso', que es lo que me dice este hombre?" Uniendo las cuestiones de la diferencia con la norma planteadas por el Minotauro, asociado a Dédalo arquitecto del laberinto-palacio-prisión, por Caliban, prisionero en una isla, y por Stephen, prisionero en la isla de Irlanda, vemos que estas líneas que podrían parecer superfluas llaman a tener muy presentes ciertos temas que hacen al nudo de los desarrollos posteriores.

Una parte del pensamiento de Stephen se desliza hacia un nuevo paganismo y hacia el *omphalos*, una palabrita recurrente a través del texto. Es el vocablo griego que denomina al ombligo. Cuando hablamos de ombligo, necesariamente aparece la pregunta por el origen, el venir de alguna parte, la madre. Si no hubiera ombligo tampoco habría posibilidad alguna de conexión identificatoria a una madre; de atenernos a la teoría bíblica de la creación y del origen de la especie, debemos asumir que Adán y Eva carecían de ombligo. Aunque Stephen no ha resuelto la problemática materna, que asoma en este mismo capítulo y que veremos luego, en este momento en particular se refiere a un nuevo nacimiento, en el cual el ombligo estaría ausente, porque debería tratarse de una nueva creación original, no una que deviene de...; de aquello de lo que se deviene, a Stephen no le sirve. La nueva creación es, otra vez, la de Irlanda, y por eso no le sirve que tenga 'progenitores': los progenitores disponibles no son deseables, en tanto réplicas de Mulligan, escépticos que se burlan de todo, incluida la propia tierra, o irlandeses anglófilos, como Mr. Deasy, el director de la escuela donde Stephen enseña, y cuyo despacho está atiborrado de símbolos de la realeza inglesa. Stephen no encuentra un punto intermedio, y en la discusión plantea un nuevo principio que no se ligue a un ombligo anterior. Y ahí aparece tirada la palabrita griega.

Esto no deja de tener relación con *La Tempestad*, por extraño que parezca. Cuando en el Acto IV Miranda, ya mujer, enamorada, y criada en una isla que, por desconocida, no ha sido maculada, exclama "Brave new world [...]!" –traducido como 'mundo feliz', pero ya hemos discutido los problemas de las traducciones– lista para casarse con un hombre bueno, volver a la 'civilización' (mis comillas, no estoy muy segura de que apliquemos correctamente el concepto), y comenzar, siguiendo los deseos de su padre, una raza dotada de nobles sentimientos, algo así como un intento de recrear una Europa roída hasta los huesos por la corrupción, estamos también ante un origen sin 'ombligo'.

La vida y la muerte

El pensamiento de Stephen corre también por otros carriles paralelos. Hay una frasecita –*"chewer of corpses"*; literalmente 'masticador de cadáveres', y literariamente 'devorador de cadáveres'. ¿Cuáles cadáveres? ¿Y qué es ese diálogo interior que sostiene con la madre, en el que le pide que lo deje ser y lo deje vivir? Parecería que Stephen se considera muerto, aunque al mismo tiempo lo torturan las palabras de Mulligan, que lo increpa porque no se arrodilló cuando su madre moribunda se lo pedía. Es, obviamente, en una fantasía de la muerte que culpa a su madre por destrozarlo aún desde la muerte. Podemos tomarlo en un doble sentido: desde la muerte real de ella, y la imaginada de él en esa falta de paz donde ella 'no lo deja ser/vivir'. Necesitamos sostener esta idea, ya que mucho más avanzado el texto, en una escena fantasmática, la madre retorna para llevárselo consigo.

Asimismo hay que diferenciar con cuidado la metáfora de la muerte. Nos encontramos frente a un joven que está donde no quiere estar, que desea ir a otro lugar al que no puede acceder, que se rodea de personas que lo irritan –Buck, a causa de su lenguaje y del cinismo de su actitud, y Haines el inglés, detestado y detestable. Por si ello no bastara, trabaja en una escuela que le desagrada, bajo un jefe a quien desprecia, tratando de enseñar –otra tarea imposible– a unos niños que no aprenden ni aprehenden lo que él intenta transmitir. Desde esta posición de parálisis, de inmovilidad, se produce mi metáfora de la muerte.

Un poco más adelante, Stephen dice que es un sirviente y un "servidor de sirvientes". El original dice *"server of a servant"*, pero *server* y *servant* no es lo mismo; él es un "servidor de sirvientes". ¿Por qué es sirviente y servidor? ¿Quiénes son los sirvientes a quienes sirve? Stephen mismo responde la primera pregunta en el texto: es sirviente de Inglaterra y de la Iglesia Católica. Esto último nos hace pensar que su renuncia a la Iglesia no ha sido totalmente exitosa, o/y que la Iglesia no ha renunciado de él. En cuanto al plural, a los sirvientes, se trata de los irlandeses anglófilos, los que aceptan la dominación inglesa como algo positivo y civilizador, sin percibir que finalmente no son más que sirvientes del conquistador. Inclusive aquellos que cursan estudios universitarios, como Mulligan, futuro médico, que lanza la pregunta: "¿Qué pasa en el hospital?". Todos ellos terminarán sirviendo a los irlandeses anglófilos que sirven a Inglaterra.

Las tres hermanas

Refiriéndose a un ¿hipotético? libro que Haines escribiría, se lee la frase "Impreso por las hermanas del destino en el año de los grandes vientos". El nombre que se les da en el original – *"the weird sisters"*– nos indica que hay que acudir a la mitología nórdica, a las '*norns*', que no son otra cosa que el destino en sí, y que resultan familiares al lector a través de su presencia en *Macbeth*. Sin embargo, las *norns* sólo tienen que ver con el futuro. Yo prefiero tomar estas hermanas del destino como las Moirae, divinidades griegas equivalentes, salvo que éstas abarcan el total de la vida, desde el nacimiento hasta la muerte. De las tres hermanas griegas, Cloto saca a luz el hilo de la vida, Lachesis trenza los sucesos; es decir, rige el devenir, y Atropos corta el hilo, cerrando el ciclo con la muerte. El trío es independiente de la voluntad de los dioses, y ni siquiera Zeus tiene poder sobre ellas. Las diosas del destino provienen de una época anterior a la instalación de la cultura olímpica, y es evidente que no fueron absorbidas ni subsumidas. Lo que tienen en común ambas instancias es la noción de predestinación. Fuera de la tradición judeo-cristiana de la creación, Cloto da la respuesta al *omphalos*, a la pregunta sobre el origen. Lachesis marca los caminos que elegimos creyendo en la autodeterminación, y Atropos pondrá un 'hasta acá' en el momento indicado, inevitable. En este texto se habla de nacimiento, de muerte, y de los rituales que acompañan ambos acontecimientos. Mientras tanto, las vidas de los personajes devienen, guiados sin saberlo por Lachesis.

Stephen tiene una problemática particular con la 'suciedad' de la mujer, especialmente respecto del parto. Piensa, cuando la anciana le pregunta a Mulligan si es estudiante de medicina, que la carne del hombre no está hecha a semejanza de Dios, que es producto del diablo, en la medida en que es arrojada a la vida por las 'partes inmundas' de la 'presa de la serpiente'; es decir, de Eva entregada al Diablo.

Se ha dicho en los seminarios que lo que se plantea es la inexistencia de la mujer ideal. Expresado así, suena a disparate, pero si lo desmenuzamos, vamos a ver que tiene sentido. A Stephen lo enoja que la materialidad de la mujer rompa la fantasía del ideal. Parecería que el ideal se aproxima a una virgen, o a la Virgen, pero toda mujer menstrúa. La menstruación es una maternidad frustrada, algo que sale del cuerpo femenino sin llegar a tomar forma de hijo. Cuando, en efecto, un óvulo se fertiliza, asoma la figura de una madre. Esto es lo que desata el conflicto; la mujer va a estar idealizada hasta que la posibilidad de parir se convierte en un hecho. El disgusto que le provoca lo posible crece hasta el asco. Podemos arriesgarnos a sugerir una conexión con el origen sin ombligo que Stephen busca, trasladándolo desde la madre Irlanda hacia la mujer. Si hay un origen sin ombligo, la mujer se conserva Eva anterior a la caída, y Virgen María, en quien él cree y no cree. Nos damos de narices contra las múltiples facetas de la ambigüedad que se nos van a presentar de ahora en más, y la del lenguaje las engloba a todas.

Ecos del padre

Los primeros padres que surgen no son el padre biológico de Stephen, sino padres míticos en un sentido amplio: Noé, Hamlet padre, y José de Nazaret.

La frase "Japhet en busca de un padre". Su padre es Noé, y él lo sabe. ¿Por qué 'en busca'? Asumamos que aquí hay un juego. La frase es el título de una novela de Frederick Marryat, publicada en 1836. Pero si nos remontamos al Japhet bíblico, recordamos la parte del Génesis en la que se narra que Cam, supuestamente el hijo menor de Noé, entró en la tienda de su padre dormido, lo encontró desnudo, y llamó a sus hermanos Sem y Japhet para compartir el espectáculo. Los hermanos, apartando la vista, (¿cuánto se puede no ver aunque nos propongamos no mirar?) cubrieron la desnudez de su padre y se retiraron, llevándose también al 'travieso'. El Levítico especifica: "No descubrirás la desnudez de tu padre". Desde lo físico, y dejando de lado las connotaciones sexuales de estas palabras de Jehová a Moisés para ser retransmitidas al pueblo de Israel, los psicoanalistas han comentado que un padre desnudo, despojado, deja de ser un padre. "Mucho del padre se sostiene en estar cubierto". Ahora bien; por una parte, un cuerpo cualquiera da una impresión diferente cuando está vestido, y no es lo mismo desnudarse que ser desnudado, pues en tal caso quedamos a merced de quien nos desviste. Por otra parte, Noé, dormido y desnudo –la historia se conecta con los orígenes del vino, pero no viene a cuento– despojado del ropaje, concreto o metafórico, se ha puesto en posición de 'entregado' al otro. Mi sensación es que un padre a merced del hijo es una carga casi insoportable para el hijo. El hijo –acá son dos, tomémoslos como unidad– se apresura a velar la desnudez, tratando de restaurar el orden anterior. Creo que es improbable lograrlo; algo ha cambiado. Si el Japhet bíblico buscara un padre, buscaría al padre anterior, aquel que no ha sido despojado de sus ropajes o de sus insignias de padre. La línea del padre se continúa en la idea de padre e hijo, en la frase *"atone with a father"*, expiar con un padre, un 'pago' que debe referir al pago de un pecado: el hijo que paga por el padre. El padre de Stephen sufrió una caída económica y se destituyó a sí mismo del rol de sostén, y toda la familia 'paga' las consecuencias. Stephen, como hijo varón, se encuentra atrapado en el dilema del pago, en más de un sentido.

Luego se suscita una confusión jocosa acerca de una balada popular, y se la menciona como *"Joseph the joiner"*. *Joiner* significa 'carpintero', el oficio de José, pero además es alguien que une, o que propicia. En la narración de la vida de Jesús, José aparece como un padre putativo que media entre la madre impoluta y su hijo, en la medida en que no hay padre. El sustantivo *joint* nombra las articulaciones del cuerpo; podemos, entonces, pensar con mayor razón en un borramiento del oficio de carpintero para dar paso al concepto de articulador entre hijo y madre. Si nos atenemos a la doctrina de la Iglesia y aceptamos que el padre de Jesús es Dios, no hay un padre presente que pueda cumplir con la función que le corresponde. Hasta ahora, y para Stephen, el lugar del padre es un lugar vacío, y no habría un 'José' que pudiera ocuparlo, lo que queda indicado porque en la balada de *Joking Jesus* se dice *"with Joseph the joiner I cannot agree"* (literalmente, 'no puedo estar de acuerdo/ponerme de acuerdo con José el carpintero'). Si no hay padre-bisagra, además, el acoso fantasmático de la madre muerta se vuelve intolerable.

Para concluir con la seriación de los padres, veamos cómo se relacionan con el tema Hamlet y la última palabra del capítulo: "usurpador". Se ha dicho que este término suelto califica a Buck Mulligan, en tanto Stephen se siente desplazado y despojado –las llaves y el dinero que Buck le exige, sumado a su actitud durante la conversación. Sin embargo, y siguiendo el hilo que se enreda pero no se corta, Claudio, tío y padrastro de Hamlet –y asesino de Hamlet padre, aunque esto es un 'detalle'– es el usurpador del trono, de la cama de la madre, y de la función paterna. En Ítaca, hay pretendientes dispuestos a usurpar el trono vacante de Ulises, lo cual equivale a usurpar la función paterna respecto del joven Telémaco. El inglés genérico es el usurpador asentado en Irlanda. Y precisamente antes de la palabra "usurpador" hay una referencia a la voz que llama desde el mar. Elsinore, el hogar de Hamlet, está sobre el mar, como lo indica la mención de los acantilados. Telémaco sale al mar en busca de su padre. Los ingleses llegaron a través del mar. Quizá haya que extender la idea de la usurpación a la cuestión política que ronda la mente de Stephen, y pensar en el usurpador de la 'madre' Irlanda.

Traición en Irlanda

Las razones históricas de la presencia inglesa en Irlanda no nos interesan particularmente. En cambio, el incidente puntual que abrió unas compuertas que jamás pudieron volver a cerrarse se relaciona íntimamente con uno de los ejes del *Retrato...*, del *Ulises*, y de *Finnegans Wake*, la última gran obra de Joyce que encierra la historia de la humanidad. Necesitamos volver a discutir las consecuencias de la traición.

Olvidemos aquí las incursiones y estadías de los romanos. Diversos pueblos venidos del otro lado del mar se habían asentado en Inglaterra antes de la invasión normanda liderada por Guillermo el Conquistador en 1066. De entre esos pueblos, los primeros en llegar a Irlanda fueron los anglos, provenientes de una zona de Alemania llamada Schleswig-Holstein, y llegados a las islas británicas a mediados del siglo V, se dice que por invitación de uno de los reyezuelos de turno, quien les ofreció tierras a cambio de sus habilidades guerreras para defender su reino contra los pictos o caledonios, que arreciaban desde lo que hoy conocemos como Escocia. En el documento histórico conocido como *"Anglo-Saxon Chronicle (449 AD)* queda registrado: "De Anglia [...] provienen los anglos del este, los anglos del centro, los mercios, y todos quienes moraban al norte del Humber", lo que debe interpretarse como el reino de Northumbria, precisamente en el límite superior del río Humber. Se dice que, una vez instalados en la isla, los anglos incitaron a sus compatriotas que habían quedado en el continente a unírseles, tentándolos con las mejores condiciones de vida y con la inhabilidad guerrera de los nativos. Los anglos no cruzaron a Irlanda en son de conquista, sino que fueron instalándose en pequeños reductos, comenzando a entablar lazos comerciales, personales, y afectivos con los celtas naturales del lugar.

Hacia la época del arribo de los normandos a Inglaterra, se produce posteriormente un desplazamiento de naves normandas a Irlanda, con un espíritu similar al que había animado a los anglos, un espíritu exploratorio de las condiciones del lugar, con ánimo de instalarse pacíficamente si eran adecuadas. En nuestros días hablaríamos de una 'migración'. Efectivamente, estos grupos reducidos se instalan en Irlanda, y establecen unas relaciones muy semejantes a la de los normandos con la nobleza anglosajona de Inglaterra, a través de matrimonios mixtos. En otras palabras, los recién llegados normandos se casan con los celtas y anglo-celtas de la clase alta y crean una serie de reinos independientes, sin demasiado conflicto entre ellos, puesto que no los anima el deseo de ganar territorio. A causa del sistema feudal del momento, hay, además, un rey de Irlanda; rey de nombre, en tanto los otros reyes no están obligados a pagar tributo ni le deben vasallaje en las guerras.

En el siglo XII, un tiempo de duros conflictos internos en Irlanda, el rey de Leinster, uno de los pequeños reinos que hemos mencionado, parte a la guerra intestina que asola al país, y el rey de otro pequeño territorio 'rapta' a su indefensa esposa. El entrecomillado se debe a que, en un paralelo casi increíble con lo ocurrido en la historia de Helena de Troya –que era en realidad Helena de Esparta, pero la historia tiene sus caprichos– la dama no opuso tampoco gran resistencia. Esta reina, cuyo nombre es inútil recordar, se las compone para confundir un poco las cosas, alegando que fue raptada y violada. El esposo, no sabemos si por amor, orgullo, o una mezcla de ambos, no puede permitir que otro rey, un igual, se marche con su mujer y cruzarse de brazos. En su bregar por la restauración de su honor, recurre primero a los otros reinos de la isla para que se alíen con él contra el ofensor. A diferencia de lo que ocurrió con la Liga Aquea, y tal vez porque aquí no había un juramento previo de por medio, y nada que ganar, salvo unas cuantas contusiones, fracturas, y muertes no redituables, los demás reyes le informan que no encuentran razón para ir a la guerra.

Privado del apoyo de sus pares, el ultrajado parte a Inglaterra en busca del apoyo de Enrique II. No es el tiempo en que el rey de Inglaterra está dispuesto a invadir Irlanda. No es el momento político propicio, pues está muy ocupado llevando a cabo la unificación de su propio país. Si el nombre no les dice nada, tal vez lo recuerden mejor como padre de Ricardo Corazón de León y Juan Sin Tierra. Enrique zanja la situación dándole al quejicoso una carta con su firma y sello en la que dice que, como rey traicionado, Diamat de Leinster cuenta con el apoyo de Inglaterra. El portador de la carta la exhibe ante sus pares, pavoneándose; casi podemos escucharlo decir: "Ustedes no me apoyan, pero miren quién está dispuesto a guardarme las espaldas". Vistas las circunstancias, algunos de estos reyezuelos piensan que probablemente es buen momento para afirmarse en una alianza política con Inglaterra, cosa inexistente hasta entonces. El rey de Leinster, que no se conformaba con menos que una venganza más bien sangrienta, consigue, luego de una cantidad de negociaciones con Enrique, que éste lo apoye con soldados, barcos, y armas. A cambio de ello, debe comprometerse a ayudar a someter a Irlanda al vasallaje. Un dicho inglés sostiene que "no existe nada semejante a una cena gratis"; siempre hay que pagar, tarde o temprano, y muchas veces lo que se paga excede ampliamente el costo de la 'cena'. Entonces. Diamat trae a los ingleses a Irlanda, y una vez que se instalan, se termina la independencia de la isla. Como curiosidad, a Juan Sin Tierra se le asignó el señorío de Irlanda, o sea que tierra no le faltó, aunque su falta de habilidad política y administrativa le hizo cometer más de un desaguisado. No residió permanentemente en Irlanda, y no sólo por haberse hecho cargo de la regencia de Inglaterra cuando su hermano el rey Ricardo partió a las Cruzadas.

Sin profundizar demasiado, nos encontramos con que la subyugación de Irlanda y el establecimiento de la autoridad inglesa se apoya en una doble traición. Primero, la traición de una mujer –tengamos esto en cuenta respecto de los sentimientos de Stephen hacia las mujeres– y, segundo, en la traición de un rey irlandés que invita al territorio, sólo movido por un afán de venganza personal, a quienes obviamente van a sojuzgar a sus compatriotas. A mi entender, este fragmento casi anecdótico de la conquista es fundamental para la cuestión de las diversas traiciones que se despliegan en el trasfondo del continuum iniciado en el *Retrato...* no menos que para la actitud de Stephen frente a Irlanda, a la mujer, y a los irlandeses anglófilos, que no dejan de presentificarle algo que podríamos llamar 'la escena primitiva', encuadrada en la traición cometida por el primer irlandés que trae al enemigo a casa.

Retomando el hilo

Hechas estas aclaraciones, podemos adentrarnos en el segundo capítulo, primero de manera general, y luego deteniéndonos en algunos puntos específicos.

En el paralelo con *La Odisea*, este apartado lleva el nombre de 'Néstor', siguiendo la línea del anterior, denominado 'Telémaco'. Hemos visto que gran parte del texto justifica la comparación entre Stephen y el hijo de Ulises; ahora necesitamos saber quién era Néstor. Rey de Pylos, se une a la guerra de Troya, durante la cual sus particulares características de inteligencia y de sabiduría le confieren un estatuto de patriarca y de consejero ecuánime y prudente. Muchos de los combatientes se beneficiaron de sus palabras y, terminada la guerra, regresó a salvo a su hogar y continuó con su vida. Es el primero a quien Telémaco visita en su peregrinaje tras las noticias sobre el padre, pero Néstor no tiene consejos para él; sólo consuelo. "La última vez que lo vi fue en las playas de Troya; estaba vivo". No tiene más para decirle, salvo alentarlo a que persista en la búsqueda.

En el capítulo, y siguiendo la forma de parodia, hay un personaje que lo rige, en una relación por la inversa, dado que el 'Néstor' paródico es aquí el intolerablemente sentencioso Mr. Deasy, el director de la escuela donde enseña Stephen.

Veamos, entonces, a grandes rasgos, cómo se desarrolla la clase de Stephen. Los concurrentes a los seminarios que, a diferencia de los alumnos de Stephen, hacían sus deberes, comentaron que cuando Stephen comienza a interrogar a los muchachos en relación al tema del día, no parecen muy compenetrados del tema, y tampoco registran claramente las preguntas de Stephen. Me impresionó la afirmación enfática de una joven psicoanalista: *"Este Pirro no es cualquiera, y los lugares que nombra tampoco son cualquiera. Yo encontré que el Pirro al que se refiere Stephen es descendiente, hijo, mejor dicho, de un homónimo que participó en la guerra de Troya, y que dijo, en aquel momento, que después de una guerra como aquella nunca iban a volver a ganar otra. El Pirro del que se habla en Ulises es un rey de Epiro que se ha propuesto invadir uno de los accesos al Imperio Romano a través de la ciudad de Ascolum, a pesar de habérsele aconsejado no intentarlo. Se lo recuerda porque, aunque primó el valor y obtuvo el triunfo, fue tal el costo en vidas que dio origen a la frase 'una victoria a lo Pirro', es decir, con base en pérdidas casi totales. Me pareció muy interesante la interpretación errónea de uno de los alumnos de Stephen, que confunde 'Pyhrrus' con 'pier' (muelle), y que tal vez no es tan desacertada, porque todas las ciudades invadidas eran ciudades portuarias, con muelles, y en las andanzas de los personajes de la novela abundan las playas y los muelles. Además, se me ocurre que estos chicos no ven la habilidad, la fuerza, y la valentía de un personaje que presenta muchos de los rasgos atribuidos a un 'padre de la patria', alguien que venga a sostener la nación nuevamente y a reivindicar al pueblo irlandés.*

A juzgar por la traducción que estoy leyendo, para los chicos este padre se convierte en un juego de homofonías, y pasa a convertirse en un objeto 'chasqueado', objeto de bromas, resquebrajado. No se trata sólo de lo poco que saben, sino que en su vida escolar lo que se transmite es un desvanecimiento o debilitamiento extremo respecto de lo que haría un padre de la patria".

Esta parrafada suscitó una discusión acerca del Pirro mítico –o no– de Troya y el Pirro histórico de la victoria-derrota, a la que puso el moño la intervención de un ingeniero con esta conclusión: "Enrique Anderson Imbert[3] hace una distinción entre estos bordes tan angostos que separan a los géneros. La leyenda se ubica entre la historia y la ficción; el mito, entre la religión y la ficción literaria; y la noticia, entre el periodismo y la literatura. Con lo cual nos deja sin nada, que equivale a decir que nos deja con toda la literatura".

Yo agrego mi contribución. Ya sea como especie o como individuo, no hay humano que no busque su origen, y esto lo hemos discutido ampliamente respecto de la problemática que deriva del *omphalos*. Cuando hablamos de Troya, sabemos que una cantidad de evidencia arqueológica confirma la realidad del lugar físico (bien que distintos autores lo ubican en diferentes geografías) y de la guerra que la arrasó. De lo que no tenemos información es de la real existencia de ciertos personajes. Sabemos que el hecho es histórico, pero ignoramos cuáles de sus protagonistas estuvieron ahí, y aún suponiendo que estuvieran, ignoramos hasta qué punto el mito, la leyenda, y la distorsión de las memorias los revistió con cualidades y condiciones que hacen amables a algunos y odiosos a otros. Pero cuando la historia marca que el Pirro invasor es un Segundo, le está dando un padre y, a los efectos de lo que estamos leyendo, es importante traer a cuento la figura del padre, en tanto es la parte principal de la problemática de la novela.

Abordando la forma de encarar la enseñanza, en esta escuela en particular, que tal vez podríamos tomar como paradigmática de lo que era la escuela irlandesa, el director Deasy se jacta de que se enseña especialmente la historia antigua, que para él es sinónimo de la historia griega, y más específicamente, de la historia militar.

Por esta razón, cada personaje destacado en los programas será un padre heroico. En el caso particular de Pirro –es simplemente una línea, pero fíjense cuánto da para pensar y asociar– no estamos ante una invasión agresora. Pirro es rey de una región helénica, y ante el

---

3   Crítico, narrador, y ensayista argentino (1910-2001).

llamado de Tarento, una colonia fundada por espartanos, con una historia muy complicada respecto de su relación con Roma, va en su auxilio, a defenderla de una invasión punitiva de los romanos. Es en calidad heroica y protectora que Pirro cruza el mar para defender los derechos de quienes podríamos llamar sus 'parientes lejanos'. Por otra parte, las figuras de Pirro y Julio César evocan sus respectivas muertes, el primero a manos de un soldado de un antiguo aliado devenido enemigo, y el segundo por los puñales de los senadores, entre quienes se encontraba Bruto, a quien César amaba como a un hijo. Estas figuras paternas con investiduras de héroes asesinados por 'hijos' tienen bastante poco que ver con la realidad de un padre, y creo que es en este sentido que a los chicos les pasa muy por el costado. Lo que ocurre es que a Stephen le afecta la falta de interés de sus alumnos por la historia en la medida en que él se culpa por no ser un buen maestro, en pensamientos que pasan por detrás del foco de la conciencia mientras está dando su clase. Supone que si fuera buen maestro lograría que sus alumnos se interesaran por estos hechos nuevos para ellos, y muy alejados de sus vidas cotidianas. En una suerte de escisión de la mente, lo asalta el recuerdo de la conversación que sostuvo con Haines y Mulligan en la torre, y se le suma la culpa de haberse comportado como un payaso. Lo invade un intenso malestar debido a dos hechos no relacionados: la imposibilidad de despertar el interés de sus alumnos, y el actuar de manera payasesca con sus pares. Cuando pasa a la recitación del Lycidas de Milton, el preconsciente divaga por sus propias épocas de estudiante en París, y esto se entrecruza con algunos pensamientos de Aristóteles.

La mención de Milton, recuperada más tarde en alusiones al paraíso perdido, nombre de su obra maestra, no es casual. Empecemos por decir que Milton era ciego. El temor a la ceguera no es sólo algo que tortura a Joyce, sino que el personaje de Stephen está disminuido en su capacidad visual, y su pánico a perder literalmente los ojos se expresa al principio del *Retrato…*, en una rima en la que se mezclan los ojos arrancados violentamente del rostro con una urgencia al pedir perdón: la pérdida de los ojos como castigo del pecado, por haber mirado, suponemos, lo prohibido. En el *Retrato…* los ojos de Stephen niño se dirigieron a lo prohibido del cuerpo de una niña; nosotros hablamos de la prohibición de mirar la desnudez –para el caso, metafórica– del padre. Se me dirá que Stephen, finalmente, es Joyce. Cuidado con esto. Quisiera señalar que en *La duodécima noche*, una comedia, Shakespeare pone en boca de uno de sus personajes las palabras "Yo soy todos los hombres y las mujeres de mi casa", y que Joyce declaró que escribía sobre lo que mejor conocía. Más allá del contexto en el que se incluye la frase de Shakespeare, por cierto todos los personajes creados por la pluma se componen de partes del autor, de lo que fue, de lo que es, de lo que querría haber sido, de lo que detestaría ser. No exclusivamente, pero el inconsciente del autor no se deja barrer con facilidad. En cuanto a Joyce, lo que mejor conocemos es a nosotros mismos y nuestras circunstancias. Ello no significa que seamos nuestros personajes, aunque ponemos mucho de nosotros en ellos. Inclusive Emilio Salgari, que nos deleitó con las exoticidades de la India y del Caribe sin haberse movido de su patria italiana, ¿no habrá soñado con encarnar lo que no era: el bravo Corsario Negro y el indomable Sandokán?

Hecha la advertencia, volvamos a Milton. *Lycidas* es una elegía pastoral. Dado que la elegía es un lamento dedicado a un muerto, se retoma por su intermedio toda la cuestión de la muerte que venimos viendo desde el principio. El poema fue escrito en ocasión de la muerte de un amigo del poeta, ahogado en el mar —otra vez el mar, y ya en el capítulo anterior se menciona, al pasar, un ahogado— y Lycidas, como nombre en literatura, aparece en Ovidio; no es original. La elegía de Milton se extiende a siete páginas, y contiene referencias al Ulises mítico y, naturalmente, al agua. En las líneas finales, que son las únicas que me interesan ahora, la voz dice que, en realidad, Lycidas no está muerto, sino que vive, en el agua. No debajo del piso de las aguas, sino bajo la superficie de las aguas, visible, de modo que quien lo llora encuentra cierto consuelo asomándose al agua, porque ahí puede verlo, en una actitud de espejo viviente que devuelve una imagen otra. Esto nos remite a Ulises, al padre Océano, nombrado también en estos capítulos, y a una nueva dimensión del agua como conservadora de la vida o, por lo menos, de una cierta forma de la vida.

El piso acuoso —*the watery floor*— sin tomar en cuenta el fondo sólido y concreto del mar, nos recuerda otra muerte, la de la madre de Stephen, algo dicho también al principio de la novela, otra de esas cositas que Joyce 'tira' con la engañosa apariencia del azar y que parecen no tener importancia. No digo que sea la muerte lo que se desliza como no importante, sino la forma en que ocurrió. La mamá murió ahogada en su propia bilis, en un vómito color verde mar. El ahogo en un líquido verde y mortal está contrarrestado por el verde del agua de este piso acuoso donde se conserva la vida. Tal vez ahí encontramos la punta de la angustia de Stephen por una madre muerta y al mismo tiempo no muerta, viva en una imagen de superficie que no termina de disolverse.

La permanencia de la imagen sería la ilusión de que aquello que ha muerto se puede mantener vivo. La imagen de la madre lo persigue todo el tiempo; ya lo hemos dicho: la madre bajo la forma de un espíritu maligno que no lo deja ser. Un poco más adelante, Stephen imagina, cuando pasea por la playa, que las mujeres que encuentra son parteras que llevan un feto muerto. No puede desprenderse de esa imagen terrible y sucia; en verdad, a lo largo del libro, casi todo cuerpo vivo y objeto tangible o sólido remite constantemente a la imagen, no a la persona en sí ni al objeto en sí. Pasa por su mente la imagen de San Columbanus, un misionero irlandés del siglo VI, nacido –oh casualidad– en Leinster, el mismo lugar que atrajo a los ingleses a Irlanda, rechazando a su madre cuando ésta, en su desesperación por impedir que se retirara del mundo para dedicarse al evangelio, se arrojó de través sobre el umbral. A la inversa, Stephen también ha rechazado a su madre, que quería retenerlo dentro de la fe católica mientras que él deseaba entregarse al mundo. La frase pertinente enhebra las escenas anteriores, permitiéndonos pensar en la latencia de la problemática materna aún cuando el diálogo se centra en otra parte.

Entre Stephen y un alumno llamado Sargent se desarrolla una suerte de empatía, a partir de un aspecto identificatorio que Stephen experimenta al notar que Sargent, de alguna manera, repite sus propias experiencias poco gratas de los tiempos en que él era víctima del sistema educativo desde el lado del pupitre. Los contratiempos y sufrimientos de Sargent le recuerdan sus dificultades en la escuela y los problemas de relación con sus compañeros, todo lo cual se describe extensamente en el *Retrato*.... Sargent sufre de una descompensación extra: mientras que Stephen era inteligente, y podía manejarse con facilidad en los aspectos puramente académicos, Sargent parece necesitar apoyo intelectual. Stephen piensa que "su madre [la de Sargent] también lo habrá amado". Se produce el retorno del pensamiento a su propia madre, a la ambivalencia que viene sosteniendo respecto de la figura materna. Así como supone que la madre de esta criatura disminuida en sus capacidades lo habrá amado, el 'también' sugiere que acepta que la Sra. Dedalus lo amó a él, su hijo que la defraudó en el punto álgido de la fe. Se produce una operación reparatoria, dirigida más bien al amor por él que atribuye a su madre en el momento de su nacimiento, al menos, porque no está muy convencido de que se haya sostenido a pesar de su 'traición' a la Iglesia. Tengamos en cuenta que se trata de ideaciones, y de un punto de vista único: el de Stephen y su percepción de la madre. No tenemos idea del punto de vista de la madre más que como él lo presenta, tamizado por la rebeldía, el remordimiento, la culpa, y cierto enojo.

Antes de que Stephen se dirija al despacho del director, propone una adivinanza o enigma a los muchachos. En dicha adivinanza, un zorro entierra a su abuela. Se han ofrecido muchas y variadas explicaciones al enigma; yo propongo la siguiente: el zorro posee características no demasiado agradables. Es astuto, traicionero –ahí aparece de nuevo la caracterización que hemos venido remarcando– y no genera familias ni el amor/cuidados correspondientes, como sí sucede en el caso de los lobos, por ejemplo. Saltando una generación, la de la madre o padre, el zorro tiene un impulso de amor que no le permite dejar el cuerpo de la abuela al descubierto. Vuelve a insistir la cuestión de la culpa en Stephen. Ni siquiera el zorro desprotege ese cuerpo muerto, y él sí siente que desprotegió el cuerpo de su madre, y posiblemente su alma, al negarse a cumplir con los rituales del entierro.

Para que el muerto no retorne, es necesario cumplir con los ritos funerarios en los que se cree. Stephen no tomó parte personalmente en ellos, y el fantasma de la madre retorna todo el tiempo.

Respecto del retorno y de los ritos, vamos a abrir un paréntesis para aclarar un mito joyceano que he escuchado innumerables veces. Se ha dicho acerca de James Joyce que, volviendo de París a la muerte de su madre, había olvidado su primera lengua. En lo que ustedes leyeron, hay una línea que dice "fingiendo no conocer el inglés", y hablando en *broken English*, es decir en un inglés a lo Tarzán, "fingiendo no conocerlo". Nunca olvidó la lengua materna, sino que desplegó uno de sus bastantes habituales juegos semi-macabros, explicado en *Ulises*. Cuando Joyce describe a Stephen fingiendo haber olvidado la lengua en el momento de regresar al entierro de la madre, sabemos que habla de su experiencia como doliente, y que no hay verdad en el olvido de la lengua, sino un juego de ficciones explicitado en esta parte del libro. Sin duda, la idea es funcional a ciertas visiones post-mortem del autor que señalamos en las primeras páginas de esta guía, pero deberíamos partir del principio de creer en la palabra del autor, sin negarnos el derecho de especular, conscientes de que en los análisis de las literaturas habrá tantas interpretaciones como lectores. Borges, mi maestro de anglosajón, nos aseguró que él consideraba válida cualquier interpretación que pudiéramos sostener desde el texto. Lo demás, a su criterio, quedaba en el ámbito de las especulaciones. Teniendo esto claro, podemos proseguir.

Odiado pero no temido

Terminada su clase, Stephen se entrevista con el director, Mr. Deasy. Además de la parodia por la inversa a la que aludimos anteriormente, puesto que Néstor poseía fama de hombre sabio –aunque dicen las malas lenguas que algunos de sus amigos (Menelao, Agamenón) lo encontraban un tanto pesado por su 'exceso' de prudencia– Deasy, lisa y llanamente, se muestra como un imbécil pomposo. Al margen de los contrastes discursivos, hay marcas concretas, objetos físicos, que nos llaman la atención hacia la figura patriarcal del rey de Pylos. Mr. Deasy posee y exhibe una colección de conchillas, que asociamos con el mar y con la costa donde Néstor pasó tantos años, igual que el resto de los griegos que combatieron en Troya. Deasy es un repertorio completo de la anglofilia, además de lo cual –y esto es importante para nosotros, porque pronto nos vamos a encontrar con Leopold Bloom– es un antisemita. Nos encontramos frente a un irlandés traidor, y a alguien que, en cierto modo, se parece a Haines, en aquello de poner las culpas afuera. Vimos en el capítulo anterior que Haines no se siente involucrado, por su condición de inglés, en las desgracias de Irlanda, pues la 'culpa' es de la historia. En opinión de Deasy, la culpa es de los judíos, en cuyas garras se debate el mundo. Perora largamente acerca de ello, y Stephen, a pesar de no estar de acuerdo, no discute; podría decirse que deja que se ahorque con su propia soga al permitirle continuar hablando.

Mr. Deasy, en su arrogancia ignorante, se jacta de que Irlanda nunca se enfrentó al 'problema judío' porque prohibió la entrada y permanencia de los judíos. No es exactamente así. Hace algo más de mil años que una comunidad judía se desempeña eficazmente en el país, conviviendo en armonía con el resto de los ciudadanos. Aparentemente, la primera presencia de **cinco** judíos se registra en el siglo XI, provenientes de Inglaterra y enviados de regreso en cuanto hubieron finiquitado sus asuntos. En el siglo XII, contra las órdenes expresas de Enrique II, que por razones muy bien guardadas no deseaba el establecimiento de una comunidad judía, hubo algún caso esporádico de desobediencia. En el siglo XIII debe haber existido un pequeño núcleo, dado que documentos de la época dan 'la guarda y responsabilidad' sobre los judíos a un funcionario del gobierno.

A nosotros nos interesa uno en particular: Bloom, mimetizado con los irlandeses, en una mimetización que no llega a tener éxito, por lo menos en su fuero interno, ya que la misma sensación de culpa que acosa a Stephen respecto de su madre acosa a Bloom en relación a su padre. Bloom no termina de resolver la culpa de haber traicionado su origen. De alguna manera, trata de ocultarlo, y ustedes van a encontrar, más avanzada la lectura, personajes espectrales de su familia que le reprochan la traición a su ser judío.

En un discurso antisemita, quien dice 'judío' dice 'dinero', y viceversa. Mr. Deasy aborda primero la cuestión del dinero, y cita una frase de Shakespeare: "*Put but money in thy purse [sólo pon dinero en tu bolsa]*", a lo que Stephen murmura: "Iago", sin que el otro se dé por aludido. La cita, inconsistente aquí, es del Acto I, escena iii, de *Otelo*, en la cual Iago, lugarteniente de Otelo, persuade a Roderigo, enamorado de Desdémona, esposa del Moro, de continuar pagando sus pretendidos servicios de celestinaje y de no perder las esperanzas de conquistar a la dama. Digo 'inconsistente' porque no hay damas en juego. Si Mr. Deasy, cuyo discurrir se compone de un cliché tras otro, tuviera una noción un poco más acabada de su Shakespeare, habría acertado en citar a Polonio (*Hamlet*) en su despedida a su hijo Laertes: "Nunca pidas dinero prestado, nunca prestes dinero". Stephen, en cambio, da en la tecla, reconociendo a la vez el nombre de quien ha dicho la frase y llamando 'Iago' a Deasy, en tanto Iago traicionó a Otelo, y Deasy traiciona a su país, y luego repite ciertas frases hechas de los ingleses como ejemplo a seguir. Otro de los pensamientos que cruzan por la mente de Stephen durante la conversación es "*the sea's ruler*" (el señor de los mares), refiriéndose al poderío marítimo inglés, y siguiendo esta línea, sus ojos se posan sobre un retrato del Príncipe de Gales —título de los herederos a la corona de Inglaterra— que preside señorialmente el despacho.

Nos enteramos de que a Deasy le preocupan los 'desaguisados' de los judíos... en Inglaterra; según su entender, ya nunca será la misma luego de haber caído en esas manos ávidas. Y nos asombra que dos seres tan opuestos como Stephen y su director compartan alguna idea: nada menos que su opinión de las mujeres. Deasy enumera prolijamente una serie de mujeres que trajeron la desgracia al mundo y causaron la caída, la muerte, o el desprestigio de los hombres que las amaron, comenzando por Eva y concluyendo, sin nombrarla, por Kitty O'Shea.

Vale la pena detenernos aquí un momento. Deasy afirma que una mujer causó la desgracia de Parnell. Charles Parnell fue el paladín de la causa irlandesa y miembro del parlamento británico hasta fines del siglo XIX, cuando su relación extramatrimonial con Katherine (Kitty) O'Shea, casada con un miembro del ejército y colega parlamentario, se hizo pública en la demanda de divorcio del marido 'ofendido'. En justicia, inferimos que el marido se sentía muy cómodo con la cornamenta a modo de sombrero, dado que la relación llevaba largos años, y que él no había querido divorciarse a la espera de una herencia de la tía de su señora esposa. Frustradas sus esperanzas, súbitamente 'despertó', y el juicio de divorcio provocó un escándalo mayúsculo que arruinó la carrera política de Parnell, no sólo por las hipócritas costumbres de la era victoriana tan bien satirizadas por Oscar Wilde y Bernard Shaw, sino porque el pueblo católico que lo había endiosado naturalmente le quitó su respaldo. En el *Retrato...*, eran frecuentes las discusiones acerca de Parnell en casa de Stephen. Por lo general, terminaban en agrias disputas, y él era demasiado pequeño entonces para comprender los motivos. En cambio, el joven Stephen ya estaba enterado, al momento del borbotón misógino de Deasy, de quién y de qué hablaba.

Los juegos de Proteo

El tercero y último capítulo de la primera parte corresponde al canto de *La Odisea* denominado "Proteo". En el viejo orden helénico, Proteo es un dios del mar, anterior, claro, a Poseidón. Cuando arriba el nuevo orden, Poseidón lo 'prohija' y le encarga el cuidado de sus rebaños. En ambos casos, el dios posee el don de la profecía, y la habilidad de cambiar constantemente y a voluntad de forma, cosa que hace para no ser atrapado y verse obligado, precisamente, a profetizar. Los cambios que se suceden en este capítulo no refieren a alteraciones físicas o materiales, sino a las hilvanaciones que se van sucediendo sin solución de continuidad en la mente de Stephen.

Casi todo es aquí *stream of consciousness*, inclusive diálogos imaginarios de encuentros que no han sucedido sino en la mente. Es interesante pensar que, en tanto las distintas escenas son vividas con todo detalle, una vez que se cumplen en la imaginación, no es necesario ponerlas en acto. A la voz del preconsciente de Stephen se suman otras voces engendradas por éste.

Cuando reparamos en el episodio de *Lycidas*, omití decir, porque no era pertinente para nuestra discusión, que muchos estudiosos de Milton afirman que se trata de una monodia, en cuanto a que habla una sola voz: la del doliente que llora la muerte del joven. Sin embargo, otros eruditos advierten la presencia de otras voces no reconocibles; es decir, no se les puede adscribir dueño, pero se hacen oír en el lamento, hablándole al doliente y confortándolo. Traigo esto a cuento porque acá también se escucha la voz del narrador, y una no-voz, la que no se expresa oralmente, que recrea otras voces de sus fantasías, mayormente relacionadas con reproches y confirmaciones de lo que él vive como su culpa. Un ejemplo de la culpa repartida en otras voces se encuentra en la frase "tu tía cree que mataste a tu madre". Él se atribuye la culpa, por no haber respondido con su pronta presencia al telegrama que le envió su padre. Es tan fuerte decirse a uno mismo, "maté a mi madre", aún en la imaginación, que ayuda ponerlo afuera; en este caso, en la voz imaginaria de la tía, para hacerlo más tolerable.

El capítulo es una pregunta y una reflexión sobre la real existencia de las cosas, sobre la influencia de los sentidos sobre la realidad, todo ello pasado por el tamiz de los amplios conocimientos filosóficos y religiosos de Stephen y sobre el trasfondo de sus luchas internas.

Está basado en una musicalidad vital y poderosa, y desglosarlo es, a mi entender, romper el encanto de la melodía y quedarnos con la pura información que, de un modo u otro, hemos obtenido antes. Yo lo veo como una obertura traspuesta, pues encuentro que aquí se unen, en fragmentos reconocibles, los temas por los que ya hemos transitado, y que lo novedoso hay que captarlo por los sentidos, dejando descansar el intelecto.

Conociendo a Bloom

Vamos a adentrarnos en la segunda parte esbozando una pequeña biografía de Leopold Bloom. Sus datos se encuentran desparramados aquí y allá en la novela, pero ayuda a la lectura disponer de la información reunida en un bloque para tener idea de fechas, de historia familiar, y de desarrollo personal.

Bloom nace en 1886. Es hijo de un húngaro judío llamado Rudolf Virag. En húngaro, *virag* significa 'flor'. Al emigrar a Irlanda, Rudolf traduce su apellido, no exactamente a 'flor', sino a *Bloom*, un capullo a punto de florecer, un estadio anterior a la flor abierta. Habrán notado que cuando nuestro Bloom, Leopold o Poldy, como lo llama su esposa, adopta un seudónimo para su aventura amorosa epistolar con una tal Martha, transforma su propio apellido en 'Flower', en una traducción directa del patronímico original que su padre no hizo.

La madre de Bloom se llamaba Helen Higgins. Provenía de una familia católica, y se infiere que Rudolf tuvo que convertirse, al menos proforma, para poder casarse con ella. En la tradición judía, la identidad se transmite por vía materna, y se refrenda mediante rituales establecidos a edades determinadas. Leopold no fue circuncidado ni atravesó la ceremonia del bar mitzvá, a pesar de lo cual se siente culpable por haber traicionado un judaísmo ya renunciado por su padre, quien se suicida en 1886, cuando Bloom cuenta apenas veinte años. En 1888, se casa con Marion Tweed. Marion, Marian, Molly, son variantes de Mary (María), y apuntan a algunas expectativas virginales que nuestra Molly definitivamente no posee. La pareja se conoció en Gibraltar, donde estaba estacionado el Mayor del Ejército Brian Tweed, padre de Molly, y casado con Lunita Laredo, una judía sefardí. Es, entonces, Molly quien legítimamente debería ostentar su linaje judío. El matrimonio Leopold-Molly ha tenido dos hijos: Rudi (diminutivo de Rudolf; se le ha dado el nombre de su abuelo, así como Bloom lleva el nombre del padre de su padre), muerto a los pocos días de nacer, y Milly, nacida en 1889 y que, a la altura en la que Bloom hace su aparición en la novela, tiene quince años, aparentemente trabaja y estudia, y no vive con sus padres.

Las islas de la muerte

Se dice que este episodio corresponde al de 'Calypso' en *La Odisea*. Con un poco de imaginación... Según Robert Graves, los mitos o partes de ellos que se sitúan en islas deben hacernos pensar en aspectos sepulcrales de las epopeyas heroicas. Ulises recala en Ogygia, dominio de la ninfa Calypso, cuando ya todos sus hombres han muerto, y ella lo retiene durante siete años, hasta que finalmente, aprovechando una 'ausencia' temporaria de Poseidón, Atenea, protectora de Ulises y enemiga desde siempre del dios del mar, persuade a su padre Zeus de que envíe a Hermes, el mensajero de los dioses, con órdenes expresas de que le permita partir.

A ver si logramos desembrollar esta madeja. Partamos de la isla. Estrabón, historiador y geógrafo griego nacido en el año 60 A.C., declara que los vagabundeos marítimos descriptos en *La Odisea* se circunscriben al Mar Mediterráneo, aunque no identifica el nombre Ogygia al de ninguna isla, sino a la región de Beocia, en la Grecia continental, al norte del Golfo de Corinto. O sea, mucha de la geografía odiseica, pero especialmente esta isla, es producto de la fantasía. Otras fuentes afirman que la vegetación de la Ogygia homérica, el tipo de ave que la sobrevuela, y la bravura del mar, corresponden mejor a los mares nórdicos, preferentemente al Báltico. Créase o no, las grandes naves griegas se desplazaban muy lejos de sus costas, por lo general con propósitos comerciales, de modo que no resulta increíble que Homero –sin detenernos a discutir si en verdad existió él mismo– se haya inspirado en otros paisajes para poblar sus relatos.

Las islas sepulcrales parecen ser 'sucursales' del Hades, del 'otro mundo'. Todas estaban regidas por diversas deidades que representaban algún aspecto de la diosa de la muerte –por lo tanto, una divinidad pre-olímpica– que evoca, en cierto punto, a la tercera Diosa del Destino. Si recordamos que la leyenda de Arturo de Bretaña lo instala en Avalon para la vida eterna después de la muerte terrenal, y que esta misma isla mítica se asocia con la residencia de Morgan Le Fay, hechicera y hermanastra de Arturo, deducimos que estas 'islas de la muerte' no son privativas de la mitología griega.

Ahora bien, ¿de qué muerte estamos hablando? No es una pregunta ociosa. Hay una creencia generalizada de que la 'inmortalidad', tal como la pensaban los griegos antiguos, era equivalente a la vida eterna en la Tierra, al no morir jamás, al perdurar en una encarnadura humana. Pues no. Aquella inmortalidad se encontraba, precisamente, en la muerte. Podríamos discurrir *ad infinitum* sobre los mitos que lo prueban, como el de Aquiles, a quien su madre la nereida Thetis sumergió de cabeza en la laguna o río Estigia –uno de los accesos al Hades– tomándolo por el talón, según algunas versiones, o sosteniéndolo sobre el fuego según otras, para hacerlo 'inmortal'. Si su padre no se lo hubiera arrebatado de las manos, sin duda Aquiles habría alcanzado rápidamente la inmortalidad, en el sentido que le estamos dando. La ninfa Calypso le ofrece a Ulises la juventud y la vida eterna... en el reino de la muerte.

Ulises permanece en Ogygia durante siete años (número cabalístico, uno de los *sefirot* o 'elementos espirituales', o 'átomos místicos' que emanan la sabiduría de Jehová, y que, entre otras cosas, representa el Este, el sentido contrario a la dirección de la muerte, que se igualaría al punto donde se pone el sol), y Hermes el mensajero es portador de la hierba benéfica *moly*. Saquen sus conclusiones.

Coincidencias

Lo que probablemente mancomuna a Ulises y a nuestro Bloom es la forma en que Calypso retiene al nauta. Cada vez que él habla de partir, instándola a que haga uso de sus poderes para proporcionarle al menos una nave, ella le canta, y el hechizo de su voz mágica adormece los deseos de él de regresar al mundo. Molly, la esposa de Bloom, es cantante. A esta altura de la novela, ya se ha hecho evidente la multiplicidad de facetas de cada personaje, y aquí Molly no juega como el reverso de una Penélope muy poco creíble, sino que desempeña el rol de Calypso. Dos detalles refuerzan esta idea. La dirección de la casa del matrimonio Bloom es Eccles 7, en recuerdo a los siete años de cautiverio en la gruta de la isla de la muerte. Además, sobre la cama pende un cuadro llamado *El baño de la ninfa*. Más adelante, este cuadro va a tomar vida, pero la unión de estos dos elementos nos recuerda a quién representa Molly en este instante.

Son más los rasgos que comparten Bloom y Stephen, dos desconocidos ambulando por la ciudad. Ambos son extranjeros en Irlanda. A pesar de que Stephen es un nativo, de pura cepa local, ya hemos visto que su país le resulta hostil, que se siente un extraño, y que no cesa de pensar en cuál será el lugar donde podría encontrar una 'patria', aquella tierra que vale la pena defender sin sentirse 'extrañado' –en el sentido de 'alienado'– del resto de los habitantes.

Bloom, por otra parte, debe su nacionalidad al azar; su ser irlandés es producto de la inmigración de sus antecesores. Curiosamente, se siente muy consustanciado con el país, e inclusive se dice que ha sido bautizado. Si esto es cierto, es bien distante su relación con la liturgia, algo que se pone en evidencia cuando entra a la iglesia y reflexiona sobre la misa, con un pensamiento enteramente tomado por aquello de sus antepasados de lo que él renegó. Para completar su perplejidad ante sus circunstancias, los demás anteponen la imagen del judío a su convicción de irlandés, lo cual nos lleva a pensar si somos lo que creemos ser o lo que los otros dicen que somos.

Recordemos que cuando Stephen sale de la Torre Martello, le deja las llaves a Mulligan. Al salir de su casa, Bloom rebusca en su bolsillo y descubre que tampoco tiene su llave. Parece que ninguno tiene la llave –o la clave– de la resolución de su identidad, una llave que les permita comprender lo que les sucede, dónde están parados.

En el laberinto

En el laberinto de estas páginas de la novela vamos a internarnos nosotros, recorriendo los senderos como se nos presenten, yendo y viniendo sin un orden establecido. Es un desafío a la imaginación, y mucho más entretenido que un 'ordenamiento' a la manera escolar. En algunos momentos vamos a aventurarnos más allá de la división formal de los episodios, apostando a la desestructuración que propusimos al principio.

Bloom vive con su esposa y una gata. Habrán notado que hay momentos en los cuales no parece estar muy claro cuándo se refiere a la gata y cuándo a su esposa. En relación al cuidado del cuerpo, la gata se acicala, y la esposa es muy consciente de su cuerpo, pero no muy amiga del agua. Bloom 'tapa' la suciedad de su mujer. Va a la farmacia y compra perfume y jabón, el que supone es el favorito de Molly. 'Tapa', también, mediante el silencio, otro tipo de suciedad: la infidelidad. La de ella, en amoríos con su representante Boylan, y la propia, epistolar, o 'apistolar'[4], con la mujer con quien se cartea.

Los alumnos de mis seminarios hicieron aportes sumamente interesantes de su propia cosecha sobre este episodio. Dejemos que sus voces se intercalen en este discurrir:

"Bloom deja sentada la dejadez de su esposa, tanto cuando está en la cama como cuando se levanta. En cambio, la gata es impecable; siempre se está lamiendo; da la sensación de una imagen muy inmaculada del animal en contraposición a la de la mujer. Él, por su parte, parece entrar en el mismo estado, pero llega un momento en que no lo soporta. Va a los baños públicos y lo vive con mucho alivio; dice que se siente mucho mejor, que la sensación de bienestar que le genera el estar limpio es novedosa y grata".

"Es impresionante el párrafo en el que habla del órgano como padre de millares, pero en realidad es una flor lánguida; es decir, él está impotentizado".

---

4 Juego de palabras 'a la Joyce', ocurrencia de un concurrente a los seminarios, que se atrevió sanamente a imitar el lenguaje de la lectura. En el argot rioplatense, se denomina 'pistola' al pene. El juego remite a la impotencia de Bloom, que deriva en su rechazo a un encuentro personal con Martha.

La novela impone las cuestiones del cuerpo. Stephen impresiona como una mente incorpórea, mientras que Bloom está pendiente del cuerpo propio y de los cuerpos en general, inclusive los inanimados. En este sentido, hasta las cartas, que desempeñan un papel estelar en el episodio, toman cuerpo. Bloom se inquieta por el contenido y el encubrimiento de la que ha recibido; Molly le proporciona información parcial sobre la carta de Boylan, y la que Milly le dirige al padre nos sorprende un poco. No hay nada especial en la esquela de Martha. Pero al hablarle de la carta de Boylan, Molly le dice que sólo puntualiza qué va a cantar en la próxima función. Ahí aparece un aria del Don Giovanni de Mozart: La ci darem la mano, y estalla el tema de la infidelidad. La simple mención del aria remite al personaje y al momento del donjuán, así, con minúscula y en una sola palabra, puesto que carece de la grandeza, canallesca si quieren, de Don Juan. Con Blazes Boylan, un donjuán de pacotilla, nos vamos a cruzar luego en la calle, muy elegante y bien vestido, la contrafigura del aspecto físico de Bloom. Se incluye, además, una línea de la ópera, una distorsión del "vorrei e non vorrei", convertida en "voglio e non voglio", con la que nos vamos a encontrar otras veces, como un sonsonete. Al cambiar el tiempo de verbo, Joyce transforma el "quisiera y no quisiera" en "quiero y no quiero". La línea atraviesa la mente de Bloom, y nos lleva a preguntarnos qué no quiere querer. Quizá debamos sostener la pregunta, porque seguramente las posibles respuestas son múltiples.

No es casualidad que el pensamiento del lector que llega por primera vez al texto avance con menor velocidad que la exposición o el intercambio de ideas. Sistemáticamente, alguien se ha quedado masticando alguna situación anterior, y formula una pregunta. Tomo la que me parece más jugosa, en la medida en que permite la ampliación de un desarrollo anterior:

"Perdón por volver atrás. En La Odisea un mensajero permite la partida de Ulises, liberándolo de la magia de la ninfa Calypso. ¿Bloom también quería partir de esas playas? Es decir, ¿también esperaba un mensajero?"

Fíjense como el lector interpreta subjetivamente el interludio de Ogygia, asumiendo que Ulises *esperaba* un mensajero. Por cierto, Ulises abrigaba esperanzas de que se le permitiera partir, pero la llegada del mensajero no estaba en su cabeza, ni el mensaje iba dirigido a él. Bloom no esperaba ni remotamente un mensajero, aunque en toda la disquisición que se produce en su mente a lo largo de su caminata por Dublín, muchos de sus pensamientos tienen que ver con otras tierras. Su fantasía vaga por ciudades situadas en la Palestina bíblica, la Ciudades de la Llanura, Sodoma y Gomorra, núcleos de pecados innombrables destruidos por la ira de Dios; Edom, cuna de hombres valientes y combativos —lo que él no es; el puerto de Jaffa, y en un *flash forward*, una visión anticipada, ve naranjales y plantíos de cítricos en una zona que todavía es desértica, todo ello mezclado con imágenes de las playas del Mediterráneo, lo que nos hace asociar el mar con Gibraltar, que lo domina desde la altura del peñón y, junto con Gibraltar, no es posible evitar que se cuele el amor joven entre él y Molly. Las geografías lejanas en tiempo y espacio respecto de la Dublín donde habita dan la sensación de que Bloom también quisiera partir. Queda en una expresión de deseo inconsciente; nadie viene a liberarlo, ni él espera a nadie. Hay un deseo, más bien vinculado a lo que no quiere querer, pero carece de direccionalidad.

No sé si habrán notado una característica de soledad esencial muy marcada en Bloom. Una soledad que muchos cubren con actividad febril, con planificación, con 'no sabemos dónde vamos, pero vamos igual', y que acá se percibe como muy desnuda, muy terrible. A ver si la podemos rastrear.

Muy al principio del episodio, las 'conversaciones' con la gata dan cuenta de esto. Los intercambios verbales con su mujer en este momento son mínimos, y siempre giran alrededor de cuestiones prácticas. El tomar a la gata como interlocutora válida proporciona un indicio imposible de pasar por alto. La falta de otro que responda también se pone en evidencia en la carta de su hija. La supuesta información que envía no es tal; es cáscara; impresiona como algo escrito a las apuradas y por obligación, edulcorado con el "Hola, papito". Al principio el padre toma todo lo que dice la carta —todo lo nada que dice la carta— como una comunicación legítima. En su soledad, experimenta la ilusión de que está acompañado a la distancia por Milly, esa hija que él adora. Sin embargo, ella simplemente 'cumple' con las formas del amor filial; le escribe a su papá sin comunicarse realmente. No demuestra ningún sentimiento, no hay calor, sino simplemente un listado de hechos: 'hago esto y lo otro, voy aquí y allí, y discúlpame la letra porque estoy apurada'. Bloom acepta estas migajas como comunicación, y a partir de ahí sobreviene un momento fugaz pero durísimo, en el que él se dice 'Bueno, no importa'; se resigna a que no importa si eso es todo lo que hay para él, en tanto por lo menos hay eso.

Mientras ambula de un lado a otro, recuerda un pasado de otro estilo de vida. No sabemos si el recuerdo es real o producto de la fantasía; se retrotrae a una época de lujuria, a un comentario que lo sitúa como muy lejano, y este divagar se une a una sensación de remordimiento por aquel pasado y por el engaño epistolar presente, y la sensación persiste a pesar de que sabe perfectamente que es un engañador engañado, en un punto en que podríamos equipararlo, en una imagen invertida, a la figura de *El burlador burlado*, la versión del Don Juan de Tirso de Molina, haciendo la salvedad de que ningún padre va a pedirle cuentas, y de que él mismo ha facilitado el engaño del que es víctima, porque fue él quien impulsó a Milly a mudarse a Mullingar, donde reside ahora. En la casa queda una mujer sola, con un marido que pasa sus días fuera; un marido que bien podría estar, puesto que no está obligado por el horario esclavizante de un empleo regular, pero él se impone no estar, y el testigo molesto encarnado en la presencia de la hija fue removido a sus propias instancias: no fue la madre quien impulsó a la hija a irse de la casa, sino él.

De alguna manera, Bloom está instando el engaño por el que a la vez sufre. Hay una cuestión que tiene que ver con la cama. Él la llama 'la cama de ella', pero se trata de una cama matrimonial. Cuando vuelve de hacer las compras —estoy saltando baldosas, acompañando el diseño de la escritura— lo hace con la idea de refugiarse en el calor de 'la cama de ella'. La cama es de ambos; ni tienen cuartos separados, ni hay dos camas. Y aún así, él siente que no le pertenece, que no tiene lugar en esa cama, a pesar de que ella no lo excluye. No hemos visto ninguna escena en la que Molly le diga 'sal de aquí; no te acuestes aquí'.

Vale la pena escuchar un comentario de una alumna atenta y criteriosa al respecto:

"Se me ocurre tomarlo en relación a la pérdida de la llave. A partir de ahí, me parece que hay sucesivas marcas del exilio: quedar fuera de la casa, fuera de la cama, fuera del judaísmo, fuera del lazo social en tanto los grupos se reúnen a hablar, fuera del ritual del entierro de un amigo, donde él aparece como en un costado. Encuentro una re– escritura permanente del exilio, inclusive de un exilio del cuerpo mal vestido con ropa vieja, en algo de mucha degradación autoinfligida. Inclusive cuando ha decidido acudir al entierro, y a pesar de que su mujer también piensa ir, sale de la casa solo, llega antes a la iglesia solo, circula solo hasta la última escena donde convergen

en un carruaje compartido y van todos al entierro. Es angustioso e inquietante".

El adentro y el afuera, o la banda de Moebius

A cada lector le repercuten estas escenas según qué cuerda emotiva pulsen. Yo encuentro una buena dosis de comicidad; el humor no ha cesado; se presenta de un modo muy sutil, y tiene que ver con el despertar. Cuando Bloom despierta por la mañana, en realidad se encuentra en una suerte de duermevela. Hay una cierta gradualidad en el proceso, y también una suerte de distracción, porque no está del todo despierto, aunque ejecute las acciones de cualquier otra mañana, y a pesar de los picos de alerta relacionados con la carta culpable. Esto se ve cuando se le quema el riñón que fue a buscar a la carnicería para su propio desayuno (a pesar de las especulaciones lascivas sobre la muchacha que hace sus compras al mismo tiempo que él, pero es que Bloom no necesita estar despierto para tener ensoñaciones sexuales), y mientras va controlando la bandeja que le sube a su mujer. Todo el tiempo piensa que ha olvidado algo. Al no estar totalmente despierto, tampoco está todavía totalmente atento a lo que hace. En el caso de Stephen, por ejemplo, el despertar es inmediato, y la esgrima verbal que sostiene con Mulligan y Haines es previa al desayuno. Ahí tienen un contraste, y probablemente se relacione con la edad. El joven abre los ojos y se sumerge inmediatamente en lo que lo rodea; el hombre mayor necesita más tiempo para conectarse con ese exterior muy limitado, pero exterior al fin. Bloom no es una persona ignorante, pero dista mucho de ser un intelectual. Todas sus meditaciones carecen de la profundidad de las de Stephen; no hace falta ir a indagar a la filosofía, a la literatura, al latín, ni a los clásicos. Están basadas en el presente, en sus temores, en sus curiosidades. Al pasar por diferentes lugares va recordando cómo lucían en el pasado, y llega a la misma conclusión a la que llega mucha gente en la edad mediana: todo tiempo pasado fue mejor.

Muchos lectores me han dicho que experimentaron una sensación diferente. Su impresión era que todo ocurría en un encadenamiento caótico en el adentro del personaje, que Bloom incluía lo interno y lo externo, el monólogo interior y los diálogos reales como un gran continente fuera de todo orden.

Y sin embargo, el afuera existe, claramente delineado. Lo que ocurre es que la entrada y la salida de esta mente es sumamente veloz, y pasa de la cara interna a la externa como la banda de Moebius; de ahí la dificultad de ver la transición. De alguna manera, esta inflexión del pensamiento y del acto se relaciona con algún tipo de búsqueda en ambas caras. La búsqueda va incorporando elementos del afuera que se transforman una vez que entran en contacto con los elementos internos. Por eso los dos niveles de la narración presentes aquí se van entremezclando con pequeños incidentes –los hechos externos– que van marcando saltos entre una cosa y otra, entre lo que Bloom incorpora del afuera y que se convierte en otra cosa cuando empieza a pensarlo.

El psicoanálisis ha creado el neologismo 'éxtimo' para fusionar los conceptos de 'externo' e 'íntimo'. Una psicoanalista, asistente a los seminarios, ofreció una versión un tanto diferente del término, en un intento de explicar –o de explicarse– el dilema existencial de Bloom:

"Para que haya un ordenamiento, o una estructuración, tiene que haber un mundo posible para circunscribir al sujeto; tiene que haber un éxtimo para que haya algo constituido. Por definición, lo éxtimo es siempre lo que queda por fuera, que nunca se incluye, y que fuerza. Si hay un éxtimo, tiene que quedar ahí para que haya otra cosa en otro lado. Si hay un Bloom es porque hay otros que no son Bloom, y sí tienen vida, sí tienen mundo posible, y sí tienen inclusión. Más allá de la soledad descarnada de este personaje, siempre extraviado o no teniendo lugar, hay otros que sí lo tienen. Este personaje es efecto de una cantidad de cuestiones que lo arman de esta forma. Si uno retoma el mito irlandés, la traición condena a un exilio permanente a los sujetos que se sienten involucrados. El exilio puede ser vivido desde el cinismo de Stephen, un personaje ácido y muy complicado, o desde la melancolía que arrastra a Bloom. Los efectos de este mito, pensándolo como éxtimo, generan efectos de este orden, siempre con un adentro y un afuera".

Duras palabras en verdad, pero admirable ejercicio del criterio propio, valientemente desprendido del canon. La respuesta no se dejó esperar, y fue encarada desde un ángulo muy diferente, y ciertamente mucho más optimista y apegado a la textualidad:

"Bloom, por su nombre, tiene que crecer. Viene de una flor; una flor, para crecer, necesita raíces. Entonces, está fijado de alguna manera, a pesar de su deambular. Va a crecer por definición, está ungido para crecer, y crecer hacia arriba, lo mismo que Stephen, que por ser un Dedalus tiene que moverse hacia arriba también, fuera del propio encierro".

Haciendo la salvedad de que Dedalus no se encerró a sí mismo, y de que quien se movió hacia arriba fue su hijo Ícaro, con las desastrosas consecuencias conocidas –la caída y muerte en el mar por haberse acercado demasiado al sol exponiendo sus alas unidas con cera al derretimiento del calor excesivo, lo cual inspiró al escritor brasileño Monteiro Lobato a inventarle una lápida que rezaba "Ícaro, padre de la aviación equivocada"[5]– es maravilloso escuchar, desde la tarima, la fuerza que adquiere la independencia del análisis a medida que el lector va venciendo los obstáculos del lenguaje.

Alguien más comentó: "No sé si cierra; es lo que hay". Pues con lo que hay, hay que arreglárselas. Al volver a traer a colación el tema de la traición, encontramos que se están jugando traiciones de otra índole. Se dijo, en uno de los seminarios, "Bloom quisiera echar raíces". Este 'quisiera' [querría, pero, en fin, no vamos a insistir en la gramática] encierra la mayor parte de la significación de toda esta parte. Se va a repetir como una letanía en el resto del libro, con variaciones de 'no quiero' y de 'querría querer'. Por un lado, Bloom es un caído de la fe de sus ancestros, amén de un caído que rompe sistemáticamente los preceptos de la fe. Si recuerdan las comidas a las que se alude, el cerdo, por ejemplo, es tabú, y sobre esto se cierne una conciencia de la cual él no puede desprenderse: la conciencia de la historia de su pueblo y de los símbolos de su pueblo, que no es el irlandés, mal que le pese. Hay una cantidad de cuestiones que se relacionan con el cristianismo. Bloom reflexiona sobre ellas dentro de la iglesia, y descubre que hay una conexión entre origen, muerte, persecución, y castigo divino, al tiempo que advierte que la 'ventaja' de la variedad católica que él no adoptó reside en que impone la obligatoriedad de la confesión; que a la confesión sigue el castigo, y que el castigo es necesario.

---

5   Monteiro Lobato, *"Las doce hazañas de Hércules"*. Acteón, Buenos Aires, 1946.

Fantasmas

Bloom no ha resuelto el dolor provocado por la muerte de su hijo. Cuando pasa por la escuela y escucha a los niños canturreando el abecedario –casi al principio, en frasecitas sueltas, nuevamente– piensa qué educación van a recibir después. Su mente vuelve a contemplar el cristianismo; recuerda que en él se propone una vida después de la muerte, y se pregunta si eso será verdad también para su hijo muerto. A pesar de que Rudi falleció tan pronto, Bloom nunca pudo desprenderse de su presencia fantasmática, y lo busca locamente en muchos otros supuestos hijos que van a ir apareciendo en la trama, en paralelo con Stephen, que no logra desprenderse de la madre ni de la idea de no haber tenido padre, a pesar de que Simon Dedalus está bien vivo y sano.

Los sentimientos de Bloom hacia las mujeres se hacen también explícitos. En actitud voyerista, mira más allá de las ropas de las mujeres con quienes se encuentra. Esto se asocia a la preocupación que le despierta la vida independiente de Milly, dado que se da perfecta cuenta de que no es el único que funciona de esa manera. En el divagar de Bloom, aparece, 'tirada' por ahí, la frase "Pero Brutus es un hombre honorable", y un interrogante acerca del suicidio de Ofelia. Comencemos por la primera. Todas las frases remiten a otra cosa, en un deslizamiento y una multiplicidad de sentido. En tanto la línea sobre Brutus proviene de *Julio César* de Shakespeare, Acto 2, escena iii, inscripto en el memorable discurso con el que Marco Antonio logra revertir las pasiones del populacho y volverlo en contra de Brutus, el 'amado como un hijo' por el hombre en quien clavó su puñal asesino, reverberan los ecos de la traición del hijo. Bloom también traicionó a su padre, tal vez no tanto como él cree respecto de la fe, sino porque se negó a ver el cuerpo muerto de su padre, y él fue un hijo muy amado, tanto como Brutus lo fue de César. Quizá se deslice también la ironía de que a Bloom le fue arrebatado un hijo después de haber incumplido su deber de hijo, y que a César, asesinado por un cuasi-hijo, le asesinaron a su hijo Cesarión, fruto de su unión con Cleopatra, cuando él ya no estaba para protegerlo.

Joyce no aventura una respuesta al por qué del suicidio de Ofelia. Nosotros tampoco tenemos que darla, pero nos interesa el motivo de la pregunta. Se me ocurre que viene a cuento de una hija traicionada por un padre, en tanto Polonio acepta al usurpador Claudio como rey legítimo y conspira contra Hamlet, de quien Ofelia está locamente enamorada. Parecería que, miremos donde miremos, tropezamos siempre con la misma piedra.

La castración

El tema de la castración se presenta en relación a los caballos, asociado al pasaje de unos carros y al de la carroza fúnebre, dado que los caballos capaces de tirar de una carga cualquiera y de ser guiados están necesariamente castrados. Cualquiera que monte sabe que no es lo mismo montar un garañón o semental que un caballo castrado. Es muchísimo más difícil vérselas con el primer tipo; tiene reacciones impredecibles, o lo predecible es la caída porque no es dominable. De la castración de los caballos el pensamiento de Bloom se desliza a su propia castración. En la fantasía, Bloom imagina que la castración pondría fin a los deseos que no querría tener; es decir, la pérdida real del miembro amputaría también su deseo por todas las mujeres a quienes, por otra parte, no accede. El deseo que terminaría amputado sería un deseo de la fantasía, porque no lo lleva a la práctica, y hemos dicho que hay un punto de impotencia, pasajero o no, no lo sabemos, que lo fuerza a contentarse con sustitutos del acto sexual, y que probablemente también lo aparta de 'la cama de ella'.

Los dineros

En un párrafo bastante largo, Bloom se pregunta cómo es que desde lugares muy pequeños o bajos los judíos hacen dinero con su propio nombre, pero cuando se han vuelto ricos cambian su nombre y caen de la fe. Hay aquí una comparación implícita entre aquellos a quienes la caída de la fe les ha proporcionado por lo menos otro tipo de satisfacción: la del dinero y de poder disponer de él, y su situación personal, donde lo único que ha obtenido es mayor soledad y angustia. Se abre, probablemente, la pregunta "¿Cómo hace el otro para tener lo que yo no puedo?"

No hemos mencionado, por obvia, la precariedad económica en la que vive Bloom. La cuestión del dinero, o de su falta, ha recorrido todo el texto, y en nuestros personajes principales se muestra siempre en déficit. Viene a cuento recordar que el antipático Mr. Deasy, quien parece encontrarse en una posición holgada, sermonea a Stephen acerca de las bondades del ahorro. Podríamos preguntarnos cuál es el punto de imposibilidad que priva a Stephen y a Bloom de buscar el dinero. Bloom sufre su escasez, y más la sufre cuando se compara con Boylan. A Stephen no parece molestarle, pero lo abruma el no poder pagar lo que su padre no paga, cosa que constataremos cuando ve a sus hermanas empeñando libros para poder subsistir, al margen de las deudas simbólicas de las que hablamos anteriormente. Podemos preguntárnoslo, pero no responder; al menos, no todavía.

La hostia y la matzá

"Buena idea el latín, los deja atontados primero, asilo para agonizantes, no parece que lo mastiquen, se lo tragan solamente, idea rara comer pedacitos de cadáver, por eso lo entienden los caníbales".

Reflexiones sobre el sacrificio de la misa, aclarando que debería decir 'la' mastiquen, 'la' tragan, porque el fragmento alude a la hostia. El sacrificio de la misa es una alegoría de los sacrificios humanos de tiempos muy antiguos, donde en verdad se comía el cuerpo del dios encarnado para poder adquirir sus dones, y en épocas un poco más civilizadas, lo que se comía era el animal dedicado al dios, todo ello suplantado metafóricamente en el cristianismo por la hostia/cuerpo de Cristo, y el vino/sangre de Cristo.

Este ritual, bueno es recordarlo, lo instauró Jesús durante la celebración de la Pascua judía, que se conmemora comiendo *matzá*, o pan ácimo, en recuerdo de los judíos que no pudieron esperar a que levara el pan en su retirada de Egipto cuando la esclavitud del pueblo llegó a su fin. De alguna manera, cuando los judíos parecían haber abandonado los simbolismos que reemplazaban los antiguos sacrificios, Jesús da un paso atrás, al menos según los Evangelios. Es para pensarlo.

Bloom se detiene sobre el significado de la cruz, y se confunde respecto de dos acrónimos, aclarados por Molly luego de que él le explica qué es la metempsicosis. ¿Cuál es la diferencia entre INRI y IHS? ¿Y por qué ella lo corrige, si en realidad él no está equivocado, sólo que lo mira desde otro punto de vista? INRI, la inscripción de la cruz, Iesus Nazarenus Rex Iudeorum –Jesús de Nazaret Rey de los Judíos– se coloca en la cruz a modo de burla cruel. Si nos atenemos a las genealogías, Jesús, como descendiente directo de la casa de David, era, ciertamente, el rey de los judíos. IHS, puesto por los jesuitas en imágenes, estampitas, y otros objetos de culto que todavía hoy vemos en nuestras iglesias, refiere a Iesus Hominim Salvator; o sea, Jesús el salvador de los hombres. Esta es la inscripción que prefiere Molly; no la del escarnio, sino la de la salvación. Molly está convencida de que existe una posibilidad de salvación a través de este intermediario que es el Cordero de Dios. Respecto de algunas cuestiones de fe y milagros, Bloom puede pensar un poco más y un poco mejor que Molly, pero ello no compensa la falta de fe en algo, no importa en qué. Esta 'erudición' que él muestra cuando emite 'metempsicosis', demasiado difícil de pronunciar para Molly, va en la línea de una idea que le resulta atractiva, en la medida en que no se ha resignado a la pérdida del hijo. Entonces, cuando Bloom habla de reencarnación, piensa que es perfectamente posible, si esto es cierto, que su hijo muerto reencarne en otro, que se produzca un nuevo encuentro, y que él pueda, como padre, compensar la pérdida a la que no logra sobreponerse. En la última parte, se insiste en la esperanza de que la reencarnación en verdad ocurra, porque la resurrección de las almas a él no le alcanza; él quiere la resurrección del cuerpo, y no siendo un adepto de la religión católica, no puede esperar el día de la resurrección de los cuerpos, que acontecerá después del Juicio Final (en inglés, *Doomsday*, y por eso el juego de palabras con este texto: *Bloomsday*).

En la escena de la farmacia, se expresa un comentario bastante ácido respecto de lo que farmacéutico no puede curar, que después se va a extender a lo que los médicos no pueden curar. Bloom dice que hay dos cosas que el farmacéutico no puede curar: la vejez y la muerte, las dos cosas que más le preocupan en ese particular estado de ánimo.

Vueltas de tuerca

En las correspondencias establecidas por Gilbert-Joyce, se ha dado en llamar este episodio "Los comedores de loto", haciendo alusión a la entrada y permanencia de Ulises en unas tierras donde todo parece haberse detenido, tal es la lentitud de los movimientos y el embotamiento de los sentidos.

Porque venía al caso para completar determinadas líneas asociativas del apartado anterior, ya hemos incursionado, sin hacer mención específica de ello, en las Tierras del Loto.

En verdad, se adelantaron quienes mencionaron el baño que toma

Bloom, con la imagen de su vello púbico flotando alrededor de un órgano inerte que no es el padre de multitudes. Creo que encontramos una referencia muy clara a Abraham, el padre por excelencia de los judíos. Notemos que esta idea no lo abandona nunca, y que al mismo tiempo nos preguntamos si lo carcome la pregunta por la impotencia o la amargura de que cuando él pudo engendrar un hijo varón, preservador y continuador del nombre, Rudi no sobrevivió, poniendo a Bloom en un lugar antitético al de Abraham. Al mismo tiempo, se insinúa muy levemente un breve acto de masturbación que tomará cuerpo, a la letra, en las páginas siguientes.

El loto es una flor con propiedades narcóticas. En la carta que Bloom, bajo su personalidad de Henry Flower, recibe de Martha, viene incluido un loto. Las propiedades alucinógenas de la especie corresponden a las de los opiáceos, que provocan todo tipo de ensoñaciones y la transportación a otras vidas sin moverse del lugar. Acá no se ha detenido el movimiento, pero no hay accionar ni toma de decisiones en este episodio, sino que el pretexto del loto anuda las fantasías que corren por la mente de Bloom.

Al principio, se mencionan dos frases que tal vez les hayan resultado enigmáticas: "La dama oscura", y "La reina en su alcoba comiendo pan y". Comencemos por la última. Es parte de una rima infantil, las Canciones de la Madre Oca, cuya versión completa les ofrezco:

The king was in his palace	*El rey en su palacio*
Counting up his money	*Contando su dinero*
The queen was in her chamber	*La reina en su alcoba*
Eating bread and honey.	*Comiendo pan y miel.*

El contraste entre el rey y su esposa hace paralelo al de Bloom y su mujer. Su esposa ha tomado el desayuno preparado por él con todo esmero pero, al revés de lo que hacía el rey, Bloom trata desesperadamente de conseguir algo de dinero, cosa que no logra porque los periódicos no compran los anuncios que vende.

"La dama oscura" huele a la de los sonetos de Shakespeare. Hay infinitas versiones acerca de su identidad; algunas, quizá absurdas, pues llegan a afirmar que la dama era en realidad un caballero. Cualquiera sea su sexo, o bien se trate de una idealización abstracta, lo importante es que se habla de un objeto de amor. Un solo soneto proporciona la descripción de la dama; los demás que la aluden son invocaciones o descripciones de los sentimientos del poeta. Reproduzco la traducción de Luis Astrada Marín, realizada para la Editorial Aguilar en 1946. Quisiera llamarles la atención hacia lo siguiente: en tanto era imposible conservar métrica y esencia, el traductor optó, sabiamente, por sacrificar la forma. Así, al no estar en verso, la estructura del soneto isabelino quedó rota, y se volvió prosa. Por otra parte, al recurrir a modos del lenguaje armoniosos en español, se han elidido algunos significados que vamos a ir marcando. Nuestro interés reside en comparar este soneto con los sentimientos de Bloom hacia Molly.

Los ojos de mi amada no son nada comparados al sol
El coral es más bermejo que el bermejo de sus labios.
Si la nieve es blanca, sus senos son de un moreno subido
Si los cabellos son como hilos de hierro
Sobre su cabeza son como hilos de hierro negro.
He visto rosas de damasco blancas y carmesíes
Pero no he notado sobre sus mejillas parecidas rosas.
En algunos perfumes se encuentra más deleite
Que en el hálito que difunde mi amada.
Me cautiva su voz, y no obstante sé bien
Que la música tiene acentos más encantadores.
Confieso que jamás he visto andar a una diosa
Y mi amada, cuando camina, pisa la tierra.
Y sin embargo, por el cielo, creo que es tan sobresaliente
Que junto a ella todas las comparaciones son falsas.

En el tercer verso, la frase *moreno subido* traduce el adjetivo *dun*, un color pardo, mezcla de gris y marrón. No es un color agradable, y está muy lejos de la connotación positiva de "moreno subido". El verso noveno, cuyo original reza *"than from the breath that from my mistress reeks"*, *breath* refiere al aliento, y el verbo *reek* a un muy mal olor: esta dama tiene 'mal aliento'. El verbo *tread*, más que pisar, insinúa una forma enérgica o agresiva de la acción, generalmente tendiente a una imagen negativa. El *innuendo* resultante de suavizar estos términos, sumado a que las comparaciones de los primeros versos se han invertido, nos lleva a prestar más atención a lo bello de lo otro, al color de las rosas de damasco, por ejemplo. La descripción de la amada es absolutamente negativa, tanto respecto de su apariencia física como de su higiene. Nosotros ya hemos hablado de la suciedad y la dejadez de Molly. Sin embargo, el poeta nos dice que, a pesar de que su dama dista mucho de ser perfecta, no es bonita, se mueve con torpeza, y tiene mal aliento, el amor que él siente por ella la inviste de otra manera. Esto le ocurre también a Bloom: no es ciego a los defectos de su mujer, pero él la ama, y su inquietud por la seguridad del escondite de la carta y de la flor que la acompañaba expresa su temor a ser descubierto en su infidelidad irrealizada, aún cuando él sabe que ella lo engaña, y no en el papel de una carta precisamente, con Boylan.

Quedan sus reflexiones sobre la religión católica, que se comprenden a partir de lo que comentamos en páginas anteriores, y tres referencias a Cristo que nos hacen preguntarnos por los pensamientos últimos, recónditos, de Bloom acerca de aquel en quien se fundó el catolicismo. Los nombres de Marta y María de Betania, hermanas de Lázaro, amadas y amantes de Cristo en la más pura castidad del espíritu, hacen eco a Molly-María y a Marta-Martha, las dos mujeres no castas por las que él tampoco abriga sentimientos despojados de sexualidad. Finalmente, las frases *Ecce homo* y *Quis est homo* ("He aquí el hombre" o "Contemplad al hombre", lo que exclama Pilatos al presentar un Cristo sangrante, amarrado, coronado por espinas antes de la crucifixión la primera, y el principio de la quinta estrofa del *Stabat Mater*, un himno que describe el padecimiento de María madre de Cristo ante la imagen de su hijo muerto la segunda) se prestan a diversas asociaciones: al propio sufrimiento de Bloom en tanto hijo y padre, y a un cierto regodeo en el sufrimiento, sostenido por su reflexión acerca de la confesión y necesidad de ser castigado.

Sombras del Hades

El episodio siguiente se relaciona con la visita de Ulises al Hades, donde se encuentra con las sombras de los hombres ilustres que fueron héroes en vida, y el nexo se encuentra en la ida al cementerio a presenciar el entierro de Paddy Dignam.

Vamos a leer un resumen de esta sección tal como fue comprendida en uno de los seminarios, pues es interesantísimo ver que a esta altura los lectores ya habían emprendido el vuelo sintiéndose muy seguros de sus alas.

"La sección comienza describiendo el trayecto al cementerio, e incluye las conversaciones de los personajes que comparten el carruaje. No se muestran particularmente tristes por el difunto, aunque se tocan temas relacionados con la muerte, y se hacen algunas bromas

*irreverentes, inclusive cínicas, acerca del cadáver. La escena rompe
con las normas de respeto por los muertos; inclusive se palpa algo
así como una degradación de los rituales. Se hace referencia a un
suicidio, que se retoma al final con el relato del suicidio del padre
de Bloom. Los diálogos y los pensamientos tienen un devenir errático,
inconexo; caprichosamente, una cosa lleva a otra.*

Estos lectores percibieron acertadamente el pasaje de adentro
hacia fuera y de afuera hacia adentro en la banda de Moebius que
mencionamos en otra ocasión. Lo que no notaron fue el extrañamiento o alienación de Bloom por parte de sus compañeros de
viaje. Él no aparece en igualdad de condiciones ante los otros, y yo
voy a hacer un resumen un tanto diferente, no sin antes decir que
en este capítulo Joyce aclara y replantea algunos de los problemas
importantes que va a desarrollar y concluir antes de cerrar la novela,
lo cual en cierto modo hace que éste sea un punto de torsión.

Al paso del carruaje, en el que las circunstancias han unido a
Simon Dedalus, padre de Stephen, y a Bloom, además de algunos
otros hombres, Bloom, que conoce a Stephen de vista, le advierte a
Simon que 'ahí va su hijo y heredero'. Simon no alcanza a verlo, y le
pregunta si estaba con él "ese bribón de Mulligan, su *fidus Achates*".
Esto nos entera de que Simon tiene un pésimo concepto de este
amigo de su hijo. Si recordamos que Mulligan es quien lo tortura
por haber hecho sufrir a su madre moribunda, nos damos cuenta
de que Simon no tiene la menor idea del tipo de relación que llevan
Stephen y Mulligan, y que tal vez debería estarle agradecido por
haber apoyado el pedido de la madre que quizá habría aliviado la
angustia de ésta.

Por otra parte, ¿por qué la mención del "fiel Acates"? Extendámonos
desde aquí hacia las razones por las cuales los seres vivos acudían
al Hades en las narraciones mitológicas.

Sepamos que aquí nos hemos salido de *La Odisea*, ya que la
mayor parte de las referencias míticas del capítulo se relacionan
con el Canto VI de *La Eneida*. Eneas es un héroe fundacional, un
príncipe nacido de una diosa y un mortal, y uno de los pocos que
logra escapar a las matanzas de Troya, pues está predestinado a dar
origen a Roma. Es sugestivo que Simon Dedalus, con quien Stephen,
por cierto, no ha discutido sus idea de un 'nuevo origen', le atribuya
burlonamente esta identidad al llamar 'Acates' a Mulligan.

Acates, fiel amigo de Eneas, es quien lo acompaña hasta las orillas
del río/laguna Estigia, mediante el cual se accede al Hades, donde

el príncipe se propone hablar con el espíritu de su padre Anquises. Entonces, en *La Eneida*, hay un hijo que cruza el río de la muerte para encontrar una última vez a su padre, mientras que en esta escena de *Ulises* tenemos un padre –Bloom– que, figurativamente, va a cruzar el río de la muerte para tratar de recuperar algo del espíritu de su hijito muerto. Cuando, más adelante en la novela, se produce el encuentro real entre Stephen y Bloom, va a mantenerse la inversión de roles, de manera diferente, con Bloom comportándose como el *fidus Achates* de Stephen, a quien salvará de una situación peligrosa en la que Stephen se verá envuelto al incursionar en un barrio poco recomendable.

En este capítulo, Bloom presenta una imagen más bien positiva, que en cierto modo nos reconcilia con el personaje, después de todos los aspectos patéticos o chocantes que se nos mostraron hasta ahora. Sin embargo, se deslizan ciertos rasgos oscuros o poco atractivos de su naturaleza, uno de los cuales es la decisión de agradar, a toda costa, a sus compañeros ocasionales. Estos intentos de 'caer simpático' para ser aceptado llegan casi a adoptar actitudes serviles, lo cual se vuelve evidente cuando Simon Dedalus hace un comentario antisemita, sin percatarse de que hay un judío presente.

En la medida en que Bloom no es un judío practicante, que su nombre traducido no llama la atención por 'extranjero', y que además trata de disimular en lo posible todo lo que podría relacionarlo con el judaísmo, es totalmente lógico que las personas olviden su origen. Podría pensarse que, ante la ofensa no intencionada, Bloom podría callarse y dejar pasar el comentario, o bien hacer una defensa del judaísmo, sentando su posición frente a su identidad. En cambio, opta por hacer un chiste que involucra a los judíos, acoplándose así al sentimiento antisemita expresado por Dedalus padre, como para no poner en evidencia que su posición, al menos en lo íntimo de su ser, es otra.

El chiste resalta como una extralimitación o exageración de lo frívolo en circunstancias poco propicias, a punto tal que Martin Cunningham se siente obligado a recordarle que "es conveniente por lo menos dar una impresión de seriedad". Por lo tanto, la irreverencia que notaron los alumnos llega a su punto culminante en el chiste de Bloom, y Cunningham necesita bajar los decibeles, porque hasta él siente que esto es demasiado. Algo similar ocurre en el carruaje cuando Bloom abre el periódico. Dedalus, que no es ningún santo, pero también piensa que hay límites ante la muerte, le reprocha: "Por favor, deje eso para luego. Este no es momento de leer el periódico".

Sin embargo, otros circunstantes, Dedalus incluido, se burlan de personas, discursos, y vocabularios, enredándose en una sarta de chismorreos poco dignos para la supuesta solemnidad del momento, sin que nadie los llame a sosiego. ¿Está Bloom tratado como el chivo expiatorio de los pecados ajenos? Parecería que sí.

Otro de los personajes de esta escena —Merton— considera a Bloom indigno de su mujer, preguntándose cómo una mujer tan maravillosa se ha casado con 'eso'. Durante casi todo el capítulo, el punto de vista se centra en Bloom; es decir, todo se ve y se oye desde su percepción. Pero cuando la narración se corre para dejar paso brevemente al narrador omnisciente, en función de describir algo que el personaje ignora, lo que se sugiere es que estas personas lo tienen en muy poca estima, preparándonos para el episodio siguiente, en el que se acentúa el aislamiento de Bloom.

Acompañemos el carruaje en el momento en que toma velocidad. Atraviesa una cantidad de calles y, al pasar por una zona empedrada, hay una descripción de cómo se sacuden el carruaje y los pasajeros. Hay allí una pequeña alusión a *The Pauper's Drive*, un poema de Thomas Noel, escrito en la primera mitad del s. XIX y traducido como *Funeral del Pobre*. Vamos a intentar comparar el movimiento funerario del poema con lo que sucede en el capítulo. Dice Thomas que un coche fúnebre, tirado por un solo caballo, que trota alegremente hacia el cementerio, lleva el cuerpo de un pobre. En mi traducción: "Yo lo sé, el camino no es suave, el carruaje no tiene resortes, y escuchemos la elegía que canta el conductor". Después hay un juego de palabras, de muy difícil resolución, entre 'elegía' y 'alabanza', basado en la muy similar grafía de ambos términos en inglés (*elegy/eulogy*). Y continúa: "Se sacuden sus huesos sobre las piedras. Aquí hay solamente un pobre que no pertenece a nadie". Pues bien, este muerto, a cuyo entierro se dirigen Bloom y sus acompañantes, era pobre, y tampoco pertenecía a nadie, entendiendo por 'nadie' a la cerrada sociedad dublinesa según la recordaba Joyce cuando escribió sobre ella, donde cada miembro tiene un lugar fijo y establecido, amigos y enemigos establecidos y fijos, y la marginalidad existe; por lo tanto, aquel que no reúne las condiciones para pertenecer a la sociedad no tiene lugar, ni amigos, ni enemigos, y aún así se van a cumplir los rituales de la muerte. Esto explica, hasta cierto punto, la 'impiedad' o irreverencia de los vivos, dado que no están en juego los sentimientos de duelo sino la necesidad de los ritos mortuorios.

Faltaría hablar de la causa de la muerte de Dignam: un síncope derivado de su alcoholismo. Aquellos que relacionan los capítulos de *Ulises* con los órganos del cuerpo afirman que éste involucra al corazón. La palabra 'corazón' aparece, en efecto, muchas veces, aunque en lo tocante al patrón de colores que también se dice acompaña los episodios, el rojo no está aludido, sino el blanco y el negro, o sea, la ausencia de color, dado que no hay colores en la muerte. Si queremos llevar las cosas un poco más lejos, podemos especular con que ambos son símbolos de duelo. El blanco era el color vestido por las reinas viudas, especialmente en Francia, aunque también lo usaron españolas y al menos una escocesa, hasta el s. XVI, y el negro, que comenzó con los romanos para toda clase social, sigue representando el duelo aún en nuestros días.

Retomemos el hilo de las razones que impulsan a los vivos a penetrar en el Hades. Si bien algunos mitos nos muestran amantes que van en busca de su amor perdido, como en el caso de Orfeo, o de héroes que se exponen por su mejor amigo, como Teseo, y otros –Ulises, por ejemplo– desean comunicarse con sus antiguos camaradas muertos en la guerra de Troya o mientras él vagaba por el mar, la pregunta crucial es lo razonable o no de comparar este viaje hacia la muerte con alguna otra cosa. ¿Podemos compararlo con los tres días que Cristo estuvo muerto? ¿Con los tres días que Job pasó en el vientre de la ballena? Llamo la atención hacia otro número cabalístico que se repite: el tres, o 'agua primaria' entre los *sefirot*, y los insto a pensar en el agua como origen de la vida. ¿Qué ocurre con estos personajes cuando regresan al mundo de los vivos? ¿Qué significa la experiencia de ingresar al mundo de los muertos? Cuando vuelven o 'renacen', ¿ha cambiado algo de su esencia? Y si asumimos que en verdad se ha producido un cambio, ¿en qué sentido fue? En que pasaron por el Hades. Hay una marca en relación a lo mortal, y un ensanchamiento respecto de la visión, y es de tal magnitud que, tomando el caso de Cristo como emblemático, cuando se vuelve a encontrar con sus discípulos en Emaús, no lo reconocen; él tiene que probarles quién es, y no por descreimiento de su poder de resurrección, sino porque, de alguna manera, ha cambiado. Este cambio lo marca, inclusive físicamente. Entonces, podría decirse que no hay reconocimiento de aquél que pasó por el otro mundo. ¿Será porque quien atraviesa las puertas del Hades llega a alguna epifanía, o revelación? Quizá. En lo concerniente a Bloom, y a su metafórica entrada y salida de la muerte, el ensanchamiento de la visión le va a permitir, más adelante, saber que, si bien el hijo muerto que lo obsesiona no es reemplazable, él puede ejercer la función del padre respecto de un hijo ajeno.

Hilando fino

Remontando el laberinto, o los cuatro ríos que conducen al Hades, o el gran canal y los tres ríos por el que pasa el carruaje –da igual– volvamos al principio del capítulo.

No es casual que abra con Martin Cunningham. Por otra parte, en un buen libro, *nada* es casual, y es prudente preguntarse por los motivos de las secuencias en todos los órdenes del relato. Martin Cunningham marca el inicio porque es un buen católico practicante. Dicho de otro modo, representa los aspectos formales de la religión católica establecida. Algunos de sus dichos, como "No nos toca a nosotros juzgar", y su preeminencia hacia el final, parecen indicar que, en última instancia, la iglesia de Irlanda está en el principio y en el final de todas las cosas, y es inamovible a pesar de lo que suceda entre ambos extremos.

Fíjense, además, que cuando los personajes se sientan en el carruaje, Joyce acomoda al padre biológico de Stephen y a quien después será su padre mítico lado a lado. Podríamos suponer que esto también refleja una cierta perplejidad respecto de los dos padres de Cristo, en tanto el personaje Stephen cierra el *Retrato...* habiendo abandonado la fe, pero cuando lo reencontramos en *Ulises* no estamos seguros de ello, ni él tampoco. Este sería uno de los puntos de la obra conjunta donde podríamos empezar a vislumbrar qué pasaba por la mente del autor, sin necesidad de escudriñar primero su vida. Podemos también encontrar un eco de la frase *'voglio e non voglio'*, en una suerte de 'quiero creer y no quiero creer', sin llegar a decidirse.

Corramos la mirada hacia Jack Power, otro de los ocupantes del carruaje. *Power* significa 'poder'; no es un verbo, sino un sustantivo. El personaje integra una institución policial denominada *Royal Irish Constabulary* y, como muchos de los que aparecen en este capítulo, fue incluido en el volumen de cuentos que compusieron *Dubliners*. Gladstone, Primer Ministro de la reina Victoria durante cuatro períodos (1868-1874; 1880-1885; 1886; 1892-1894), llama al R.I.C., fundado en 1822, una policía paramilitar, conformada sobre el modelo de Scotland Yard, y cuya misión consistía en controlar y suprimir a los disidentes políticos irlandeses y mantener la supremacía británica. La corta permanencia del ministro en el gobierno durante 1886 se debió a que el Partido Liberal al que pertenecía se había aliado con los nacionalistas irlandeses, y Gladstone presentó al Parlamento una moción para que se decretara el *Home Rule* (autonomía política) en Irlanda. Volvió a la carga con ello cuando reasumió en 1892; demás está decir que la moción fue rechazada en ambas oportunidades. Es interesante la conjunción de la Iglesia formal y establecida representada por Cunningham y las fuerzas paramilitares encarnadas en Power. En un movimiento de pinzas, Joyce muestra un par de males que enferman al país.

Antes de partir, Cunningham inquiere: *"Are we all here now?"* [¿Ya estamos todos?], e inmediatamente agrega: *"Come along, Bloom".* La estructura del inglés no permite excluir el pronombre sujeto de la estructura gramatical (el "we" [nosotros] en la pregunta), pero al invitar a Bloom a unírseles en la segunda frase, a pesar de que Bloom, en efecto, se encontraba allí, implícitamente se excluye a Bloom del 'nosotros'; y se le marca que el "we all" [todos nosotros] no lo significa a él. A tal punto se lleva la otredad de Bloom que los demás utilizan los nombres propios para indicar a quién se dirigen, mientras que a Bloom lo llaman por su apellido. Finalizado el entierro, Hynes está anotando los nombres de los concurrentes. Bloom supone que los conoce a 'todos'; sin embargo, Hynes lo consulta acerca de su primer nombre, utilizando un eufemismo para disimular su ignorancia: "No estoy seguro". Ninguno de ellos, con quienes Bloom ha tenido tratos durante cierto tiempo, se ha preocupado por averiguar su nombre. ¿Cuánto más extraño se puede ser?

Siendo Bloom el último en subir al carruaje, es también el encargado de cerrar la portezuela. No resulta sencillo, pero finalmente la puerta se ajusta, con la misma precisión que la tapa de un ataúd, idea sugerida por el pensamiento que divaga sobre los cadáveres y evoca una desagradable sensación de encierro, asfixia, claustrofobia. Un comentarista ha dicho: "Bloom entra en este momento en un mausoleo de la vida de Dublín, un mundo de parálisis mental que encierra a los irlandeses en una tumba". La clave del encierro/entierro se halla en la repetición de la palabra *tight*, la que da la idea de un cierre hermético. Para ajustar la puerta, Bloom la golpea, pero como no ha quedado bien cerrada, tiene que repetir la operación. El original dice: *"Slammed it tight until it shut tight".* En algún momento se creyó que esto se había debido a una distracción de Joyce; no sonaba lógica la repetición de un adjetivo a tres palabras de distancia cuando él disponía de todo el lenguaje, amén de sus habilidades re-creativas del lenguaje. Sin embargo, no hubo distracción alguna, sino intencionalidad de repetición. Hemos visto que Bloom se ve– o refleja la visión de los demás en esta escena– como un intruso; el personaje no integrado, parcialmente aceptado, pero no tanto como para convertirse en 'uno de nosotros'. Sube el último, se siente físicamente incómodo en tanto casi no hay lugar para él, a lo que se suma la incomodidad de la situación en la cual él desea desesperadamente integrarse sin lograrlo, como hemos visto por las actitudes de sus compañeros de viaje y por la diferenciación entre nombres propios, patrimonio de los irlandeses 'legítimos', y la distancia, sin que valga el apretujamiento físico, del uso de su apellido. De su forcejeo con la puerta hasta que el cierre 'encaja', dice un crítico que es una suerte de paradigma del constante esfuerzo de autojustificación respecto de la razón de estar de Bloom; es decir, de justificar las razones de su estar con ellos (con los irlandeses en general) y de convertirse en parte de ellos; de su esfuerzo por adoptarse a los modos y costumbres: Bloom sería el 'apretado' (*tight*), y la repetición insiste en esta vía.

La repetición, duplicación, o dobladura, se observa en muchos otros casos, no siempre fáciles de identificar. Por ejemplo, ha leído la carta de Martha dos veces, y seguido por dos puntos, anuncia: *"Twice"*, que significa dos veces, pero que también podría desdoblarse en *"two eyes"* (dos ojos) mediante un efecto de la pronunciación. Muchos de los múltiples sentidos se asientan en el sonido, y lamentablemente se pierden en la traducción. Lo mismo ha ocurrido con la enumeración de las flores en la sección anterior, donde *"tulips"* [tulipanes] podría sugerir también *"two lips"* [dos labios]. La duplicación se presenta en el mismo plano, en planos invertidos, o de manera especular; siempre es un recurso para 'tironear' la atención del lector, para que no pase tan apresuradamente por lo que a Joyce le interesa que mire con detenimiento.

Se me ha preguntado en relación a qué se dobla, en tanto doblar implica además un torcimiento. La perplejidad de quien formulaba la pregunta provenía de que la repetición implica una nueva presencia de lo mismo que estaba, mientras que en lo doble las dimensiones y las identidades son diferentes: el 'torcimiento' de lo uno. Dejo instalada la inquietud aquí, aunque no es aquí donde ha de resolverse, porque el texto no lo permite.

No me gustaría avanzar sin mencionar que este capítulo, uno de los que transcurren al aire libre y a la luz del día, repite la interacción entre Bloom, un observador atento, y el hecho de ser observado. En cuanto se instala en el carruaje, el autor señala: "Miró y enseguida notó que una anciana lo estaba espiando". Entonces, Bloom es objeto y disparador de una mirada circular en la que se insiste durante todo el episodio, y no necesariamente respecto de él en todos los casos, puesto que su personaje funciona como un emergente del fenómeno. La mirada va, vuelve, y se traslada, no en líneas rectas entre puntos opuestos, sino describiendo un círculo.

La mirada es escurridiza y pretende pasar desapercibida. La cuestión de la mirada es crucial en los escritos de Joyce, y muy especialmente la mirada sobre lo prohibido. Ya nos hemos percatado de que Bloom es un 'mirón' en capítulos anteriores; aquí lo incomoda el ser objeto pasivo y no sujeto activo de otros ojos. Era costumbre en Dublín, igual que en muchos otros lugares del mundo –por lo general, pequeños pueblos, pero aquí se insiste en los usos 'provincianos' de la sociedad capitalina– bajar las persianas y cerrar las puertas de los comercios al paso de un cortejo fúnebre, en señal de respeto. Eso explica la sensación de Bloom de sentirse espiado, pues la anciana mira desde atrás de las persianas. Él le atribuye un pensamiento que acompaña la mirada furtiva: "Agradeciendo a su buena estrella que aún no le llegó el turno"; es decir , que el muerto es otro. Para comunicar la idea de que 'la muerte la pasó por alto', Joyce eligió la expresión "she was passed over", que bien puede asociarse a uno de los significados del Passover (Pesach) judío, cuando Jehová, al asolar la tierra de Egipto con la décima plaga, la muerte de los primogénitos, hizo que los judíos identificaran sus hogares con sangre de cordero para que el Ángel de la Muerte los reconociera y no se llevara a sus hijos. Se nos recuerda todo el tiempo que Bloom perdió a su primogénito.

Los lenguajes apelan a diferentes subterfugios para evitar la crudeza de la palabra 'muerte'. En las variedades del inglés, "pass away" y "pass on" son eufemismos que suavizan el verbo, así como "the passing" reemplaza el sustantivo. Lo interesante de este enfoque lingüístico reside en que 'pass/passing' se refieren a un pasaje, que no es lo mismo que lo definitivo de la muerte. La insistencia en la palabra preña al capítulo de muerte, pero en su sentido de 'pasaje'. Si tomamos la idea de la muerte como un pasaje, hay posibilidad de regreso, lo que nos reenvía, por un lado, a la creencia o esperanza de Bloom de que su hijo retorne a través de la reencarnación y, por otro, al viaje de los vivos al Hades, de donde regresan cambiados, con el ensanchamiento del que hemos hablado.

La mente de Bloom también ronda el papel que desempeñan las mujeres en el nacimiento y la muerte. Él siente que la llegada y la partida de este mundo está presidido por la mujer, en tanto nos trae al mundo y cuida de nuestros cuerpos a la hora de la muerte. Esto se enlaza con el comienzo del episodio anterior, cuando Stephen piensa en las parteras que oficiaron en su advenimiento al mundo, y con una ideación de Bloom que imagina a la anciana que lo espía como quien prepara un cuerpo para un funeral. Es el primer momento en el cual Bloom pondera el ciclo vida-muerte como un círculo, y nos permite asociarlo a la circularidad de la mirada y de la metempsicosis. Respecto de la muerte, hay una alusión a *Hamlet*, específicamente a un entierro descripto como "secreto en los rincones", expresión que utiliza Claudio, tío y padrastro de Hamlet, para ordenar que se entierre secretamente a Polonio, a fin de no provocar un trastorno político y porque, además, fue muerto mientras espiaba detrás de un cortinado. Aquí vuelve a duplicarse una idea: Polonio espiaba 'en secreto', su muerte fue 'secreta' en tanto Hamlet lo atravesó con su espada a través de unas colgaduras que no permitían ver quién se encontraba del otro lado, y había que deshacerse del cuerpo en secreto, en algún rincón. Bloom asocia este incidente con la preparación secreta de los cadáveres en secreto, guardando un ritual al cual sólo tienen acceso las mujeres, en la línea de una fantasía que se le impone con tremenda fuerza acerca de la mujer acondicionando los cadáveres.

La idea de la mujer le trae a la mente la imagen de unas chancletas: una madre en chancletas. Y ahí el pensamiento se ha vuelto a correr: nos encontramos ante un subrogado de Irlanda, que ha perdido la dignidad, que ya no se calza. Como lectores, no podemos dejar de asociar con la dejadez de Molly, y con la descalificación de la Mujer. En la otra casa de la muerte, con la cual nos vamos a encontrar en el capítulo llamado "Circe", vuelven a aparecer las chancletas. Son hitos que Joyce va dejando para retomarlos desde otro lugar.

Nos interesa mucho su muy especial elección de las palabras. Así como 'chancletas' no ofrecen la connotación positiva de 'chinelas', el término con el que se refiere a la mortaja utilizada para envolver el cuerpo no es el que utiliza la lengua común. En lugar de *shroud* (mortaja), Joyce dice *winding sheet*, una 'sábana para enrollar/envolver'. El primero en poner este término en un contexto poético parece haber sido William Blake, poeta inglés fallecido a principios del s. XIX. En un poema titulado *Auguries of Innocence*, el verso que reza "El grito de la prostituta callejera tejerá la mortaja de la vieja Inglaterra" parece situar a Blake del lado de la Irlanda dominada, e insinuar que finalmente no serán las tropas ni los políticos quienes derroten la supremacía inglesa, sino los gritos de las prostitutas en las calles. Tengamos en cuenta esta imagen para volver a ella en el capítulo dedicado a las prostitutas.

En el recordatorio permanente de la entrada al mundo de los muertos, el pasaje al Hades/viaje al cementerio/ideaciones sobre la muerte, se completa con el cruce de los cuatro ríos que conducen a él: el río/laguna Estigia, el Aqueronte, el Cositus, y el Fletegón. El carruaje que se dirige al entierro atraviesa los ríos Dodder, el Gran Canal de Dublín, el Liffey, que adquirirá importancia mayúscula en *Finnegans Wake*, y el Royal Canal. Es en este momento, terminado el atravesamiento de los ríos, que Bloom percibe la silueta de Stephen dirigiéndose a la playa, y las acciones de uno y otro capítulo son prácticamente simultáneas. Ambos están vestidos de negro: Bloom, porque se dirige a un funeral; Stephen, porque no se ha quitado el luto por la madre. Como Joyce postula que los extremos se tocan, siempre dentro de la teoría de la circularidad, más tarde se van a encontrar en el hospital, en ocasión de un parto, donde se va a volver a oponer el par vida-muerte.

Una forma particular de muerte sobre la que se insiste es el suicidio, presentificado por el padre de Bloom y su ingesta de veneno. Uno de los viajeros asevera que el peor hombre es quien se quita la vida; Bloom reflexiona que 'ellos' (los católicos) no tienen piedad para con los suicidas e infanticidas, a quienes se les niega un entierro cristiano. Habría que pensar cuánta culpa se atribuye por la muerte de Rudi, así como por no haber querido entrar en el cuarto donde se suicidó su padre. Una frase funesta: "El hogar del irlandés es su ataúd" reverbera en los ecos de su opuesto sugerido: "El hogar del inglés es su castillo", retrotrayéndonos una vez más a la injusticia de las diferencias entre sometidos y conquistadores, si bien 'castillo' sólo significa que el inglés manda en su casa, lujosa o humilde. El irlandés fue despojado de su casa, aunque viva en un verdadero castillo.

¿Para qué sirve el Minotauro?

Pasemos a otro detalle, siempre estas referencias que pueden antojársenos superfluas o 'inocentes'. Dignam, el muerto, vivía en 9, *New Bright Avenue*. En *La Eneida*, el río/laguna Estigia da nueve vueltas alrededor de aquellos que se encuentran en sus orillas. Al margen de todas las asociaciones al otro mundo, de un hijo fundante que necesita del consejo del padre muerto, que aquí se ha cumplido la ley de las generaciones, en tanto el hijo sobrevive al padre, y no al revés, Joyce señala indirectamente que la obra de Virgilio no está ausente de su *Ulises*. Va dejando indicios; nosotros, desde la lectura, tratamos de recogerlos. Se me ha dicho en los seminarios, casi en son de queja, que estos mojones 'no pueden reconocerse así nomás', que 'implican todo un trabajo'. Seguramente es verdad, porque obras de esta envergadura parten de un conocimiento profundo de los clásicos, y de una educación que hemos perdido, que ha sido reemplazada por otra que apunta a la cosa práctica, a lo útil, en el sentido más pedestre del término. Traigo a cuento una pregunta formulada por mi hijo a los 11 años, después de una clase de Historia Antigua en la que se había explicado la civilización minoica en la escuela: "¿Para qué sirve el Minotauro?". Era demasiado joven para comprender que, si bien el Minotauro no 'sirve' para aplicarlo a la resolución de ningún problema concreto, contribuye a la construcción de una sensibilidad al mito, a la historia, a la formación de la cultura clásica y literaria, cuyo conjunto evitaría la necesidad de tomar un curso cada vez que nos enfrentamos con las literaturas. Las 'desviaciones' de Joyce hacia el conocimiento de temas que para muchos han quedado cerrados bajo siete llaves son perfectamente normales dentro de los parámetros de su educación; es lo mismo que ocurre con Shakespeare, que parece indescifrable, aunque él escribía para la gente de su época, con base en la formación de su época. Nosotros, en la nuestra, hacemos un trabajo 'arqueológico', excavando en los textos cuando ciertas cosas nos llaman la atención. El entrenamiento en la lectura no reside tanto en saber qué es, sino más bien en olfatear qué no es lo que parece; abrir los ojos y la escucha; pensar 'yo no sé qué es esto, pero seguro es otra cosa', y a partir de ahí buscar esa otra cosa. A veces la encontramos; a veces no.

Hemos hilado fino, pero nos han quedado muchas cosas en el tintero. De todos modos, abrimos la posibilidad de que esta primera aproximación ayude a disfrutar mejor el texto, y siempre queda la opción de un buceo personal en estas aguas, o de recurrir a los académicos si acucia la curiosidad de saber más.

Un pasito atrás

Una vez que hemos leído un capítulo, no está demás volver sobre él, ya con una idea más clara de lo que guió la escritura. Así, pues, revisemos un momento la excursión al cementerio. Mencionamos que Bloom le señala a Simon Dedalus la figura de su "hijo y heredero". En inglés, el equivalente a esta frase es 'son and heir', que se pronuncia exactamente igual que 'sun and air' (sol y aire). El juego fonológico incluye un sol, al que se quiere acercar Ícaro-Stephen, y al aire, el medio que lo transportaría. Esto implica que no olvidamos las aspiraciones del joven en su afán de elevarse por sobre la mediocridad que lo rodea sin contemplar los peligros que acechan a quienes se acercan al sol, real o metafórico. Por otra parte, importa enfatizar que, si no se lo señalan, Simon no reconoce a su hijo. Cuando Bloom lo identifica como tal, dignifica de alguna manera el lazo paterno-filial que Simon degrada mediante las bromas a expensas de Stephen, con lo cual se preanuncia el futuro acercamiento entre este padre que busca un hijo y este hijo que busca un padre.

Un crítico ha puesto atención nada menos que a los sombreros en juego. Declara que, metonímicamente –es decir, por medio del deslizamiento –los sombreros son emblemas de las cambiantes identidades sociales y económicas de los personajes. Tomado así, el sombrero de Stephen significa pobreza y pretensiones, y el de Boylan, que también pasa por la calle, indica su pretendida caballerosidad. Se dice, además, que Dignam siempre usaba sombrero, lo cual se relacionaría con alguna instalación en el orden social, donde los sombreros mostrarían tanto movimientos en las posiciones frente a la realidad como respecto de la manera en que los personajes la abordan.

Fíjense que nosotros encontramos en el texto huellas del *Funeral del pobre*, que sugiere exactamente lo contrario. Sin embargo, traigo a colación el análisis de los sombreros para mostrar la infinidad de lecturas a las que se presta la escritura.

A merced de los vientos

El episodio siguiente se relaciona con Eolo, dios de los vientos, y con la estupidez cometida por los marinos que acompañaban a Ulises, al desatar la bolsa en la que el dios había encerrado los vientos maléficos para facilitar su travesía. Los marinos, sospechando que esa bolsa de cuero tan celosamente custodiada por Ulises guardaba un tesoro que se negaba a compartir con ellos, desataron los cordones mientras él dormía, y liberaron tempestades nefastas. Cuando Ulises pide ayuda a Eolo por segunda vez, el dios responde que ese regalo no se repite dos veces.

Los personajes de este capítulo divagan 'llevados por los vientos', y los cortes de plano encabezados por titulares de corte periodístico/sensacionalista no son fáciles de leer.

Vamos despacio. Habrán notado que el capítulo empieza y termina con una alusión al monumento de (Horatio) Lord Nelson. Yo presumo que la estatua de Nelson en una plaza de Dublín es un insulto, en tanto símbolo de la Inglaterra vencedora. El almirante Nelson es conocido por sus triunfos sobre Napoleón, tanto en Egipto como en Trafalgar, la batalla que le costó la vida. Tomó parte en muchas otras guerras; por ejemplo, en la que el Imperio Británico libró contra España, perdiendo la mano en la batalla de Tenerife, a lo que alude la expresión "manco" (y "adúltero", aunque este estatuto corresponde a una etapa posterior de su vida) con que Joyce lo define.

La figura de Nelson y lo que evoca es representativo de cómo Joyce alienta la asociación con lo que son sus temas centrales y la línea de *La Odisea* que mantiene. En el episodio que estamos leyendo —Eolo— recordamos que Nelson fue comandante de una nave denominada *Boreas*, el viento norte y alado que traía los fríos, y de otro navío, el *Agamenón*, que nos retrotrae a la historia de Ulises y de la guerra de Troya. Incidentalmente, el único momento en que Irlanda tomó con entusiasmo la victoria sobre Napoleón fue la batalla de Trafalgar, mientras el Parlamento irlandés se encontraba en plena revuelta y ebullición por la independencia y, sin embargo, detuvo un momento el huracán independentista para realizar un pequeño acto en celebración de esta victoria. No puedo evitar pensar asimismo en la actitud de Irlanda frente a las guerras napoleónicas, y esto porque cuando se publica *Ulises*, hay una cantidad de señales marcadas por afiches que van a ver cuando Bloom prosigue su caminata por la ciudad. Pasado este capítulo, Bloom se detiene frente a ciertos afiches que llaman a los nativos a unirse al ejército británico en la Primera Guerra Mundial. En esa guerra, Inglaterra no implementó leva obligatoria, sino que el enrolamiento quedó librado a la voluntad de los ciudadanos. Acude a mi mente un poema de C. W. Yeats, gran poeta irlandés, que expresa a la perfección el sentir de sus compatriotas. Se titula *An Irish Airman Foresees His Death*, traducido como *Reflexiones de un aviador irlandés antes de su muerte*, y contiene dos versos, que en mi opinión transmiten el sentir del pueblo con una crudeza y una precisión admirables. El poema está escrito en primera persona, y dice al aviador: "No odio a quienes combato, no amo a quienes defiendo". Esto me llevó a reflexionar en el paralelo con lo que posiblemente fue la actitud de Irlanda en las guerras napoleónicas, y en la afrenta que debe haber significado para el pueblo irlandés, a pesar del homenaje rendido por su Parlamento, el tener este monumento plantado en el centro de Dublín, como una señal de la dominación inglesa. Por otra parte, el monumento en sí, copia del que se yergue sobre la Columna de Nelson en Trafalgar Square, Londres, estaba coronado por un enorme sombrero que le ocultaba el rostro, lo cual haría nexo con el episodio de los sombreros del que hablábamos al principio. El uso del tiempo pasado se debe a que la estatua de Dublín fue bombardeada por el IRA en 1966.

La referencia al "manco adúltero" me hace pensar en Parnell, no precisamente por la pérdida de la mano. Nelson vivió una muy prolongada situación de adulterio con Lady Hamilton[6], llamada 'la Calypso de Romney', que tuvo su fruto en una hija extramatrimonial y le ocasionó enormes problemas sociales y profesionales. La relación adúltera de Parnell con Kitty O'Shea precipitó la caída del líder y lo sumió en una profunda depresión que terminó con su vida. La 'mano' que perdió Parnell fue la 'mano conductora' de la lucha por la independencia.

Stephen y Bloom concurren a las oficinas de un periódico. Allí se van a cruzar, sin entrar en relación. Stephen lleva la carta que le entregó Mr. Deasy para hacerla publicar, mientras que Bloom intenta, en vano, cerrar un contrato para colocar un aviso encomendado por una casa comercial llamada "Keyes". Joyce hace algo insólito con la segunda 'e'; la pone entre paréntesis, así: *Key(e)s*. De este modo se vuelve evidente la asociación con *keys* (llaves). Ya hemos dicho que ambos personajes se encontraban sin llaves este día; que las llaves tienen peso de símbolo, y que pueden leerse como 'claves' ausentes. Por otra parte, si separamos en *K-eyes*, la cuestión de los ojos y de la mirada insiste.

El periódico

La atmósfera caótica del lugar induce a pensar en alguna semejanza con la cueva de los vientos habitada por Eolo. Joyce nos introduce en el mundo de la comunicación –el periódico– y en el de los negocios –los anuncios. La escena transcurre en medio del ruido marcado por los tranvías que circulan alrededor del monumento a Nelson, y por el ajetreo de la oficina de correos: correos = comunicación.

Bloom se dirige al despacho de Nannetti, un ítalo-irlandés, otro

---

6   Para una maravillosa narración sobre la historia de Lord Hamilton, su esposa, y el Almirante Nelson, ver la novela de Susan Sontag *El amante del volcán*, Alfaguara, 1996.

exiliado en su propio país, aunque, a diferencia de Bloom, fue aceptado como un igual, a juzgar por los altos cargos que ocupa: es concejal de distrito y gerente comercial del periódico. Sentado en el mismo recinto se encuentra Hynes, a quien conocimos en el capítulo anterior, escribiendo el obituario de Dignam. Aquí terminarían los rituales de la muerte, habiéndose cumplido con las formas (formas vacías, porque no hay asomo de congoja o pesar por este muerto) hasta el final. Bloom se dirige a Hynes haciendo alusión a la caja –la caja de pagos, el *cash*. Lo que ocurre es que, en algún momento fuera de la narración, Hynes le pidió un préstamo de tres chelines que no ha devuelto ni tiene intención de hacerlo. Desde su frágil posición económica, Bloom insinúa con delicadeza que necesita recobrar su dinero, y a nosotros se nos antoja que Hynes va a cobrar por lo que escribe, y nos choca sobremanera el que se haga el desentendido. Nos gustaría que se comportara 'como un hombre', que exigiera, pero no está en su naturaleza.

Bloom trata de convencer a Nannetti de que publique el anuncio y de que incluya en el cuerpo del periódico algún comentario favorable a la firma Keyes, sin cobrar por ello. Hace un papel lamentable, deshaciéndose en explicaciones innecesarias, redoblando sus esfuerzos por 'caer simpático', y ya no estamos seguros de si esta doblegación casi servil responde sólo a la necesidad imperiosa de que se acepte el aviso que significa su sustento y que se escriba el artículo que le daría puntos con el cliente para que le siga encargando avisos, o si tiene que ver con su necesidad personal de ser reconocido. Nannetti está dispuesto a llegar a un acuerdo, bajo determinadas condiciones: Bloom debe garantizarle que el aviso va a repetirse durante tres meses. Son excelentes noticias para Bloom, puesto que se asegurará una entrada durante tres meses, pero no puede acceder sin el consentimiento del cliente; necesita llamarlo por teléfono. Entonces comienza a recorrer la zona de la imprenta y observa a los tipógrafos, que leen de derecha a izquierda, como lo hacía su padre. Le viene a la mente el hebreo, la hagadá de Pesaj, que recuerda la salida de Egipto del pueblo de Israel que leía Rudolf cuando Leopold era un niño, y se cuelan en su mente ideas de exclusión y de remordimiento por haber caído de la fe ancestral.

Cuando finalmente consigue un teléfono para hacer su llamada, marca un número que contiene dos cifras muy particulares –ya hemos dicho que Joyce no elige números al azar. El 28 refiere a la dirección de Citron, un viejo amigo de la familia Bloom, y el recuerdo lo retrotrae al pasado, a la infancia perdida, y a su padre en la festividad de Pesaj (*Passover*), todo lo cual suma a aquellos amigos judíos, perdidos para él.

El incidente telefónico sucede en la oficina de Ned Lambert, uno de los funcionarios del periódico, donde varias personas discuten la pomposidad de un artículo publicado en un matutino. La conversación estaba en progreso antes de la aparición de Bloom, y los participantes lo ignoran como si se tratara de una mosca, a excepción de Simon Dedalus, quien muestra la cortesía de incluirlo, aunque superficialmente, haciendo eco a las 'formas vacías' de las que hablamos en relación a la muerte. De todos modos, para ser justos con Dedalus, es necesario reconocer que se percata de lo ingrato del momento y que hace un esfuerzo para hacer sentir a Bloom un poco menos 'extranjero'.

En realidad, está predeterminado que Bloom no tiene oportunidad en este recorte de la gran ciudad. Casi en seguida irrumpe O'Molloy, un abogado en quiebra, quien abre la puerta con violencia, golpeando a Bloom en la espalda con la manija. Por supuesto, no se disculpa –¿qué importancia tiene el haber golpeado a Bloom? Intuimos que, de haberse tratado de otro, se habría disculpado profusamente.

Las palabras de O'Molloy pueden llevar a confusión. *Excuse me*, que puede haber sido traducido como 'Perdón', no es una disculpa, sino una fórmula para ser mirado, incluido, para llamar la atención de los otros, o para pedir paso. En este caso sería 'perdón por interrumpir', una frase dirigida a los que conversan, pero de ningún modo a Bloom. Lo que él hace es tremendo: responde "*I beg yours*", como si el otro hubiera, en efecto, pedido perdón con la muy literal "*I beg your pardon*", cuyo significado más frecuente es el pedido de repetición de alguna verbalización que no fue oída o comprendida por completo, aunque también puede entenderse, a la letra, como 'ruego su perdón'. Entonces, Bloom se embarca en un intercambio demente e irreal, cuya secuencia sería:

O'Molloy   –Le ruego me perdone.
Bloom   –Perdóneme usted.

Bloom pide perdón por estar delante de la puerta, por ser obstáculo y, en última instancia, por existir y respirar.

O'Molloy se suma a la conversación, plena de bromas sobre la fatuidad y el sentimentalismo patriotero del artículo que mencionamos, mientras la sensación de aislamiento de Bloom adquiere dimensiones intolerables. La charla se interrumpe transitoriamente a causa de un entredicho entre repartidores de periódicos, que también ingresan al despacho. Finalmente, esta habitación impresiona como la imitación de un grotesco del cine mudo; no cesa el asombro ante la cantidad de gente que absorbe. Siguiendo la línea de los vientos, es similar a un ojo de huracán.

No consiguiendo localizar a su cliente por teléfono, Bloom sale a buscarlo personalmente para persuadirlo de mantener el anuncio durante los tres meses que Nannetti ha pedido. Los que quedan en el despacho de Lambert lo observan por la ventana, notando que los repartidores de periódicos imitan su manera de caminar y se burlan de él. Vuelve a sobresalir el aislamiento del extranjero. El modo de caminar de Bloom no tiene ninguna peculiaridad; sin embargo, los demás lo encuentran 'extraño' = extranjero.

El resonar de las llaves en el bolsillo de uno de los personajes nos dirige, una vez más, a la falta de llaves de Stephen y Bloom, agregado al hecho de que el cliente de Bloom −Keyes− también le 'falta' este día, puesto que no lo encuentra. En cambio, los irlandeses inmersos en las 'formas vacías' de su identidad no cuestionada desde fuera ni dentro tienen sus 'llaves' muy bien aseguradas.

La llegada de Stephen al periódico precede la mención del gran éxito logrado por un reportero que telegrafió a los Estados Unidos una noticia espeluznante acerca de dos asesinatos simultáneos cometidos en Phoenix Park, un parque situado a pocos kilómetros de la ciudad. Los chismosos están haciendo historia, dado que las muertes ocurrieron en 1882, y las víctimas fueron dos miembros prominentes del gobierno inglés en Irlanda, apuñalados por un individuo supuestamente al servicio de los *Irish National Invincibles*, una organización opuesta al coloniaje. Se trae a colación el discurso de John Taylor, que despliega una interesante versión del nacionalismo, comparando con singular elocuencia a Irlanda con el pueblo de Israel. La atmósfera exuda una nostalgia colectiva, y ahí queda, en la nostalgia.

Bloom regresa trayendo una contraoferta de Keyes respecto de la publicación de los avisos, pero Lambert, sin darle la oportunidad de volver a hablar con Nanetti, la rechaza de plano. El grupo decide trasladarse a una taberna, en 'menos uno', porque nadie invita a Bloom a unírseles; parten en manada, no les preocupa si Bloom va o viene, y se detienen un segundo ante la estatua de Nelson, donde O'Molloy tilda al almirante de 'manco adúltero', aunque estas no son, exactamente, las palabras. Joyce no dice *"one-handed"*, que podría entenderse como 'manco', sino *"onehandled"*, que a mí más bien me suena como 'manipulación con una sola mano', en un juego de palabras intraducible, interpretación que justifico por la forma en que Emma Hamilton, de dudoso pasado antes de engatusar a Lord Hamilton, manipuló a Nelson, a su marido, y probablemente a unos cuántos más en su obstinación por trepar la escala social desde el subsuelo de su bajo nacimiento, y porque la degradación de la mujer traslucida en muchas partes de la novela me inclinan a optar por esta vía.

Vamos de nuevo

Rearmando el capítulo como un mosaico, tratemos de ajustar los diseños con la crítica establecida y con lo que las muchas lecturas en distintos momentos de mi vida fueron 'limpiando'. Desde ya, nunca es demasiada la insistencia en que ésta no es 'la Biblia' de los análisis, y que el tratamiento palabra por palabra se lo dejamos a los eruditos que escriben para eruditos, con todo nuestro respeto por la dura labor de investigación en que se embarcaron.

Podemos decir que predomina la conciencia de aislamiento, encarnada en las expectativas frustradas de Bloom en cuanto a alguna esperanza de estabilidad económica, aunque sólo sea a corto plazo, y en la imposibilidad de Stephen para comunicarse, demostrada en que cuando intenta explicar que la carta que porta no es de su autoría, sino de Mr. Deasy, no termina de hacerse entender, y es blanco también de comentarios denigrantes. Ambos fracasos parecen resultar de la exclusión de ambos de la sociedad en que viven.

El capítulo está atravesado por otros fracasos. En la historia de Stephen, la imposibilidad de las dos ancianas de las que habla (parábola de las ciruelas), narrando los intentos abortados de las mujeres de vencer el temor a las alturas; el fracaso de O'Molloy, el abogado en quiebra, de conseguir dinero prestado, el fracaso de Irlanda de acceder a una identidad propia. El tema insiste.

A través de estas páginas, el judío Bloom, hazmerreír de los irlandeses 'legítimos' y de los 'ilegítimos' con carta de ciudadanía (Nannetti), a causa de sus maneras serviles y 'extranjeras' –así es percibido, o siente que es percibido; no hace diferencia– se perfila cada vez más como un exiliado. Cada contacto personal que intenta con los integrantes de este grupo lo va alejando del efecto que desea obtener; es decir, funciona de manera paradójica: cuanto más desea acercarse, más se acentúa el extrañamiento. Entonces, cuando

O'Molloy lo golpea con la puerta, se enfatiza la no pertenencia por el equívoco del significado atribuido al '*Excuse me*'. Recordamos que en el capítulo anterior, Bloom y varias de estas personas han compartido la asistencia a un funeral, y que las 'formas', si bien prendidas con alfileres, enmascararon tal vez su no pertenencia. Pasado el momento sentimental pero no sentido de la solemnidad de los ritos, enterrado Dignam y las circunstancias de su muerte en algún oscuro lugar de los 'hechos de la vida', Bloom es ignorado o insultado. Su presencia se hace notar como objeto de agresión, o como ausente aún cuando se halla físicamente presente.

Distinto es el caso de Stephen. El maltrato que sufre no es deliberado, sino que todos sus comentarios son mal comprendidos, y cuánto más trata de explicarse, peor resulta.

En el comportamiento de los presentes, en el barullo de las oficinas, emerge lo que el autor sentía como la opresiva vulgaridad de la sociedad dublinesa.

Los titulares, o simulaciones de titulares, que van cortando el capítulo, merecen una nota aparte. Se ha dicho que actúan a modo de quiebre de un texto narrado desde afuera, desde el narrador omnisciente, y que, al revés de lo que supone debería hacer un titular –dar un breve pantallazo del texto que encabeza– estos aportan perplejidad a los fragmentos que encabezan, llenando al lector de dudas acerca de un texto que, por lo demás, parece perfectamente llano. Asimismo se ha afirmado que, si unimos los titulares en un listado, se prestan a ser leídos como un cuestionamiento a la razón de ser del libro. En fin, se ha dicho tanto, que por qué no agregar dos cosas (y si alguien las comentó antes, tomo la postura de *great minds think alike*). Encuentro, por una parte, que los titulares van avanzando desde formas victorianas, antiguas, a formas modernas y sensacionalistas de la prensa y, por otra parte, que la crudeza de algunos de los encabezamientos revela la vulgaridad del comportamiento de los presentes y del periodismo, además de pasearse burlonamente por la actualidad de Irlanda, de Inglaterra, la historia, la literatura, y la *Kultur*.

No vamos a reparar en todos, pero sí quisiera detenerme en el segundo título, donde la referencia al carro y al sello del correo se presenta como "E.R": Edward Rex, o Eduardo Rey. La realeza tratada irónicamente, dado que no es la realeza de Irlanda, sino la que está instalada en Irlanda, y especialmente la vuelta de campana que se produjo durante la transición entre la Reina Victoria y su hijo Eduardo VII, quien advino al trono a los 59 años. Los radicales de

Irlanda no dieron buena acogida a este continuador de las políticas represivas (¿pero qué otra cosa podía esperarse?) y, sin embargo, mucho cambió durante su reinado, aunque probablemente no con la mirada puesta en lo mejor para Irlanda desde la óptica de los deseos de los nacionalistas.

La época victoriana fue famosa por su moralina, y digo 'moralina' porque se basaba en la hipocresía, en 'no importa lo que se haga mientras no se haga en público y no se hable de ello'. Graciosamente, Victoria no fue siempre así. De muchacha era sumamente alegre, vestía de manera casi escandalosa, luciendo escotes más que generosos, le gustaba bailar y flirtear... hasta que tropezó con el príncipe Alberto, su futuro esposo, quien emprendió un tratamiento de 'rehabilitación', comenzando a cubrirla de abajo hacia arriba hasta llegar a taparle la cabeza: ustedes recodarán que solía aparecer cubierta de velos. El proceso de conversión tomó visos casi religiosos. Victoria se transformó en hechura de Alberto, y educó a sus hijos con enorme rigor. Eduardo, el heredero, fumaba; ella no aprobaba el hábito. A estas alturas, Alberto ya había muerto, pero ella siguió acostándose con la camisa de dormir de su marido a su lado hasta el fin de sus días. Enfrentada a la tozudez de su hijo mayor, ya adulto, Victoria lo obligaba a fumar con la cabeza metida dentro de la chimenea. Obviamente, cuando Eduardo asume la corona, el péndulo oscila violentamente al otro extremo, y de la moralina hipócrita se pasa a una época rayana en el desenfreno, que no sólo se refleja en la conducta personal de Eduardo, sus acólitos, y la sociedad, sino que se refleja también en el Reino Unido del cual Irlanda forma parte.

Esto se relaciona asimismo con el caos impuesto por la liberación de los vientos. Ese "E.R" nos lleva a pensar en el cambio de conductas y en el desorden del cual el periódico es una pequeña muestra. Se aprecia la vulgaridad que aparentemente Joyce reprochaba a los irlandeses. La chismografía de Dublin, al igual que la de cualquier otro grupo cerrado —recordarán que hemos dicho que Dublín se desenvolvía al modo de una gran aldea— tiene, además, un carácter de exclusividad, exclusividad en cuanto a aquello que es exclusivo de Dublín, pero también en cuanto excluye al lector de saber de qué se está hablando. Por razones distintas a las de Bloom, el lector también se siente excluido. Sentimos, en carne propia, una identificación con Bloom en su extranjeridad. Por supuesto, todo se puede rastrear; se han publicado montañas de notas acerca de las personas y los temas mencionados en los eventos y las conversaciones. Creo que, más allá de toda explicación, lo interesante es compartir visceralmente la experiencia de 'quedar fuera'.

Con mejores armas para contender, Stephen no se libra por completo de ello. Cuando formula una pregunta sobre un individuo llamado Gumley, no obtiene respuesta. Entonces, ahí Stephen se encuentra colocado en la misma posición, dado que supuestamente debería saber de quién se trata, y tendría mayor derecho a inquirir porque es irlandés; sin embargo, es ignorado, porque no pertenece al círculo, y eso lo alinea junto a Bloom. Los recursos del escritor provocan la empatía del lector con el muy conmovedor aislamiento de ambos personajes dentro de una realidad que, debiéndoles ser propia, no podría resultarles más ajena, como si vinieran de otro planeta.

Bajo el encabezamiento *And It Was The Feast of Passover* [La celebración de la Pascua judía], se lee una frase que habla del gato, el perro, y el palo, y que probablemente sonará a chino, pero justamente Bloom de esto sabe. Viene de una canción infantil judía que se cantaba durante la festividad de Pesaj. La traducción dirá que el nombre de la canción es *Un cabrito por dos peniques*, pero *kid* (cabrito) también significa 'niño'. Tal vez habría que pensar en un recorrido de doble sentido, en cuánto vale un niño como tal en una sociedad represora de la infancia en la que, según se aprecia en el *Retrato...*, un niño no tiene derecho a expresarse y la actitud de los adultos lo amenaza. En cuanto a la relación entre el cabrito y el niño, bien podría verse asociada al sacrificio en holocausto, a la ofrenda al dios. En el momento en que Dios, luego de ordenar a Abraham que lleve a su hijo Isaac al lugar del sacrificio, le dice que lo reemplace por un carnero (¿o cabrito?), se pone fin a la ofrenda de la sangre humana o de la muerte del hombre en sacrificio. Como bajo el cuarto titular Ned **Lamb**ert (*lamb* = cordero) se refiere al *agonizing Christ*, se habla de un parecido entre Mario el tenor y el Salvador (el Cordero), y luego se menciona específicamente "la sangre del Cordero", es posible que la línea se desvíe en esa dirección.

Hay muchísimas otras alusiones, citas, canciones, intertextualidad, griego, latín; lo suficiente para escribir un larguísimo tratado. Pero el quid es otro. El flujo de la conversación sobre asuntos de público conocimiento y chismes privados es manejado por la escritura de modo tal que imite el carácter de una charla de intercambios mayormente intrascendentes dentro de un grupo numeroso y heterogéneo. A todos nos ha sucedido alguna vez irrumpir de pronto en un grupo que está charlando y, a pesar de que se habla nuestra propia lengua, no entender mucho, debido a que se producen saltos:

parte del grupo habla de una cosa, parte habla de otra, alguien que escucha solamente hace un comentario tardío y cruzado respecto de un tema que ya fue. Estas conversaciones podrían tildarse de 'locas', no porque no mantengan una lógica propia, sino porque la barrera la baja el estar fuera.

Un asistente a los seminarios aplicó el siguiente análisis: "Según la ley de entropía, todo tiende hacia un mayor desorden si se lo deja fluir espontáneamente. La estructura del capítulo lo muestra de esta manera; uno sabe que Joyce lo debe haber corregido, pero es casi como si hubiera hecho deliberadamente aquello que ocurre espontáneamente".

Esto debe aclararse. No hay espontaneidad en esta escritura, sino cuidadosa deliberación, el mejor intento posible de reproducir, por medio de la palabra, que no es más que una simple herramienta, aquello que proporciona la palabra espontánea, la que no tiene valor de herramienta, en tanto no estamos hablando de la palabra código, de la palabra fáctica, sino de otra palabra. Aún así, la palabra es un modo de representación igual a cualquier otro, y cuando decimos 'representación', estamos sustituyendo algo –un objeto, una idea– que no está presente en el primer caso, y que será siempre incorpóreo en el segundo, puesto que no es posible comunicar las ideas sino a través de sus representaciones, y toda representación tiene límites. Joyce estiró los límites al máximo de su elasticidad, apelando a los juegos de la condensación, del deslizamiento, los tropos, la inversión, la fonética, la elisión, pero con plena conciencia del límite.

El monólogo interior

El monólogo interior no es exactamente lo mismo que el *stream of consciousness*. Está marcado por el uso, tácito o explícito, de la primera persona, por el tiempo presente, y por indicadores de tiempo/lugar que nos hacen ver la escena desde la ubicación espacio-temporal del personaje.

Este capítulo presenta una combinación de elementos introducidos por un narrador, y el 'afuera' dispara el discurrir del 'adentro'. Lo que no se completa en sí mismo, tenemos que completarlo nosotros. Un ejemplo de esto sería la última parte, en la que el monólogo interior de Bloom transcurre así: "no, pero no puede ser, pero a lo mejor, no; no." No sabemos no qué cosa, de qué duda, pero el contexto del capítulo nos ayuda a completar un pensamiento interrumpido por el espanto, en tanto es el espanto lo que le impide decirse a sí mismo qué lo asusta.

Comer y ser comido

En *La Odisea*, Homero cede la narración del episodio correspondiente al mismo Ulises, y la sitúa en el momento en el que el héroe relata sus desventuras al rey Alcinoo, padre de Nausicaa, quien más adelante será centro metafórico de nuestro *Ulises*. En la historia dentro de la historia, Ulises y sus hombres arriban a una isla habitada por los lestrigones, una tribu bárbara y caníbal que caza sus presas con lanzas, a la manera de la pesca antigua, ensartando los peces. Estos salvajes ensartan a los desdichados que van a dar a sus aguas, y los devoran de diversas maneras, calificadas por los comentaristas como "horribles", a juzgar por las descripciones del poema. En verdad, no creo que haya modos no 'horribles' de ser comido, aunque supongo que lo que horripila a los comentaristas es el desmembramiento de los cuerpos vivos y su ingesta.

Una de las preocupaciones primordiales de *La Odisea* es la búsqueda de alimento. Cada vez que los nautas tocan tierra, y según dónde esto suceda, van por comida, o tratan de cuidarse de no ser comidos. Gran parte de este capítulo de *Ulises* gira alrededor del mismo problema, aunque el evitar ser comido es parte de las fantasías de Bloom.

Mientras camina, lo que se presenta a sus ojos –la calle, la gente, los carteles, anuncios, etc.– van desencadenando líneas de monólogo interior. La secuencia se produce mediante un episodio externo cualquiera que aviva el monólogo interior, a su vez interrumpido por otro episodio externo que relanza el monólogo en otra dirección. Finalmente, todas las líneas convergen en un mismo lugar, que parecería responder a una preocupación de Joyce antes que de Bloom. Joyce abriga fuertes temores o sospechas de que, removidas las capas de 'civilización', el fondo de la naturaleza humana se compone de una bestialidad irreductible. La palabra 'bestial' se repite con mucha frecuencia en este capítulo.

Joyce se vale de pensamientos que atraviesan la mente de Bloom para expresar su propia preocupación; se siente muy pesimista respecto de la especie, aún sin atreverse a declarar abiertamente su convicción de que la 'civilización' no ha hecho gran cosa por nosotros. Si removemos las sucesivas capas que nos recubren, fatalmente llegaremos al núcleo de lo bestial. Los grandes pensadores de diversas épocas llegaron a conclusiones parecidas, teorizándolas de alguna manera más ordenada. Sin embargo, no hay que olvidar que los grandes escritores poseen una asombrosa intuición acerca de cuestiones que luego son 'descubiertas' por las ciencias sociales y bautizadas con nombres rimbombantes. Siempre me ha llamado la atención que, al menos en las universidades de mi país, carreras como Historia, Sociología, Antropología, y Psicología, por mencionar algunas dirigidas a las humanidades, no incluyan materias de Literatura, cuando la semilla de muchos de sus objetos de estudio se ha plantado en la literatura de todos los tiempos. Me resulta admirable la afirmación de Freud: "Si hubiera de fundarse una facultad psicoanalítica [...] la enseñanza [...] comprendería también asignaturas [...] (como) Mitología, Psicología de las religiones, y Literatura".[7]

El camino invertido

La frase invertida *"His Majesty the King, God save"* [Su Majestad el Rey, Dios salve a] opera a modo de indicio de que Bloom, mientras camina, va a retroceder hacia el pasado. Sus recuerdos se vuelven más vívidos y claros, en un monólogo interior matizado por conversaciones con otros personajes que va encontrando en los diferentes lugares por los que pasa.

Una de las obsesiones que acosan a Bloom se nutre de los amantes (¿reales? ¿imaginarios?) que han desfilado por el lecho de su mujer antes de Boylan, su representante artístico presente. Las siluetas de los amantes se funden con su repugnancia ante la grosería 'canibalística' con que se come en los lugares públicos, donde se pone de manifiesto una avidez y una manera de masticar y deglutir muy alejada de los buenos modales. La desmesura de los irlandeses inspira su monólogo interior a una comparación con el ayuno de los judíos durante el Yom Kippur (Día del Perdón) y con las restricciones que la Torá o Viejo Testamento impone sobre los alimentos 'impuros'. Bloom se pregunta cómo se las compondrían los católicos irlandeses si tuvieran que seguir estos preceptos. Entre judíos y católicos, alguien le da un panfleto evangelista: entra una tercera religión en juego. Bloom experimenta un enorme sobresalto a causa de un lapsus

---

7   *Análisis Profano*: Sigmund Freud, Obras Completas, Tomo VIII. Biblioteca Nueva, Madrid.

visual. Lee *"Bloom of the Lamb"* –el Bloom del Cordero, su propia persona asociada a Cristo el Cordero de Dios, y luego se da cuenta de que en realidad la frase reza *"Blood of the Lamb"*– la sangre del Cordero de Dios. Hace una pelota con el folleto y lo tira al río. Vale la pena mencionar que este río, cuyo nombre oficial es el Liffey, ha sido llamado por algo así como una treintena de nombres compuestos, uno de los cuales fue Annalyffe. Joyce lo llama "Anna Liffey", y planta la raíz de la temática que va a desarrollar en *Finnegans Wake*. A pocos pasos ve una figura de mujer, a quien reconoce como a una de las hijas de Simon Dedalus, andrajosamente vestida, algo desorientada, en actitud de una espera incierta. Reflexiona que un hogar se deshace cuando desaparece una madre. Bloom mira la situación desde fuera. En este pequeño mundo de Dublín, un mundo de aldea, todos 'saben' acerca de los demás, pero nadie sabe qué pasa puertas adentro. Bloom, desde fuera, lamenta la desaparición de la Sra. Dedalus: la casa colapsa, se derrumba sin La madre. Supone que Dilly –así se llama la muchacha– ha ido a vender mobiliario para obtener el dinero que permita alimentar a la familia. Nuevamente la comida, pero ahora en función de subsistencia.

Lo invade la compasión por esta desdichada familia, y asume el papel de dador de alimentos. Decide comprar unos bocadillos y desmigajarlos para las gaviotas, que se muestran tan voraces como los desaforados irlandeses de la taberna. Bloom se queja de que su gesto generoso no es agradecido siquiera con un graznido. Se lee una copla rimada sobre las gaviotas, y Bloom, recordando (mal) dos versos de *Hamlet*, marca una diferencia entre la rima convencional y el verso suelto *(blank verse)* o 'el fluir del lenguaje', como lo llama Bloom. ¿En qué se equivoca la memoria de los versos? Primero, en colocar un vocativo (el nombre de la persona a quien se dirige el hablante) al principio del verso. Segundo, en usar *time* en vez de *term* y, tercero, en intercambiar la *noche* del original por la *tierra* de la evocación. Esto, sumado a la idea del paralaje, o cambio de posición relativa de dos objetos cuando se produce un desplazamiento del observador, porque de lo contrario dichos objetos se verían ocupando la misma posición, y a la mención del profeta Elías, siempre causa acaloradas discusiones en los seminarios. Intentemos reconstruir una de las más jugosas por la infinidad de asociaciones que produjo.

Espectros

"El uso del vocativo responde a la necesidad de Bloom, identificado con un hijo que faltó a sus últimos deberes filiales, de ser nombrado por su padre –como recuerda, erróneamente, que Hamlet fue nombrado por el suyo– para recuperar legitimidad en su estatuto de hijo. Sería un momento en el que Bloom y Stephen ocupan un mismo lugar, puesto que el observador/lector no se corre, impidiendo el paralaje, e implicando que para ambos es fundamental inventarse un padre en el fantasma".

"Creo que, por el contrario, lo que se dibuja en su mente es el hijo como espectro, con un sentido de lo siniestro; después de todo, Bloom ha perdido un hijo y está privado de una hija. No tiene dónde ejercer la función paterna. Encuentro que tanto Bloom como Stephen comparten con Hamlet la falla en el orden natural de las generaciones. Lo veo como un drama de la sucesión, de la descendencia, de la transmisión".

"Hasta ahora, yo leo que viene hablando de las madres y de las comidas; la voracidad, las gaviotas, me llevan a pensar en la función nutricia de la madre genérica, pero también en la filiofagia de una madre, incluidas las fantasías infantiles de que los bebés en la panza han sido 'comidos'. Percibo saltos donde Bloom se recuerda como un varón potente, muy feliz con su mujer bonita, enfundada en un vestido que le calzaba como un guante, en un lugar otro, cuando él mismo era otro. Después, este circular sin rumbo en relación a quienes deberían ser sus pares, ubicado él en la posición del espectro por el rechazo al que está expuesto. En la historia que recompone y la realidad de los intercambios, tengo la sensación de que se trata de dar cuenta de cómo se construye un hombre. Me parece que los conflictos con su propio padre ausente –en la ausencia elegida mediante el suicidio– y su ausencia o prescindencia en la muerte del padre explica que en algún momento pudo ser un hombre, aunque acabó convirtiéndose en un fantasma que deambula entre hombres, y lo justifico con la escena en el bar, donde es invisible o casi, en una soledad tangible, permanente, incurable".

"Está todo perfectamente armado. Digo esto por la frase que comienza con la tirada de la pelota de papel al río y después 'elías 32 pies por

segundo.' En realidad es 32 pies por segundo al cuadrado, que es la aceleración de la gravedad, y quiere decir que estamos tratando un caso de caída libre. 'Is come' significa 'ha llegado'; es decir, de alguna manera, está llegando hasta lo divino en caída libre. Esto se completa con las manzanas. No se puede evitar pensar en la manzana de Newton y la manzana de la caída del hombre. Todo cierra.'

Nótense todas las vías que puede abrir una lectura, a partir del corte de palabra, del corte de frase, y de la puntuación. Habría que preguntarse por qué Bloom equivoca los versos de Hamlet. La respuesta más sencilla, y la que se ha dado generalmente, es no puede esperarse de su mediana cultura que recuerde su Shakespeare a la perfección. Quizá. A mí me llaman la atención los términos que su memoria ha reemplazado. Más que en las complejas operaciones de la memoria, pienso en las operaciones del inconsciente. Ese 'Hamlet' inicial con el que un padre ultrajado llama a su hijo, el 'tiempo' que Bloom consume haciendo nada, y que a su vez ha consumido sus tiempos felices ('comer y ser comido'), y el hecho de que sus preocupaciones no provienen de la noche, sino de la 'tierra' que ha sustituido, de la materia, de la vida.

Hamlet padre invoca, en el error, a Hamlet hijo, proponiendo una cuestión dinástica en la cual los primogénitos llevan el nombre paterno a modo de prolongación de los linajes. No ocurre así entre los judíos de Europa central *(ashkenazim)*. Los nombres se saltean una o dos generaciones; y los nuevos nacidos reencarnan, en los nombres de los abuelos o bisabuelos muertos, las cualidades que los distinguieron en vida. Las creencias sostienen, además, que las almas de los fallecidos ascienden un escalón en su bienestar ultraterreno siempre que sus nombres son elegidos para una nueva vida que se inicia.

Podemos imaginar que, al llamar Rudolf (Rudi) a su hijo, Bloom ha tenido en cuenta las connotaciones de su decisión. En suma, se trataría de una reparación al padre, que se vio frustrada por la muerte prematura del bebé. Si Bloom estaba enterado de estos 'parecidos' premonitorios entre el último portador de un nombre y la repetición en su sucesor, no debería haberle tomado tan desprevenido su muerte, en virtud del suicidio de Rudolf Virag. Sin embargo, no hay alusión a ello en la novela, y lo único que alude a las nomenclaturas, por ahora, es la perífrasis de la pertenencia al judaísmo *"de la tribu de Reuben"*, en el capítulo del cementerio.

Habiendo otras once tribus que podrían indicar idéntica ascendencia, me pregunto por qué Cunningham se inclina por ésta cuando describe así a un notorio prestamista que se cruza con el carruaje. Al margen de que el nombre del prestamista, es, en efecto, Reuben Dodd, ello no implica que pertenezca a dicha tribu. Se me ocurre, en cambio, que el autor ha hecho un desplazamiento identificatorio (involuntario e ignorado por parte del hablante) hacia Bloom, y eso por los significados atribuidos al nombre Reuben, dado al primer hijo de Jacob y Leah. Si significa 'Él ha visto mi infelicidad' y 'Mira, he aquí un hijo varón', Bloom quedaría en posición de creyente frente a un Dios en el que, al igual que Stephen, cree-no cree, y de dicha frente a la aspiración de cualquier padre que supone que la afirmación de su potencia viril reside en su capacidad para engendrar varones. Ampliaciones de la versión sugieren que Reuben fue el primer 'penitente', en tanto no hay huella anterior de otro personaje que se haya aislado a meditar sobre sus pecados, absteniéndose al mismo tiempo de alimentarse de carne y vino. Que en la narración bíblica las frases explicativas del nombre deban ser atribuidas a Leah sólo acentuaría una cierta característica femenina o maternal de Bloom que lo honra frente a las conductas brutales paternas –físicas y/o psicológicas– descriptas por Joyce en *Dublineses*, *Retrato...*, y en el personaje de Simon Dedalus continuado en *Ulises*. En cuanto a la 'penitencia', la actitud abstinente de Bloom frente al despliegue de las comidas, y los picos de remordimiento que penetran su andamiaje conformista, podrían colocarlo en esta vertiente del nombre.

Al alimentar a las gaviotas, Bloom gasta un penique, un dispendio, si tenemos en cuenta que se encuentra a la deriva respecto del dinero y de la seguridad de proveer de alimento a su hogar. Se impone la idea de que es Molly quien mantiene la casa con sus contratos y giras artísticas. Hay un corte en la función del hombre como proveedor, y sin embargo se presenta como un dador de maná. ¿Es esto parte de una fantasía contrapuesta a la triste situación de un marido judío imposibilitado de cumplir con sus deberes en más de un sentido?

Continuando su camino, los anuncios desfilan ante los ojos de Bloom. No puede pasar desapercibido el de H.E.L.Y.S. , una empresa para la que él solía trabajar vendiendo publicidad. En lo que parecería un razonamiento paradójico, puesto que las ventas se le daban bien, a Bloom le alegra el no haber continuado trabajando para dicha empresa. Esto se comprende tomando cuenta de sus dificultades para cobrar lo que le correspondía por sus servicios.

Las siglas, rearmadas de la siguiente manera: *Hell is* [El infierno es/está], sin que se produzca alteración fonética, traen a cuento la creación del infierno a consecuencia de lo que llamamos la 'primera caída', no la del hombre, sino la de los ángeles rebeldes liderados por Luzbel. Sin duda, 'el infierno es/ está' en esta ciudad expulsiva según la vive Bloom, y en los fantasmas que lo acosan.

Vemos que Bloom siempre queda trunco en alguna parte: si vende, no logra cobrar; hoy no ha podido vender −el malogrado intento de persuadir a Nanneti. Tiene casa, pero está 'perdido'. El temor a algo lo eterniza por las calles, y lo que lo pierde es, una vez más, la ambigüedad de su autocreación: *voglio e non voglio'*.

Me explico. La errancia lo mantiene lejos de un hogar en el que no se siente bienvenido, como ya lo hemos señalado respecto del lecho conyugal. No estando desterrado de su casa, el no regresar favorece aquello que teme: el adulterio de su mujer, a quien cede libertad y soledad en pro de sus encuentros amorosos, en lugar de obstaculizarlos con su presencia si no se atreve a encararlos mediante la palabra.

Son las cuatro de la tarde. A pesar de que la hora y el transcurso del día se marcan en el texto a través de campanadas, menciones explícitas, y cálculos de cuánto ha pasado entre una acción y otra, este es un tiempo elástico, y se mide mejor recordando la diferencia establecida por William James entre el 'tiempo externo' o convencional de los relojes y el 'tiempo interno', que se encoge o estira según la importancia o interés que la vivencia despierte en el sujeto.

Pues bien, a las cuatro de la tarde, se retoman los recuerdos de un pasado feliz, del casamiento, de cuando Molly y Bloom eran 'otros'. En ese *reverie*, o ensoñación mnémica, él se ve a sí mismo como lo que el lenguaje vulgar llamaría 'un hombre'. El humorista argentino Rolando Hanglin ideó una diferencia entre 'un hombre, un marido, y una gran resignación'. El hombre es aquel que, imaginariamente, todo lo puede, aquel de quien la mujer puede depender en la confianza de que le traerá la luna si eso es lo que desea. El marido es un individuo eminentemente práctico; no vuela a grandes alturas, pero al menos sirve para arreglar los desperfectos de artefactos domésticos sencillos sin recurrir al plomero o al electricista. Bloom se ve a sí mismo, en el momento del casamiento, como aquel que lo podía todo, en violento contraste con el ahora, cuando ha tocado fondo hasta convertirse en la gran resignación de Molly, aunque Bloom, alicaído como lo vemos, no está todavía resignado a disolverse en la nada. Recuerda también que, diez años después del clímax de su felicidad, ocurrió el primer hecho trágico de su vida en pareja, cuando Molly era joven y todo parecía deslizarse sobre ruedas: aún entonces, Molly tenía muchos amantes.

Nos preguntamos si se trata de un recuerdo fabricado o de un hecho real. Si optamos por decidir que el inconsciente de Bloom construyó el recuerdo con base en que su bonita esposa era deseada por otros hombres, lo cual reforzaba su propio deseo de ella, concluimos que el falso recuerdo le proporciona una cierta tranquilidad respecto del estado actual de su matrimonio. Si su mujer le ha sido infiel inclusive en la mejor época, los fracasos de Bloom no lo implican en la realidad del engaño presente con Blazes Boylan. En otras palabras, se consuela con la certeza imaginaria de que, aunque se hubiera sostenido en la estatura de un 'hombre', la naturaleza de su esposa la habría conducido indefectiblemente a otros brazos.

El afuera irrumpe en la figura de Mrs. Breen. Se sobreentiende que entre ella y Bloom hubo algo. No sabemos cuán lejos llegó, ni si se concretó en los hechos crudos del sexo, pero lo que sí queda claro es que la etapa del coqueteo mutuo existió. Además de hallarse obsesionada con la locura de su marido, desgranada en un discurso hilarante, a Mrs. Breen le preocupa otra señora, Mina Purefoy, a quien conoceremos en el capítulo siguiente, y que está pasando por un trabajo de parto excesivamente largo y de corte dramático –o tragicómico– internada en el hospital. Bloom comparte su preocupación; parecería que también Mrs. Purefoy ha formado parte de su pasado de galancete, y su instinto de caballero va a encaminar sus pasos, más adelante, hacia el hospital, donde se interesará por los pormenores de un parto que viene durando 'sesenta horas'. (Sugiero que las tomemos metafóricamente, como la edad de Matusalén; es decir, sosteniendo la hipérbole o exageración farsesca del estilo).

Las debilidades de la carne –o de la mente fijada en la carne ('comer y ser comido' tiene otras connotaciones además de las puramente alimentarias)– lo guían a la manera en que comenzó a relacionarse epistolarmente con Martha. Sus relaciones con estas dos mujeres, sin importar la consumación respectiva, fueron personales: ellas saben quién es él, y él sabe quiénes son ellas. Se conocen por nombre y apellido, y se saben al dedillo las historias familiares; serían los típicos *affaires* de pueblo chico ('pueblo chico, infierno grande' = H.E.L.Y.S. o *Hell is*).

En cambio, la relación con Martha se inició a través de un anuncio en el periódico. Es curioso; el vendedor de publicidad, que debería saber que, en materia de anuncios, no es oro todo lo que reluce, comienza una relación más erótica que sentimental a través de la sección 'Señor/Señora –y sigue una enumeración de las más bellas cualidades aptas para conquistar la presa– desea relacionarse con…'.

En el *Retrato...*, Stephen realiza una división entre dos tipos de mujeres: la idealizada Mercedes (nombre tomado de *El conde de Montecristo*, de Alejandro Dumas) y la prostituta. Bloom efectúa una división similar, aunque sus categorías son otras: la mujer de pueblo, corporizada en Mrs. Breen y Mrs. Purefoy, y la dama de sociedad, nombrada en la sección *Sociales* de los periódicos. Al parecer, Bloom ha sostenido un episodio amoroso con una de ellas, sobre el mismo principio epistolar de su relación con Martha, y con la diferencia de que el otro alcanzó una dimensión física real. La desilusión lo golpeó fuerte. Seguramente, dentro de una situación amorosa, esperaba que la dama de sociedad se comportara de manera diferente que la mujer de pueblo. Naturalmente, no resultó así, y algo de la mujer cayó durante esa experiencia, aunque no del todo, porque Bloom traslada su idealización a las estatuas desnudas de las diosas que se exhiben en el museo, a las que se propone espiar tras elaborar una complicada estrategia. Él supone/espera/desea que las diosas carezcan de orificio anal, dentro de una lógica según la cual no lo necesitan en tanto no comen, al revés de lo que sucede con los humanos y su procesamiento de los alimentos, resuelto entre las dos aberturas del aparato digestivo.

La fantasía de Bloom respecto de las diosas remite, creo, a un rechazo patológico de una determinada forma de 'suciedad' que, en una nueva paradoja, se incluye en lo natural del cuerpo, y coloca el asco a la comida y a la grosería de los comensales bajo una luz diferente. No voy a extenderme acerca de las posibles razones de la patología porque no es para nada mi intención 'psicoanalizar' a Bloom, aunque sí volveremos al concepto de lo sucio muy pronto, dado que el texto lo requiere.

Atrás y adelante

En el fluir del monólogo, el foco de la conciencia es capturado por el recuerdo de un incidente en el que se pone de manifiesto la brutalidad policial. La importancia del hecho reside en que, en horas futuras de este día, y durante una escena entre delirante y alucinatoria, Bloom salva a Stephen de una tremenda paliza, que presentifica en detalle los aspectos brutales de la acción de la policía. El capítulo, si bien toma la marcha del cangrejo en la evocación, asimismo se mueve linealmente hacia delante, al plantar temas de desarrollo posterior. En rigor de verdad, el avance sobre el devenir es característico de todos los capítulos, no así el movimiento pendular entre el pasado y lo por venir.

El incidente que recuerda refiere a la represión policial durante una manifestación callejera en la cual Bloom no toma parte porque 'él no es irlandés' (¿?). Los irlandeses que abogan por el separatismo organizan una demostración política callejera, son reprimidos, y Bloom se ve atrapado en el desmán por casualidad, aunque sólo pasaba por ahí. Es claro que la policía no pregunta a los presentes si 'pasaban por ahí' o eran parte de la marcha, de resultas de lo cual Bloom sufre las consecuencias de la represión como el más convencido de los nacionalistas.

Esto nos lleva a insistir sobre quién decide la identidad. *Ulises*, sin duda, dista mucho de ser una tragedia; sin embargo, no le faltan componentes trágicos, que no es la misma cosa. A mi entender, el más conmovedor es la nebulosa en la que no se termina de resolver la identidad de Bloom. Él querría ser irlandés, pero no es visto como tal por sus relaciones; entonces, en el caso particular que nos ocupa, se posiciona como 'extranjero', y justamente aquí la Ley lo cataloga de irlandés; querría ser judío, pero rompe los preceptos alimentarios (más algunos otros) de la otra Ley y, habiéndose alejado del entorno judío, no le es posible serlo fuera de la vida en comunidad. Ni siquiera sabemos si es uno, tan fragmentados se presentan su cuerpo y su mente, unidos intra y entre sí por un objeto al que su superstición particular dota de las cualidades mágicas que impiden el desastre. Cabe introducir aquí algo que lo acompaña desde el principio, aunque no lo hemos mencionado todavía: la papa que lleva en el bolsillo. Extraño talismán, la papa es un símbolo de Irlanda, y una conexión con su madre. Es decir que, aunque Bloom no ha monologado particularmente sobre Helen, sino sobre las madres en general, y su atención ha de focalizarse en la difícil maternidad de Mrs. Purefoy, además de que sus torturas emanan del padre, su madre lo acompaña y lo protege desde la papa. Un talismán o amuleto no sólo sirve como defensa contra el mal, sino que, por etimología, puede referirse también a la iniciación en los misterios. Los males de los que Bloom siente que necesita protección han sido discutidos ampliamente; en cuanto a los misterios, nos basta con recordar lo dicho respecto de los bardos, puesto que el personaje que necesita asegurarse regularmente de que la papa sigue en su lugar transita mentalmente las preguntas de la humanidad en cuanto al origen y al fin de la vida.

La imaginación lo remonta a una escena imposible, en la que se incluyen astrónomos y una mirada sobre Dublín como si se tratara de un exótico mercado persa, lo más alejado de la realidad de la ciudad en la que vive. Hay que decir dos cosas: las referencias al Levante u Oriente son constantes. Ahí reside lo bello, lo exuberante, lo soleado, lo limpio, lo puro... en la cabeza de Bloom. Por otra parte, representa un bruto contraste con el significado gaélico de la distorsión que terminó en 'Dublín': agua negra. Y volvemos a girar en círculos, rodeando los conceptos de suciedad, densidad, imposibilidad de ver el fondo, viscosidad, con idéntico punto de arribo: la repugnancia, que lo impele a hacer régimen vegetariano ese día, porque la carne, los guisos, etc., le revuelven el estómago. ¿El penitente Reuben?

Es entonces cuando se encuentra con Flynn en el lugar donde decide comer. Flynn pone el dedo directamente en el ventilador, a sabiendas o no. ¿Por qué? Pues porque le habla de su mujer. Es increíble que nadie le habla a Bloom de Bloom, sino que todos le hablan de su mujer. La 'inocente' pregunta "¿Quién la prepara?", referida a la gira de Molly, dispara toda una artillería en la que lo que no se dice, pero queda dicho, formando esta cadena: Boylan es el representante de Molly. Ergo, Boylan la prepara. Ergo, irán juntos de gira, y todos saben el resto de la historia en esta aldea con pretensiones de gran capital.

Ante las implicancias del comentario, tal vez otro hombre que no fuera Bloom reaccionaría, pero nuestro personaje, lejos de demostrar que se siente aludido y denostado, sonríe amablemente, se despide con palabras insustanciales, y nos afirma en nuestra impresión de que cuando se le ofrece la oportunidad de reivindicarse ante sí mismo por medio de una defensa proactiva –sea defensa de su propio lugar como marido, o del honor de su mujer (para situarnos dentro de las convenciones de la época)– nos volvemos a encontrar con el mismo Bloom del capítulo anterior, que quiere quedar bien a cualquier precio, que no se atreve a enfrentar a nadie, que permite que se diga cualquier cosa en su presencia, a tal punto que, hacia el final del capítulo, en el acto de ayudar a un ciego a cruzar la calle, ve una silueta cuya vestimenta, apariencia, y manera de caminar identifican la persona de Blazes Boylan. Entonces se corre hacia un costado, dando vuelta la esquina, para no tener que toparlo frente a frente y verse obligado a saludarlo. Boylan no se comporta como quien está en falta; por el contrario, actúa con total naturalidad. Con el recuerdo de aquellas ocasiones en que Bloom ha sido quien ha soportado la incomodidad de la situación, no pudiendo responder, prefiere escapar. Y al hacerlo, palpa otro objeto, que cumple una función similar a la de la papa, pero que fue adquirido más temprano ese mismo día: el jabón. Parece que el contacto con este objeto lo tranquiliza, en tanto va adherido a la palabra "salvo". Podríamos inferir que su contacto "lava" el honor de Molly y, fundamentalmente, el de Bloom.

En una escena anterior, una pintura del primer lugar donde decide no comer, Bloom nos transmite su visión del mundo de los hombres: "Olores de hombres. Su garganta se levantó, aserrín escupido, sudoroso, humo caliente de cigarrillos, vaho de chistera, cerveza derramada, el pis cerveciento de los hombres, lo rancio de la fermentación". Si bien esto se relaciona con lo que habría que 'lavar' también, es más interesante observar que él, desde fuera, mira las características diferenciales masculinas.

Hemos dicho repetidas veces que Bloom es discriminado. Tratemos de ver el lado opuesto: El ser discriminado y el quedarse fuera, ¿son el anverso y el reverso de una misma moneda? Escuchemos algunas de las respuestas que vinieron al lugar de la pregunta:

"Bloom propicia situaciones donde claramente se ubica en el papel de víctima, de ser rechazado, de no tener nada que ver con lo que le ocurre en este sentido. Sin embargo, es mucho lo que hace para quedarse fuera; por ejemplo, la escena del bar donde le hacen notar que el amante de su mujer está con ella, y el mira hacia otro lado. Esa pequeña escena entre hombres da cuenta de cómo el se coloca. Más que sentirlo rechazado o excluido, pienso la 'prolijidad' con que el se corre, insistiendo en una impronta de 'no lugar' y sin hacer nada para encontrar uno. Me parece que su relación con su mujer, con los otros hombres, sin olvidar las alusiones a Don Giovanni que andan dando vueltas, apuntan a la consistencia de qué significa ser un hombre. Hacemos hincapié en sus dificultades con la figura paterna, pero la madre también habrá tenido que ver con la inconsistencia que resulta. Yo lo veo muy activo en el quedarse fuera, convertirse en espectro, girar constantemente en un 'no lugar'. Francamente, se me pierde el humor".

"A mí se me ocurren dos temas. Uno vinculado al jabón; en este mismo capítulo hay una alusión que marca que él estaba bien posicionado en su rol de padre respecto de su hijita bañada y enjabonada; el había comprado un jabón especial para Milly en esa ocasión. Ahí hay un hilo que lo conduce, mediante la palabra "feliz", a un lugar de consistencia paterna, de dador de eso que perfuma, a modo de impronta de un padre sobre una hija.

El otro tema es que veo líneas segregativas que se van desplegando y articulando a lo largo del capítulo. En relación a la sociedad masculina de Dublín, sobre todo la mayoría católica, encuentro que se siente en menos no tanto por ser judío sino por su imposibilidad de tomar el toro por las astas en su matrimonio."

Sobre estos aportes, vienen a cuento algunas aclaraciones. Si dejamos de lado por un momento los trozos puntuales de arias de *Don Giovanni* y adoptamos un enfoque más abarcativo, descubrimos que, en las innumerables versiones, musicales o no, del Don Juan, que suman alrededor de ochenta, se repite una constante: las mujeres tras las que se lanza son siempre 'propiedad' de otro. Inclusive en el caso de Doña Elvira, la monja seducida, puesto que el 'otro' a quien ha jurado fidelidad es Cristo: las monjas son 'esposas de Cristo'. Uniendo esto a los conflictos de Don Juan con su padre, quien le ha arrebatado a su madre, parecería que el ímpetu del personaje no está dirigido a la conquista de las mujeres, sino a una guerra con el padre, representado en todos los demás hombres, padres, maridos, hermanos, prometidos, o divinidades. Se trata de vencer al otro; la mujer no cuenta más que como trofeo de la batalla ganada. Por otra parte, encuentro muy sugestivo que no se haga alusión a la consumación de un acto sexual, y que estas mujeres lo odien tanto después de los velos que se corren sobre las escenas en que dicha consumación debería realizarse. ¿Será Don Juan impotente? Si pudieran probarse estas hipótesis, la figura del padre de Bloom readquiere volumen, aunque él no lucha con Rudolf precisamente en este mismo terreno, y los aspectos femeninos –no homosexuales– de Bloom, en ese sonsonete mal citado del *voglio e non*, cantado por una mujer, junto con su impotencia, ocupan un primer plano oscurecido por la diversidad temática, que comporta sus propias melodías.

Hay un detalle extra respecto de la cuestión de la comida. Dice ver al hermano de Parnell, lo cual desata una línea del monólogo en dirección a la muerte del líder, en la miseria, y a la dieta estricta que su hermano debía seguir por razones de salud. En este discurrir, mientras va reconociendo otras personas por la calle, la memoria le juega una mala pasada. Se empeña en recordar el nombre de un libro: *Pendennis*. El *Pen* se atasca; el resto, supuestamente, lo tiene en la punta de la lengua, hasta que finalmente el esfuerzo de búsqueda da fruto, y compone la totalidad del nombre, pero no formula ninguna asociación respecto de él, y creo que no queda claro por qué este nombre pasa por su cabeza en las circunstancias.

Pendennis es el nombre de un castillo situado en Cornwall, una península del sudoeste de Inglaterra, desde el cual durante largo tiempo se defendió el territorio de las invasiones que llegaban por mar. Pero además, es el nombre de una novela de William M. Thackeray, contemporáneo de Dickens y, en la novela, es el apellido de un personaje llamado Arturo, que funciona a modo de un *alter ego* de Thackeray, en tanto la novela es autobiográfica y describe la vida del autor en su paso por la Universidad de Cambridge y el submundo cultural de la Londres de su época (s. XIX). Una posible vía asociativa llevaría a pensar que *Pendennis* es un símbolo invertido de la defensa de lo propio que Bloom no está en condiciones de ejercer. Otra posibilidad señala el mundo al que no puede acceder porque, retomando el tema de la discriminación y de la autodiscriminación, es el mundo de los privilegiados, de los que han recibido una educación de excelencia, y están en contacto igualitario con aquellos a quienes todos admiran. Arturo –y el mismo Thackeray– han hecho de sus vidas algo que, en opinión de Bloom, reviste a un hombre del brillo que otorga la cultura académica.

Nosotros vamos a aventurarnos por un tercer camino, consecuente con los modelos de Joyce. Vamos a cortar la palabra, a ver qué suena, a asociar lo que Bloom no asocia. Primero, *penis* y *pen(ding)*. Esto nos retrotrae a un problema de Bloom que se nos ha presentado innumerables veces: la impotencia, no sólo sexual, sino el no poder actuar cuando es necesario, algo que lo inquieta tanto que se le cruza por la mente cuando no está pensando conscientemente en ello. Cuando aparece la primera sílaba –*pen*– es casi una obviedad decir que su significado [lapicera], remite al autor que se hizo famoso con sus obras, mientras que Bloom, que redacta avisos, no tendrá el mismo destino. Es interesante el enorme esfuerzo que hace por recodar el resto de la palabra, cosa que normalmente, si no se trata de algo muy importante, dejaríamos pasar con un 'ya me acordaré luego'. Da pie para pensar que un faltante de la palabra completa le es necesario para devolverlo a lo fundamental de lo que a él le falta: la impotencia traducida en el no poder generar un hijo. El único que pudo engendrar murió, y no pudo dar vida a otro que perpetuara su ser y su apellido. Al cortarse el apellido, se corta la dinastía; podemos comparar con el Hamlet-Hamlet.

Lo que quedó en el tintero

Muchísimo. Podemos rescatar algo, no todo. No es malo aceptar que 'todo' es una entelequia, y que el todo de este libro, repito por si acaso, nos conduce a todos los tratados que se han escrito, e implica que ustedes van a dedicar el resto de sus vidas a leer sólo el *Ulises* y los correspondientes análisis. De modo que aliviamos el tintero sólo de una pequeña parte del contenido.

En el diálogo entre Byrne y Flynn, donde nos enteramos de que Bloom todavía viste luto por su hijo –o eso es lo que suponen quienes hablan –se alude también a que pertenece a la sociedad secreta de la masonería. Los orígenes inciertos de la orden se establecen, según algunos autores, en los tiempos de la construcción del Gran Templo de Jerusalén. La fantasía de estos dos charlatanes, al afirmar que Bloom la integra, explicita que los masones se ocupan de los suyos; es decir, que sus miembros gozan de apoyo y seguridad. No hemos visto rastros de la veracidad de semejante privilegio en la vida de Bloom, aunque el chismorreo al respecto es halagador, al dotarlo de 'dones' envidiados y envidiables. Me inclino por reflexionar que la sindicación de Bloom como masón es, nada más ni nada más, una nueva marca de su extranjería en esa sociedad donde no termina de poner ambos pies. De los desconocidos, lo que no se sabe, se inventa, puesto que la ignorancia sobre el otro cultural causa desazón en el mejor de los casos, y violencia en el peor. Habría que contrastar este comentario en cierta medida 'positivo' con un mínimo fragmento del monólogo interior de Bloom que parece sugerir que, a su entender, los católicos todavía creen que los judíos fabrican el pan ácimo con la sangre de bebés cristianos, en un ritual atroz y despiadado que los identificaría con el canibalismo que rige este episodio.

Finalmente, en el momento en que Bloom logra comer (verduras), la atmósfera cambia. Hasta ese paso, todo se presenta negro, me-lancólico, denso. A partir de este punto de torsión, puede mirar lo que lo rodea con una cierta benevolencia, se siente un poco menos desdichado. El cuerpo afecta a la mente; al no sentirse tan mal, el mundo se pinta con colores menos sombríos.

Entreacto

Hemos llegado al episodio de las 'rocas errantes', que Joyce denomina 'Entreacto'. No es mala idea recapitular sobre las ideas medulares que venimos analizando hasta el momento. Si bien no soy amiga de la repetición, entiendo que no está de más, en una obra de esta complejidad, dar un paso atrás, ahora desde la experiencia de nuestra lectura, y resumir, quizá desde un ángulo levemente más agudo, lo que hemos desarrollado a través de los capítulos anteriores.

Una vez que el joven Stephen se ha constituido a sí mismo en artista, apropiándose de una nueva identidad autoengendrada e ingresando a la hermandad racial de los artistas, se produce un cambio de plano. La era minoica da paso a la era aquea, y de la pluma del autor surge *Ulises*, un espejo invertido en el que el hilo conductor será un padre que busca un hijo. Este padre –Leopold Bloom– perdió un hijo en la muerte. Los sobresaltos, a veces vulgares, a veces desagradables, a veces ridículos, de una vida que no detuvo su decurso en el momento de la pérdida no encontrarán sosiego hasta que alguien se sitúe como hijo en el lugar vacío o, mejor dicho, hasta que Bloom ubique en ese lugar a un joven –nuestro Stephen– que viene a proteger al padre, literalmente caído, de los embates del afuera y del adentro, preservando la relación natural entre las generaciones, cuando los jóvenes prestan su fuerza a la fragilidad de sus mayores.

Sin parafrasear la historia, podemos comenzar diciendo, siempre de la mano de Clara Marengo, que hay tres aspectos a considerar en esta narrativa donde al hijo que busca un padre –una búsqueda inconclusa, quizá abandonada, que traíamos arrastrando desde *El Retrato del Artista...* –se suma un padre que busca a un hijo. Un primer aspecto de los que Marengo toma en cuenta sería el de la historia oficial, los conflictos entre Irlanda e Inglaterra. Nosotros hablamos mucho de esta historia, de cómo comienza, cómo se entrelaza, de cómo se funda sobre la traición, por eso esto es pertinente –y yo lo traje a colación de la identificación de Stephen cuando dijimos que la encuentra en Dédalo, elemento de traición incluido, con el agregado de Israel, en tanto Bloom es un irlandés judío (aquí sí el orden de los factores altera absolutamente el producto), en cuanto a la condición de extranjeridad y de alienación en tierra supuestamente propia. Este es el caso de Bloom en Irlanda, por un lado, pero Stephen, que no viene de la misma raíz, se siente también extranjero y alienado en su tierra. La historia biológica es el otro aspecto, el ciclo del cuerpo humano. Hablamos mucho de la importancia del cuerpo y de las funciones corporales que son descriptas con tanto detalle en estos capítulos. A eso agregamos la historia individual, una vida, la vida de Leopold Bloom. Estos tres aspectos se fusionan, se entrelazan y se apartan, sustrayéndose al tiempo convencional y dejando al lector la decisión entre realidad y fantasía, entre lo posible y lo legendario, entre lo vivido, lo deseado y lo temido. ¿Recuerdan cuántas veces se preguntaron: "¿esto pasó o no pasó, fue de visita a la casa de la tía o es su imaginación"? Los puntos quedan en suspenso; nosotros tomamos las decisiones. Distintos lectores tomarán decisiones diferentes según vengan interpretando el texto, pero queda abierta la puerta. Nosotros en ese momento decidimos que esta escena en particular de la visita no había ocurrido y lo pudimos fundamentar desde el texto. A lo mejor alguien nos dice que sí pasó y lo fundamenta desde otro lugar.

Es posible, y se ha hecho, buscar y encontrar equivalencias con episodios de *La Odisea*. Sin duda, resulta un ejercicio intelectual estimulante, aunque no vamos a encontrar ahí más que un armazón sobre el que se monta una ilusión de semejanza. El punto de identificación –mítica– de Bloom con Ulises consiste en su disposición para aceptar su propia realidad junto con la capacidad de sentirse, al mismo tiempo, perdido en el mundo y alrededor de o aledaño al centro del mundo, no en el centro, sino girando alrededor. Bloom como personaje es tan humano que encarna al hombre universal, no sólo a la máscara que porta el hombre, sino a lo más vergonzante, lo más primitivo y lo más sublime; yo diría, al hombre detrás de cada hombre.

En una conversación con Frank Budgen, un amigo íntimo de Joyce con el cual él discutía su propia obra, las obras de otros y su vida, Joyce le pregunta si conoce algún escritor que haya creado un personaje masculino 'completo' –acá aparece la palabrita intolerable que escuece a los seguidores de Lacan, pero tomémosla desde el punto de vista de la creación del personaje. Budgen menciona, entre otros, a Fausto y a Hamlet. Joyce le contesta lo siguiente: "Fausto, al no tener edad no es un hombre, y Hamlet es solamente un hijo, pero Ulises fue hijo, padre, esposo, amante, compañero de armas y rey. En esos roles se cayó y se levantó infinitas veces, hizo cosas reprochables y hasta horribles, pero fue un hombre en sentido completo, y un hombre bueno –esto sostengámoslo aparte, ¿qué quiere decir en el lenguaje particular de Joyce 'bueno'?, y continúa: "Yo pretendo que mi personaje, Bloom, lo sea también".

Resulta obvio que Bloom no es una modernización de Ulises, sino que a Joyce lo que le interesa es el proceso mediante el cual el hombre, conociéndose, deviene, se trasforma, partiendo de la criatura vulgar de carne y hueso, en un personaje que irradia algún misterio situado entre el mundo posible y el mundo real, entre lo contingente y lo trascendente. Las batallas de Bloom se libran en su mente –esto se pone en evidencia en la frase *"voglio e non vorrei"*, distorsión de *"vorrei e non vorrei"* en la respuesta que da Zerlina a Don Giovanni en la ópera de Mozart. Esto es lo que resume todas las batallas. Esto es 'quiero y no querría', y algunos interpretan la frase legítima como "quisiera pero no me atrevo". Está cambiando el tiempo de verbo, transportándolo a la ambivalencia del momento, al quiero y no querría, ¿no querría querer qué? Todavía no lo podemos contestar. Estas batallas se libran en la mente de Bloom, muy lejos de los valores feroces de las guerras antiguas donde sí se libraban las batallas de Ulises.

Joyce extiende el concepto de lucha a la existencia misma del hombre, cuyas victorias son efímeras y parciales, entonces, enraizadas en valores como la mentira o el ocultamiento. Si recordamos hasta ahora lo que sabemos de Bloom, ya encontramos muchas mentiras y mucho ocultamiento, a sí mismo y a los otros. Cuando Joyce define a su Ulises como hombre completo, queda implícito que Bloom carece de signos de realeza como aquel otro Ulises; que Bloom es intrínsecamente pasivo –recordemos los momentos en los que no se defiende de los ataques y no reacciona ante el insulto, el agravio, etc.; es escéptico, tímido; vale decir, no es héroe, pero tampoco antihéroe porque el antihéroe actúa: Bloom es, simplemente, un no-héroe. O quizá no. Se trata de una cuestión de proporciones. En el mundo antiguo, ese mundo situado en los confusos confines que separan la leyenda de la historia, todo adquiere proporciones suprahumanas. Los monstruos y enemigos a los que se enfrenta el héroe poseen proporciones gigantescas, lo que obliga al héroe a aumentar su propio tamaño y la ferocidad de sus técnicas de combate para igualar la apuesta. En el mundo casi trivial de la 'civilización', cruzar la calle sin ser atropellado constituye de por sí una hazaña, y ni que hablar de sostener un matrimonio que la mutua desilusión, la rutina, y la fatídica frase 'hasta que la muerte nos separe' se debate entre la esperanza de la condición de posibilidad y la cruda realidad de la insatisfacción mutua.

Bloom se presenta simultáneamente como un vagabundo –lo digo en el sentido literal, porque lo hemos visto vagando por las calles horas y horas, ¿recuerdan cuando nos preguntábamos: "¿qué hace este señor en la calle todo el día"?; vagabundo en el sentido de errar. Desarraigado de la sociedad en la cual vive como un hombre de principios porque, cuando se pone en contacto con otros miembros de esa misma sociedad, él sostiene ciertos principios morales, por ejemplo, el respeto a los muertos, practica algo que se ha dado en llamar la estrategia de la elusividad, es decir, es un ser elusivo, es casi imposible asirlo para aquellos que tratan con él porque se escapa por la tangente todo el tiempo, y a nosotros también nos resulta muchas veces realmente difícil asir qué hay en Bloom, qué piensa realmente, qué quiere realmente. Ejerce un profundo compromiso humano; se ha dicho que su compromiso se extiende a lo cívico. El compromiso humano tiene que ver con la manera en la que se implica con el sufrimiento del otro. El compromiso cívico –que tal vez habría que tomar con pinzas– podría deducirse del hecho que, aún sintiéndose extranjero en Irlanda, en tanto lo señalan como tal haciendo primar su condición de judío, se involucra **mentalmente** en la problemática de la independencia de Irlanda. Realiza un trabajo casi nominal, diríamos, de agente comercial, cuando vende los avisos. En este sentido, Bloom hace todas estas cosas que no son nada parecidas a lo que haría alguien a quien pudiéramos llamar un héroe contemporáneo. No hay contraposición de valores entre Bloom y Ulises, puesto que Bloom se vería como hombre real en el tiempo contemporáneo, y Ulises como hombre ideal en tanto hombre del pasado, ideal por idealizado por el tiempo. La contraposición sí existe a nivel de los módulos narrativos de la obra. Joyce utiliza la contraposición para obtener un efecto –vamos a usar una palabra valija– heroicómico, del que ya se habían valido largamente algunos escritores del siglo XVIII, como Henry Fielding en *Tom Jones*. El contrapunto entre Bloom y Stephen es un recurso instrumental del escritor, mientras que en el momento de la interacción de los personajes– a la cual nosotros no llegamos todavía, no llegamos al encuentro– hay realidad y sustancia, porque Joyce no se propone ilustrar la realidad ambigua e insondable de las cosas; es decir, no se hace preguntas que no tienen respuesta, sino que intenta defender el derecho de la obra de arte, abarcar el todo sin excluir experiencia alguna de la posibilidad de representación. Esto lo logra porque para él, la forma literaria, la forma de la novela, que tiene sus cánones, o que los tenía, por lo menos hasta entonces, no es un valor consagrado. Por lo cual construye y deconstruye todo el tiempo, ritualiza lo cotidiano, desdramatiza lo ritual sacralizado y llega a una operación de precariedad y de tensión dentro del material caótico con el que trabaja, que no es otro que el material de la contemporaneidad de pasado, presente, y futuro en el inconsciente. El resultado se traduce en la evidencia de la pluralidad y relatividad de los órdenes existentes.

Todo lo que llamamos contemporáneo, es contemporáneo a su época y al momento en el cual él está escribiendo. A esto se agrega la omnipresencia de la estructura mítica detrás de todo estilo narrativo, antiguo o moderno. Esto vale para hoy también, donde no se trata de la búsqueda de alguna verdad; se trata, simplemente, de abrir un panorama y dejar pendiente una pregunta que probablemente no tiene respuesta, pero tampoco tiene importancia. Hasta ahí la recapitulación.

Dudas; muchas dudas

La charla de Joyce con Budgen, en la cual él afirmaba que se proponía crear un personaje 'bueno y completo', parece suscitar una oposición blanco-negro en la mente de algunos lectores, que no logran conciliar que lo bueno pueda ser completo, y viceversa. Otra cosa contra la que protestan (*"the lady doth protest too much, methinks"* [se me ocurre que la dama insiste demasiado]) es la implicación humana de Bloom en los asuntos de la pequeña aldea. La cita a la que asimilo la protesta del lector proviene de la actitud de la reina Gertrude, madre de Hamlet, y sugiere que tanta insistencia en la negativa permite pensar que probablemente haya una falta de la aceptación de la verdad que se encuentra precisamente del otro lado.

Los concurrentes a los seminarios dudaban de que Bloom se implicara humanamente con personajes secundarios o circunstanciales de la historia. Se les ocurría que, debido al rasgo de extranjeridad que marcamos en diversas ocasiones, sumado a la arquitectura de los pensamientos que lo atraviesan, donde se incluyen las distintas 'batallas' imaginarias que entabla con sus fantasmas, nada escapa al ámbito de lo personal. Se dijo en alguna oportunidad que una mirada sesgada de su primer vagabundeo y las asociaciones o connotaciones que éste despierta llevaría a concluir que, lejos del placer, se trataba de esforzarse por mantenerse alejado del hogar en tanto tenía la certeza de la presencia del amante de su mujer; que en las rumiaciones de Bloom esta idea, que acompaña a su andar, nunca queda dicha, sino que asoma en alusiones y fragmentos truncos. Que en la escena del cucú, la ensoñación que se apodera de él durante su contemplación de la muchachita se desvía hacia representaciones muy románticas por parte de ella, mientras que él queda dominado por un erotismo crudo, típico de lo que le despiertan las mujeres, pero que no se perciben implicaciones con el sufrimiento ajeno.

Tal vez habría que separar. En esa parte, que es en la que nos detuvimos y que quedó pendiente para seguir discutiendo, ¿recuerdan que hay un marinero que va mendigando? Ahí, por ejemplo, donde él piensa sobre la desgracia de este marinero y no tiene ya algo para darle porque contribuyó con cinco chelines –que es mucho dinero en la moneda de aquel momento– a la colecta que se estaba organizando para los huérfanos del muerto, de Dignam. Entonces, este dar lo que no se tiene, porque es todo lo que tiene en ese momento, y nadie más da –este gesto de los demás es, irónicamente, lo gracioso. Hay otros dos que están organizando la colecta, uno de los cuales es Cunningham –un personaje que nosotros discutimos como muy desagradable– junto con otro. Ellos organizan la colecta y van poniendo nombres, *"y vos con cuánto y vos con cuánto"*, pero nadie con nada que no sea una cifra en el papel. Esos cinco chelines, que son todo su capital en este momento, él no solamente los anota, sino que los da. Entonces, si él puede pensar en estos huérfanos y en dar eso que no tiene, creo que ahí se implica humanamente. Cuando ve en este capítulo a dos de las hermanas de Stephen que venden los libros para comer, porque su familia está en las últimas económicamente, siente una angustia tremenda por esta familia, y además él no puede más que angustiarse porque no tiene medios para ayudarlos. Entiendo que ahí se ve la implicación de lo humano con otros. Yo también colijo que es mucho más fuerte el implicarse consigo mismo, en tanto el pensamiento no sólo se compone de ensoñaciones, sino que vuelve repetidamente a las circunstancias pasadas y presentes de la vida, en raptos de incomprensión, de culpa, de *racconto*.

"¿Cómo era?"

La pregunta típica de aquel a quien se le pide que recuerde algo que no ha repasado, siquiera silenciosamente, antes de ponerlo en palabras. Pregunta ingenua que llama a lo supuestamente sabido al foco de la memoria, para darle una forma transmisible. La pregunta que escapaba de los labios de los asistentes a los seminarios cuando se les pedía un breve resumen lineal, sin pretensiones analíticas, de lo ya leído para poder continuar avanzando.

Lo que sigue es revelador de varios aspectos de la memoria del lector; muy particularmente, de cómo la interpretación personal se cuela en la lectura, dando lugar a una nueva historia, y de cómo la memoria retiene lo que, por una u otra circunstancia, le es más familiar, o afín con las propias vivencias, intercalando a modo de 'retazos' lo lejano a la experiencia. No menos importante, ninguno de estos lectores pudo evitar que sus opiniones y cuestionamientos colorearan, desde su subjetividad, un resumen que se pedía objetivo.

Veamos:

"Stephen fue el protagonista del Retrato…, sería el hijo que busca un padre, acá aparece, por el momento, en el principio, y muy poquito. Después casi todo refiere a Bloom, un hombre que perdió un hijo, que no tiene trabajo y que parece saber que la mujer lo engaña. No lo sé, no lo entiendo, pero da la sensación de que todos se burlan y no se los puede identificar; esta es la parte del cucú. Es muy fuerte, sobre todo la parte en la que se burlan todos de él en un bar y él no responde. Es judío en una sociedad donde son más papistas que el Papa, y donde uno dice 'pobre tipo'.

"A Stephen, la primera parte lo presenta como un personaje sumamente cínico, muy contrariado con su realidad. En ese momento es maestro, está yendo a enseñar. Ni la tarea ni lo que enseña parece un detalle menor. En la parte en la que está en la escuela con los chicos lo que se ven son sus cuestionamientos sobre la idiosincrasia de sus compañeros de país, donde nota una especie de traición a la historia de Irlanda, pero sigue marcando esta cuestión de que, salvo una posición de mucho malestar por esto, por no encontrarse en ningún lado, no tiene opciones. Más que vagabundear –él también lo hace, en cierto modo– y quejarse no puede hacer demasiada otra cosa, por lo menos en esa primera parte".

"Repensando a Bloom, respecto de 'pobre tipo', creo que finalmente no estoy convencido de que me dé pena. Llega un momento que te da fastidio por su pasividad; es un personaje muy ambivalente. Pero al principio es una cuestión de pena, si uno ve sólo la cuestión de la mascarada de Bloom, este pobre hombre, esto, lo otro, pero en

*resumidas cuentas él tiene que ver con lo que le pasa. No puede decirse que sea estúpido; hay giros donde se lo reconoce como alguien que sabe de algunas cosas. O la comodidad de etiquetarlo como un judío del cual todo el mundo se burla; yo creo que no es ni tan tonto, ni tan desgraciado; el tipo tiene que ver en las cosas que le acontecen. No es un pobre hombre a quien la mujer ha echado de su lado. El que se fue del lecho conyugal él, y eso él lo tiene claro. Creo que la cuestión ambivalente que genera el personaje tiene que ver con su pasividad en lo que le acontece. En estos derroteros, donde uno puede decir que hay una gira de Dublín, va, viene, circula, pero son todos derroteros donde Bloom no piensa cualquier cosa, no es de cualquier manera. Generalmente, en las construcciones ideicas, donde presenta una otra realidad siendo la misma, no deja de dar como pequeños indicios de qué tiene él que ver con esto y qué **no** hace él con esto".*

"Por un lado, ese deambular de Bloom para mí significa que no toma posición, que está en un lugar poco tópico. Pero con todas las exageraciones del personaje, me parece interesante qué de esto hace al hombre, qué parte hace al hombre contemporáneo".

"No sé, es muy confuso. Si Bloom es un no-héroe, entonces ¿qué tiene que ver con Ulises, que enfrentaba monstruos? Ulises buscaba algo, pero este tipo no sé si busca algo, no sé qué tiene que ver con Ulises; para mí no tiene nada que ver".

"Para mí sí. Tomando en cuenta esto que vos decías, Ulises es el hombre ideal, máxima potencia. Bloom, al contrario, va por la calle y está más descarriado que otros, pero como hombre al fin. Me parece que el punto, es que en una ciudad, en este caso Dublín, como podría ser, como lo ubica Joyce, una ciudad, un país, un mundo, también hay innumerables peligros que no por cotidianos son menos enormes que los que afrontó Ulises. Pienso, por ejemplo, aunque no conozco mucho de la obra de Benjamin[8], en sus escritos sobre los pasadizos de París, como que hay un traer a la dimensión de la ciudad esa lucha mitológica implícita en el viaje por el mundo".

---

8 El hablante se refiere a Walter Benjamin (1892-1940), ensayista, filósofo, y crítico alemán, y a su obra *Passagenwerk*, protagonizada por las calles y callejuelas de París y que quedó inconclusa por la muerte del autor. Estilísticamente, aunque Benjamin no intentaba el '*stream of consciousness*', su sintaxis e hilo conductor fueron tan intrincados como los de Joyce.

"*Pensando, por ejemplo, en el prólogo, no puedo dejar de pensar en la supuesta identificación entre Bloom y Ulises. Ulises está en esos viajes afrontando peligros terribles, queriendo volver, a pesar de todo lo que se le opone, luchando contra las fuerzas de una naturaleza regida por el capricho de los dioses. Uno diría que es tan diferente a un tipo que vagabundea por una ciudad y, sin embargo, no es así. Ese contrapunto me resultó muy interesante, ese punto de enganche. En ese vagabundear de Bloom, donde se va a encontrar con diferentes personajes, hay un capítulo muy importante: el entierro de Dignam, donde está el personaje de Bloom y también otros, todos los que van a acompañar al cortejo, con todos los avatares y reflexiones sobre la vida y la muerte. También hay una especie de agujereado sagrado (¿?). Bloom respeta a los muertos, pero hay comentarios que son de lo más obscenos, degradantes, esta mezcla particular que hace Joyce donde el lector es llevado de un extremo al otro, hacia lo alto y hacia lo más bajo*".

"*Algo de eso se ve en la escena del carruaje, donde se pone en juego su falta de lugar. Él entraba estrechamente ahí, en el carruaje. Después –son imágenes que cruzan por mi cabeza, mezcladas– se me ocurre la acidez de Stephen, haciendo lugar a algo que se le reprochaba porque él que no rezó cuando la madre le pidió, al morirse, que rezara por ella. Stephen se patentiza como un antijesuita. Esta búsqueda de Stephen de un padre y Bloom de un hijo, a raíz de su hijito muerto, evoca el episodio de La Odisea en el que el hijo de Ulises sale a buscar al padre. En realidad estas cosas 'mitológicas' que le pasan son las tentaciones humanas también. La eternidad, por ejemplo, la pérdida de la memoria, son, en realidad, los pecados de la humanidad*".

"*Pensando en estos puntos de contacto, si los hay, a mí lo que me parece es que Joyce toma por otro lado totalmente distinto los desafíos que sí o sí tenemos que enfrentar. En un caso, Ulises, el héroe mítico, va al frente con esto, les pone el cuerpo; en cambio, la respuesta de Bloom es justamente sustraerse, restar, restarse, pero eso no hace que sean menos desafiantes las cosas que va encontrando –restarse por la pena de perder un hijo, tramitarlo a su manera, hace lo que puede, hace lo que puede con su hija que se fue de la casa y le escribe casi por compromiso. Esta hija está con respecto a él también en una posición muy elusiva, muy sospechosa en relación a sus sentimientos por el padre. Pero me parece que los desafíos están: Ulises, heroicamente, les pone el cuerpo, batalla activamente contra lo que se le enfrenta; y el otro se esfuma, se bifurca, se esconde, vuelve, da vueltas".*

"Ulises tiene una protectora, ¿no es Palas Atenea quien protege a Ulises? También tiene amantes. No sé quién sería la protectora de Bloom".

Fíjense que cada uno de los fragmentos rescata lo que se conectó con mayor fuerza a cada lector individual y que, si tratáramos de unirlos en un párrafo continuo, nos quedarían profundas lagunas en la historia; el poco claro *agujereado sagrado* al que alguien hizo referencia horadó acá severamente un texto que no podríamos 'zurcir' de no haber leído nosotros los capítulos anteriores.

Se imponen algunos comentarios sobre lo se transcribió arriba. Fundamentalmente, es importante el énfasis puesto en lo que Bloom no hace, que podemos relacionar con la cuestión de la impotencia sexual. Esta impotencia está reflejada en los espejos del no poder o del *impoder* en otra cantidad de aspectos de su vida. Sin duda, nadie es absolutamente ajeno a las cosas que le ocurren; estamos todos implicados, queramos aceptarlo o no; es otra historia. Ahí hay un dejo de...a ver, intuición, llamémosle, a su propia implicación, que queda borrada en esta cuestión de la elusividad, porque él se elude a sí mismo −es casi como un Houdini. Este personaje no sólo se borra de situación, sino que se escamotea a sí mismo.

El último aporte, referido a 'quién sería la protectora de Bloom', es por lo menos sorprendente. La idea de la protección sobrenatural, representada por espíritus benignos y luego por dioses y diosas en el mundo antiguo, sobrevive en la era cristiana bajo las figuras de santos, el ángel de la guarda, imágenes de santos y santas, o la divina Providencia. Parece casi imposible para el hombre común, inclusive después de atravesar el posmodernismo (aunque el hombre común, claro, tiene bastante con su aquí y ahora, y lo que menos le preocupan son las eras históricas y los pasajes abstractos de las nomenclaturas que, pobre hombre común, lo disecan como perteneciente a éste o aquél período), que alguien no cuente con una figura protectora.

Pues bien, Bloom −y lo mismo se aplica a los demás personajes− no la tiene. Los discursos que inconexamente trataron de reconstruir la historia intentaban establecer una relación entre lo mítico y la realidad contemporánea de las vidas de los personajes. Creo que hay que tener en cuenta que lo que hoy llamamos 'mítico' fue construido, deconstruido, reconstituido y redenominado infinidad de veces; es decir, fue cambiando de nombre y de estatuto. Tanta variación nos lleva, de alguna manera ingenua, a pensar en el dicho 'hombres eran los de antes', un dicho basado en hacer desaparecer lo profundamente humano juntamente con lo que podría parecer vergonzante del sistema cloacal tan bellamente recubierto por la piel. Aquellos 'hombres de antes' perdieron, a nuestros ojos, las mezquindades de pequeños y grandes egoísmos, los miedos al fracaso y a la muerte, y las funciones biológicas excepto las proezas sexuales y el don de la procreación. Me encontrarían sumamente grosera si les insinuara que 'los hombres de antes' no siempre lograban erecciones exitosas, que sufrían de estreñimientos o diarreas, se hurgaban las narices, y que muchas de sus 'retiradas tácticas' de los campos de batalla respondían al temor antes que a la estrategia bélica. Bueno, pues ya lo he dicho, y pueden imaginar lo que he callado, o tacharlo con marcador negro y conservar las ilusiones.

En suma, el hombre ha sido siempre el mismo —y nosotros vemos estas cosas tremendas a las cuales aquel Ulises supuestamente se enfrentó, pero hay que pensarlo en términos de dimensión. En una dimensión mítica, estamos hablando de gigantes; en consecuencia, Escila y Caribdis, los cíclopes, las sirenas, las rocas, como obstáculos a vencer, también tienen dimensiones gigantescas. En el hombre común, de tamaño común, los obstáculos también tienen otro tamaño, que es nimio a veces, pero no dejan de ser, como decían ustedes, obstáculos insalvables con los cuales Bloom hace lo que puede. Ulises, como muy bien han observado, tenía el apoyo de la diosa y, recordémoslo, la enemistad del dios del mar; entonces, quedaba equilibrada su posición por estos dos poderes que se neutralizaban mutuamente. Margaret Attwood, en su novela *The Penelopiad*, donde, entre otras cosas, presenta el punto de vista de Penélope sobre los infortunios de su esposo—nunca explicitado en los cantos y, en consecuencia, abierto a la especulación inteligente— dice, por boca de la protagonista, que probablemente Calypso no era más que una prostituta artera que supo seducir al 'héroe'. No es mala idea bajar a tierra, aceptando el inconveniente de que, haciéndolo, nos privaríamos de los sueños que abonan nuestra nostalgia —mítica— por esos hombres de antaño.

Bloom, en el sentido del antagonismo que hace surgir la acción de un espíritu protector, está solo, porque no se lo confronta a una enemistad declarada, en tanto no podemos decir que todas estas bromas de palabra, pequeños malos tratos, etc., constituyan ataques sumamente graves, pero tampoco tiene protección, no tiene amistad, con lo cual todo aquello a lo que se ve arrojado equivale a un mar, el mismo al que fuera arrojado Ulises; aunque aquí no haya agua, estamos hablando de exactamente el mismo mar. Entonces, existe la relación de contrapunto que se planteó. Vamos a buscar donde Joyce dice 'hombre completo'. Está hablando de un hombre que es esto, lo otro, lo otro, lo otro, que Bloom cumple estas condiciones de padre, de hijo, de esposo, de amante, etc., etc. –yo diría que hasta la condición de rey, si tomamos el dicho inglés de que cada hombre es rey en su casa, de la cual Bloom se ha desterrado o descoronado.

Las rocas errantes

Vamos a entrar un momento en el capítulo diez, que es lo que Joyce llama *Entreacto*, el punto pivotal, que reúne, en el medio del libro, pero sin contacto, a los personajes yendo y viniendo por las calles de Dublín, aparte de algunas extrapolaciones, que constituyen casi pequeños relatos breves no asociados a la línea narrativa central. .

Respecto de *La Odisea*, y porque no hemos podido evitar ciertos paralelismos y oposiciones, este capítulo tiene que ver con la advertencia que le hace Circe a Ulises, cuando finalmente le permite abandonar la isla de Ea donde reside, respecto de las rocas errantes. Es la misma advertencia que le ha hecho el adivino Tiresias en el Hades. Por el momento, nos conformamos con decir que Circe, hija de Helios (el sol) y de una oceánide, tenía poderes de hechicería. Nos extenderemos sobre el tema al llegar al capítulo XV, cuyas correspondencias le estarían dedicadas.

Entonces, en *La Odisea*, Ulises recibe la advertencia de Circe acerca de estas rocas errantes que Ulises decide evitar porque aparentemente son mortíferas. En el poema no aparecen las rocas; sólo se las menciona. Se dice que la única nave que pudo sortearlas fue el Argos, el barco de los argonautas, y esto por designio de Zeus en cuanto a que había que recuperar aquel vellocino de oro que los argonautas fueron a buscar. Fuera de esta nave, ninguna se salvó de estos objetos que pululaban por esa zona del mar, arremetiendo contra las naves, sin posibilidad de que los marinos sobrevivieran. Repito que sólo se habla de las rocas, sin que integren la escena. Lo mismo ocurre con los tres personajes centrales de la obra, Stephen, Bloom y Molly, que en este *Entreacto* casi no aparecen: se habla de ellos, hay alguna referencia a ellos, pero no son parte del capítulo. Es por esa razón que se asimila este capítulo al episodio de las rocas.

Aquí hay diecinueve escenas diferentes, que no tienen relación alguna entre sí. ¿O la tienen?

Primero aparece el padre Conmey, el sacerdote –todo transcurre en la calle; el 'personaje' de este capítulo es la ciudad, es Dublín. En el comienzo, el padre Conmey, cumpliendo con su función sacerdotal, circula por la ciudad, hablando con los feligreses.

[En más de una ocasión, un concurrente al seminario interrumpió con aquello que, en su proceso de lectura, se había sobreimpuesto sobre los demás episodios. Lo curioso es que se trataba invariablemente de los mismos temas, en un movimiento caótico imitativo de los vaivenes de las rocas].

"También hay una conversación de Stephen con su hermana, en la cual hace alusión a la venta de los libros; le pregunta cómo es que se han deshecho de los libros que él dejó en el hogar familiar, quiere saber por qué los empeñó; ella le contesta que los han tenido que ir vendiendo. También le dice en ese momento que compró un libro por muy poco dinero para aprender francés –no entendí a qué venía esa acotación. Después un hombre al que le falta una pierna y va mendigando parece cruzarse con todos los que caminan. Luego, la escena en el bar donde cantan, precedida por un par de comentarios en relación a la mujer de Bloom. Hacen alusión a esta cuestión repetitiva de que era una bella mujer que cantaba bien".

"Primero hay un comentario sobre una ocasión en que iban en un carruaje y que mientras Bloom no miraba, el tipo que estaba sentado al lado de su mujer 'avanzaba' con el beneplácito de ella. Después me parece que hace una alusión a una cuestión teatral con las vestimentas de ella".

Para poner un poco de orden, primero aparece el sacerdote cumpliendo con su función pastoral. Después aparece otro personaje, Kelleher, a quien ya podemos olvidar, cuya función es ver cómo al que ustedes llaman 'el hombre a quien le falta una pierna', y que en realidad es un marinero reducido a la mendicidad, le arrojan una moneda por la ventana –y nosotros recién después sabemos que la que le arroja la moneda es Molly, pero no la vemos en ese momento, y no se nos dice. Por otra parte, las que sí ven al marinero recogiendo la moneda son las hermanas Dedalus, que están en la calle en ese momento. Además hay un recorrido de aquel folleto que Bloom tiró. Es un folleto religioso, y donde él leyó mal, donde decía '*blood of the lamb',* y él leyó *'Bloom of the lamb',* o sea, el folleto hablaba de la sangre del cordero, y lo que él leyó fue su propio nombre. Siendo un folleto religioso, dado que refiere a la sangre de Cristo, cordero de Dios, a él no le interesaba, lo hace un bollo y lo tira al río. Fíjense qué curioso: los ojos de su cara y alguna parte de su mente confundió *blood* con *Bloom.* Suponemos que debería haberle llamado la atención encontrar su propio nombre impreso, razón suficiente para querer saber qué decía el folleto. Sin embargo, otra parte de su mente leyó la palabra real, impulsándolo a desecharlo. Este folleto que él tira hace todo un recorrido por el río durante el capítulo, y es mencionado en los distintos lugares en los que aparece hasta que finalmente termina dando en la desembocadura del río, que es lo que queda frente a la Torre Martello, la casa de Stephen –desde donde, al principio del libro, Stephen estaba mirando los barcos desde la ventana. No es casual el recorrido del papel por el agua del río, no es casual de qué papel se trata, y no es casual que lo haya tirado Bloom.

Después vemos a Boylan, el amante de Molly, que compra regalos para Molly –y esto nos devuelve a la duda sobre si Bloom sabe o no sabe lo que ocurre entre ellos. ¿Lo podemos poner en otros términos? ¿No sabe que sabe, o sabe sin querer saber, o sin aceptar saber? Recordemos que en un capítulo anterior, cuando Boylan viene caminado de frente, Bloom lo esquiva, se cruza de acera, entra al museo para no tener que saludarlo, lo cual resulta sospechoso, y nos hace suponer que él sabe.

En el otro episodio, el maestro de música italiano, Artifoni, trata de convencer a Stephen de que siga estudiando música en Dublín y no lo puede convencer.

Después de eso nos encontramos con la secretaria de Boylan, que está trabajando en su oficina, y leyendo una novela famosa: *La dama de blanco,* de Wilkie Collins. *La dama de blanco* es una especie de novela policial, o tal vez sea más acertado decir de intriga. Entonces, esta dama de blanco contrasta absolutamente con la dama de Boylan, que no es una dama en términos de las convenciones, ni puede representarse con la pureza del color blanco. Cuando se describen sus vestimentas prima el color rojo, que tiene muchísimas connotaciones bien alejadas de lo que simboliza el blanco.

Después hay una escena en la que Ned Lambert, a quien conocimos trabajando en el periódico, conversa con otros. Luego viene esta cuestión en la cual otro personaje se vanagloria de una situación con Molly Bloom en un carruaje en el cual Bloom estaba presente y ahí hay una especie de escarceo manual entre el otro hombre y

Molly, al cual Molly absolutamente se presta en las narices de Bloom. Al mismo tiempo que Boylan le compra regalos a Molly, Bloom busca una novela para llevarle –ustedes recordarán que a Molly le gustaba leer novelas muy sencillas. Empieza a elegir por las novelas pornográficas y después decide que no, que pornográfico no, y entonces opta por un libro erótico. Muchas de las frases de este libro que van apareciendo a medida que él hojea el libro después vuelven aparecer en su mente en capítulos posteriores de manera absolutamente textual, es decir, hace una marca muy grande –y lo que tenemos que recordar de este capítulo, lo demás no tiene tanta importancia– son las frases del libro porque son las que van guiando su pensamiento posterior. En el medio de todo esto hay un sonido de campanas, empiezan a sonar todas las campanas de Dublín por distintas razones, algunas son campanas de la iglesia, otras son campanas de edificios públicos, porque esto transcurre entre las tres y las cuatro de la tarde. Entonces, son campanas que van marcando la hora en este momento.

Hay otro personaje que recuerda la historia de Irlanda como una historia romántica cuando llega a la calle Irlanda, el nombre de la calle le despierta recuerdos históricos, y muy especialmente los de un personaje llamado Fitzgerald.

Cuando Stephen llega a la vidriera de la casa de empeños recuerda una cantidad de episodios pasados que están relacionados con joyas, y en ese momento compara al tallador de piedras preciosas con el artista, y siente una enorme pena por su hermana; ese es el momento en el cual está comprando el libro para aprender francés.

Hay un punto en el cual otro sacerdote está por ser embargado por deudas. Pero el que lo defiende es el padre de Stephen, Simon Dedalus, y es el que consigue la prórroga. Entonces, uno se pregunta, ¿cómo es esto, puede defender al otro, no pudo defender a su propio familia, lo suyo –su casa fue embargada y su mobiliario también varias veces? Aparentemente, Simon tiene la capacidad de "trabajar de padre" en cuanto a protector, defensor, etc., con respecto a otro, a un otro que no tiene absolutamente nada que ver con él, pero esta capacidad falla cuando es necesario ejercerla en beneficio de su hijo e hijas.

Uno de los huérfanos de Dignam, de alguna manera gozando su situación de huérfano, evoca la última imagen que tiene del padre, un padre sumido en la borrachera.

El capítulo cierra con el conde de Dudley, inglés, dignatario designado en Irlanda por el gobierno central, dirigiéndose con toda pompa a la inauguración de un hospital. Veamos esto: si fuéramos a quitar las páginas de su encuadernación, y las desplegáramos respetando el ordenamiento de lectura que marca nuestra cultura occidental (de izquierda a derecha), nos encontraríamos con una contradicción respecto de la disposición espacial de los lores o señores en las antiguas cortes inglesas –no nos interesan otras. El ceremonial, explícito en varias de las tragedias históricas de Shakespeare, ubicaba a los lores temporales a la izquierda (lo que colocaría a Dudley al principio de nuestro capítulo) y a los lores espirituales a la derecha (el padre Conmey al final). No se trataba de una distribución caprichosa, puesto que las creencias asociaban el lado izquierdo con lo terrenal, lo perecedero, lo pecaminoso; lo humano, en fin –recordemos que 'la izquierda' se denomina también 'la siniestra', sin entrar en desubicadas asociaciones freudianas– y que la derecha, o diestra, apuntaba al lugar de preferencia, templanza, sabiduría, justicia (el Hijo sentado a la diestra del Padre).

Aquí se han invertido las posiciones. De ninguna manera afirmo que la transposición haya sido deliberada con el propósito de indicar 'el revés' de la situación irlandesa, pero no puedo obviar aquello de lo que ya hemos hablado, del nivel de la enunciación trascendiendo el enunciado. Es un hecho que comenzar este capítulo por la pompa del desfile y cerrarlo con un sacerdote sin rango constituiría el colmo del anticlímax, y que dicho tropo, a menos que existan muy buenas razones para buscarlo, es un error antes que un acierto. Sin embargo, la sensación de 'patas arriba' de las instituciones establecidas golpea fuerte, y no porque lo espiritual o religioso necesariamente refleje un estado de cosas superior o ideal, sino porque despeja una de las tantas incongruencias en las que se insiste en cada uno de los planos que el texto aborda.

A la pregunta acerca de la relación o falta de ella entre estos trozos aparentemente inconexos, podríamos responder que, al igual que nuestro intento de recapitular antes de seguir adelante, este capítulo nos recuerda hechos conocidos por nosotros, nos da acceso a otras miradas sobre los personajes principales, y siembra pistas para ser recogidas y analizadas con posterioridad. Entonces, la relación es de las partes al todo, y no hay que perderse buscándola entre las partes mismas.

Sirenas y confusiones

En cierta ocasión, antes de iniciar la discusión del capítulo equiparado con la aventura de Ulises con las sirenas, alguien formuló una pregunta insólita. La repito aquí sin ánimo alguno de crítica, sólo para mostrar los caminos que toma el pensamiento cuando, en un mismo acto, se detiene sobre el texto y echa mano de terminologías que le son vagamente familiares; terminologías que 'conoce' en cuanto a su existencia, pero que desconoce en cuanto a su significado.

La pregunta en cuestión indagaba acerca de la presencia de asteriscos entre las diversas escenas del *Entreacto*, si actuaban como separadores o divisores de la historia, si esto era lo que se denomina 'epifanía', y por qué numerábamos los capítulos al hablar de ellos, si el autor no lo había hecho.

Probablemente resulte útil señalar que cada edición resuelve las separaciones o divisiones entre escenas predeterminadas por el autor de acuerdo con una estética propia de la casa editorial, y que así los asteriscos de algunas ediciones se verán como líneas punteadas, o sinuosas, o arabescos, en otras. En el caso de *Las rocas errantes* (*Entreacto*) simbolizan la convención necesaria de una separación entre escenas que ocurren simultáneamente, pero que no podrían leerse al mismo tiempo, por razones obvias.

La epifanía, que no es una característica de este texto, da cuenta de un descubrimiento interior, con el que culmina la búsqueda que cada 'héroe' haya emprendido. La epifanía sí se produce en el *Retrato...*, al final, cuando Stephen finalmente descubre qué quiere hacer, donde llega a esa certeza del querer ser artista. Esto es lo que se conoce como epifanía, una iluminación, parecida a un *insight* o cosa por el estilo, que parece súbita, pero que en realidad es el resultado de un recorrido y de una cantidad de pasos que no fueron registrados racionalmente o conscientemente mientras se estaban realizando. En el *Ulises* no hay epifanía.

Finalmente, es verdad que el autor no dividió esta obra en capítulos, sino en tres partes. Esta es una decisión personal, en concordancia con la estructura elegida para conformar el texto. Nosotros nos referimos a las partes intra-partes mediante números para facilitar la identificación a los propósitos de la discusión. Digamos que hemos acordado una convención diferente de la original, lo cual no crea 'capítulos' automáticamente. El capítulo como tal estará numerado o titulado; en cualquiera de ambos casos, marca puntos de torsión en la historia, cambio del punto de vista, introducción de nuevos elementos, ampliación de elementos conocidos... la lista es muy larga. Puesto que esta obra pretende transcribir, en gran medida, el pensamiento preconsciente, sería una flagrante contradicción 'avisar' por qué calles va a deambular la mente de los personajes. Ya podemos darnos por contentos con las marcas externas espacio-temporales que el autor no nos retacea.

No todas las sirenas tienen escamas

Este 'capítulo', entonces, se conoce generalmente bajo el nombre de *Las sirenas*, por asociación con el episodio de la *La Odisea* en el cual Ulises se hace atar al mástil de su nave para poder escuchar el canto de las sirenas sin ser arrastrado al fondo del mar y perecer ahogado, que es lo que, según la leyenda, ocurría a quienes hechizaban estas voces mortíferas.

Habría que aclarar a qué nos referimos con el nombre de 'sirenas'. Por lo general, la creencia común las identifica a un ser fantástico con cuerpo de mujer hasta la cintura y de pez de ahí hacia abajo. Bajo esta forma las inmortalizaron Hans Christian Andersen en *La Sirenita* y Oscar Wilde en *El Pescador y Su Alma*. Sin embargo, las sirenas de los mitos griegos eran mujeres-pájaros, y lo letal del canto reside en que sus voces adoptan los acentos de seres queridos que instan a los marinos a unírseles en el mar. Nuestro problema proviene de que utilizamos una misma palabra para designar a ambos tipos de criaturas, mientras que otros idiomas, por ejemplo el inglés, denomina 'siren' a la especie canora, y 'mermaid' (desde el francés = doncella del mar) a la ictiológica.

Las sirenas, dos o tres, según la versión que se consulte, eran hijas de Phorkys, una divinidad marina menor anterior a la invasión aquea, y hermanas de las Gorgonas. Habiendo sido compañeras de juego de Perséfone, pero habiéndose mantenido neutrales en su rapto por parte de Hades −vale decir, no habiendo impedido que Perséfone pasara una parte del año en el mundo de los muertos− fueron castigadas por Demeter, madre de Perséfone y Diosa Triple, por lo tanto no sujeta a Zeus, al destino de habitar una isla que, como todas las de las mitologías antiguas, representaban moradas de la muerte, y a atraer a los mortales al otro mundo mediante su canto. Evidentemente, todo esto es una metáfora a analizar.

Otros suponen que fueron castigadas por su infatuación, por querer adquirir características de divinidad. Esta interpretación afirma que el mensaje del canto consistía en una advertencia a los humanos que se adentraban en lo 'prohibido' que habían equivocado el rumbo y que la tragedia se iba a desencadenar.

La Odisea no se detiene demasiado en la cuestión de las sirenas, salvo en la insistencia de que este canto tan melodioso, algunos dicen que por ser la suma de las voces amadas y perdidas, hechizaba a los mortales, haciendo que se arrojaran a las aguas, donde forzosamente encontraban la muerte, y sus cuerpos ¿descansaban? en la isla de las sirenas.

Habría que preguntarse por algún rasgo característico, repetitivo, que llame la atención y que pueda asociarse con esto. Ustedes darán sus propias respuestas; yo propongo dos que surgieron en sendos seminarios, a modo de ilustración de los procesos asociativos:

*"Pensando esto que vos decías de las sirenas y en cómo funcionan las más de las partes de este capítulo, se me ocurría, en primer lugar, que las primeras líneas parecen en sí mismas incomprensibles, no tienen un sentido literal, y quizá habría que ver cómo se oyen en inglés leídas todas juntas. La musicalidad, vaya a saber qué es lo que suena en inglés original. Por otro lado, pensaba esta cuestión de que los hombres beben. Siempre están bebiendo, pero en una misma escena se unen el acto de beber en abundancia y voces de mujeres dando vueltas, donde lo máximo es Molly –no sé cuál es el momento del día, pero intuyo una transición. Esto es lo que vos decías de las sirenas en relación a quedar presos de las voces: esto de ser atrapados los hombres por el canto empieza a esbozar en este capítulo algo que se retoma más adelante, una inquietud permanente de Bloom, un formato de pregunta muy interesante: '¿Por qué a mí? ¿Por qué Molly me elige a mí?'. En mi opinión, , en toda esta exacerbación empieza a formarse la idea de que es Molly la que seduce por el canto, son las mujeres las que atrapan la cuestión de los hombres, que pareciera están siempre perdidos o borrachos o que piensan poco –ahí dice más de una vez que los hombres son tontos. Voy a esto de que pareciera ser que empieza a verse que son las mujeres las que en un punto toman a los hombres. Esto que toman **de** los hombres puede, en cambio, decidir un destino mortal y vital o un destino más bien mortífero y exiliado. Sumado a la primera parte, donde vimos a Bloom exiliado de la cama de ella, y aunque ella no lo echó, tampoco pareciera hacer más que presentarle otro hombre que ocupe su lugar, el resultado varía".*

"En relación a la primera página del episodio, cuando uno la lee por primera vez, uno dice, sí, tiene musicalidad y no se sabe bien de qué trata. Pero, a medida que avanza el capítulo, se van repitiendo cosas de esa primera página, porque ese bronce, hierro, oyeron las herraduras, hierro y acero sonando, me hicieron pensar en ese carruaje que pasa en diferentes momentos del capítulo. Hay un pequeño suceso entre las chicas, entre la señorita Douce que al mismo tiempo que está jugando con Lenehan lo seduce a Boylan con las miradas, con el movimiento de las ligas, y un muchacho del bar que también se acerca y le dice algo, y ella le dice: "no seas impertinente". O sea, que yo las cosas de la primera página las voy encontrando después. La cuestión del piano. Puede ser una presentación de palabras al modo de que eso empiece a resonar. Después resulta que Bloom se pone a escribirle a Marta, su amante epistolar, ahí, en el bar. El sentido se va armando así, cuando de pronto uno va leyendo y engancha algún otro lugar donde encuentra algo que ya leyó".

Son inspiraciones y reflexiones extremadamente perspicaces. Restaría intentar explicar por qué esto es así. En primer lugar, aquí hay un momento de inflexión. En este capítulo, Joyce empieza a cambiar su técnica narrativa, avanzando hacia el desarrollo que culmina en *Finnegans Wake*. Estos son los primeros ensayos de su última manera de escribir; empiezan acá, en la semilla de evolución de su idea de aquello en lo que tiene que consistir la literatura y la narrativa. Lo va madurando, y en este punto —y es un buen punto porque viene después del *Entreacto*— llega el tiempo de trabajar de otra manera. Efectivamente, acá el foco está en la música, y todo se explica prácticamente a través de la música. Las líneas que parecían incomprensibles, pero que trasuntaban una musicalidad que retornaba en otras secuencias del capítulo, adquirían sentido y se clarificaban en las variaciones o repeticiones.

Por lo tanto, podemos pensarlo como un discurso orquestal antes que literario. Joyce parece haberse corrido del lugar de la palabra, de la sintaxis, y de los pocos cánones literarios que venía sosteniendo, para tratar de llevar al papel una composición musical prescindiendo de la notación que le es propia. Entonces, si acordamos que esto es así, estas sesenta y cinco líneas, en verdad, son una obertura. Cuando escuchamos ópera u otras formas musicales, la obertura presenta, sin solución de continuidad, una cantidad de temas, a veces provocando disonancia, porque los compases no combinan, pero de lo que se trata es de introducir el meollo de todo aquello que después se va a desarrollar durante la obra completa. Esta mirada puede aclarar algo más un panorama que, de otro modo, se percibe como desconcertante y enigmático.

Después del *Entreacto*, tenemos sonidos, palabras, frases fragmentadas, que así como están son prácticamente incomprensibles, porque no hay ningún tipo de ligazón lógica ni sintáctica entre una y otra. Entonces, lo más que podemos aprovechar es la musicalidad. Sin embargo, como todo eso después se repite y de alguna manera se hace comprensible en el contexto en el cual es colocado, tenemos la indicación de que estamos frente a una cuestión orquestal, no una cuestión literaria. Es desde ahí que lo vamos a poder mirar mejor.

Hay una cantidad de temas –inclusive vamos a mencionar los nombres de las canciones, y sería bueno que las escucharan; es altamente revelador prestar atención a la temática en su formato alternativo. Lo que funcionaría como base de todo este capítulo es una obra sumamente atractiva llamada *La pequeña fuga de Bach*. Yo no soy experta en música, con lo cual habré escuchado muchísimas fugas en mi vida, pero nunca me detuve a averiguar qué cosa es exactamente, como composición, una fuga. A lo mejor sí tenía más claro qué es una sinfonía en cuanto a su definición. Investigando un poco, encontré algo sumamente interesante como definición de fuga en un diccionario de música. Literalmente: "Composición polifónica" (nosotros acá tenemos polifonía, multiplicidad de voces) "imitativa" –lo cual significa que van repitiéndose los unos a los otros, o sea, no hay una composición diferente para cada uno de los instrumentos, van repitiendo los mismos compases– "en la cual los temas se presentan sucesivamente en todas las voces con estructura de contrapunto". Entonces, si esto es una fuga, es exactamente lo que tenemos acá.

Nos dicen los críticos que después de la obertura, después que se dan las conversaciones alrededor del piano, etc., la estructura se va convirtiendo en un *diminuendo;* es decir, uno a uno se van callando los instrumentos hasta que finalmente queda sólo lo que yo llamaría la estela del último instrumento. Al final, a Boylan, por ejemplo, se lo reconoce sólo por la descripción de los zapatos y las medias, que ya han sido ampliamente descriptos antes. Entonces, cuando Joyce vuelve al color de los zapatos, brillo de los zapatos, etc., uno sabe que se trata de este personaje: queda un solo instrumento repitiendo lo que sería el tema básico y con esto termina. Así, entiendo que es bastante diferente de todo lo demás y que tenemos que prestar atención extra también.

En los capítulos anteriores, la música también aparecía con mucha insistencia, especialmente las cuestiones del *Don Juan* de Mozart. Pero aquí el autor desvía la mirada de los personajes, y tiene razones para hacerlo, porque los rasgos definitorios de Stephen y Bloom ya los tenemos ampliamente descriptos: podemos decir que los conocemos. Lo que hace es también retirarse del medio físico que nos es familiar: las calles de Dublín, que también conocemos porque las hemos recorrido muchísimas veces de la mano de estos personajes, para volverse a algo que los críticos llaman el medio espiritual. En esta taberna hay una cesación de lo que es el movimiento externo. La gente entra y sale, pero qué pasa afuera, nosotros no sabemos. La calle queda afuera; está desterrada de la taberna y, además, lo que pasa adentro crea una especie de suspensión en el tiempo y en el espacio, que se traduce en la imposibilidad de contestar cosas tan simples como, por ejemplo, qué está pasando y dónde está pasando porque no se sabe, porque es inespacial y atemporal, está colgado del tiempo, pero también la taberna está separada en el espacio del resto de la ciudad. Es una isla. Vamos a ver qué tipo de isla, dado que anteriormente hablamos de la isla de las sirenas.

Por otra parte, lo que Joyce aparentemente se propone en el capítulo es ilustrar el poder de la música. No es posible escapar a la imagen de la fuerza destructiva de las sirenas y de su atracción fatal porque el capítulo no nos lo permite. Estas muchachas están cantando algo todo el tiempo y, sin embargo, este cantar está reducido a una dimensión muy humana, muy moderna, y yo diría, pobre, dentro de lo que son las dimensiones del bar. Hay una canción muy larga, que es la que canta Dollard, '*the cropped boy*'. No está la letra de la canción, pero sí el momento de la canción. Es el momento de mayor ensoñación de los que están alrededor del piano, y están tan emocionados por la canción que parecería que ahí sí se suspendieran todas las funciones vitales. Ahora, Bloom mismo está tomado y maravillado por la música, pero se pregunta al mismo tiempo qué pensamiento despierta esta música en los otros. Es decir, hay una parte de la mente de Bloom que escapa a la posibilidad de quedar atrapado ahí, sigue razonando, sigue pensando y sus propios pensamientos lo conducen a la vez por la melancolía de los recuerdos, de las cosas que ha vivido, y él mismo queda como en trance. Pero su trance no es el trance de la música, sino el trance del recuerdo. Se da cuenta, cuando mira a su alrededor, y ve a *Miss* Douce, que está como hipnotizada por todo lo que está pasando, de que en este momento él debe escapar. Mientras tanto, nadie advierte su presencia, pero aún así siente que debe escapar antes de quedar atrapado: él no quiere quedar atrapado ahí.

Entonces, la técnica, esta nueva técnica con la que nos encontramos, y que ya hemos visto en capítulos anteriores, pero no más de uno o dos renglones, acá es constante. Proviene de la música, y tenemos estos temas recurrentes, como por ejemplo el repiqueteo del bastón del ciego, que son los que, a modo de leit motif, van uniendo los diferentes momentos de la escena. Éste es el más importante, pero lo usa Joyce como un elemento conector de párrafos. En vez de recurrir a un conector semántico o lógico, se vale del golpeteo del bastón. Además, a modo de otro discurso orquestal —esto que dije del *diminuendo*— hay una escena sumamente interesante en la cual, a medida que el ciego se va acercando al lugar donde está Boylan (la taberna), Boylan se aleja; de algún modo, él no permite que el ciego se le acerque —nosotros no sabemos por qué, pero podemos especular. Esta cuestión del *diminuendo* aparece especialmente en la segunda mitad de esta parte donde las oraciones se van acortando, se hacen más selectivas, como si menos instrumentos estuvieran sonando, hasta que queda este único que es el de Boylan y que mencioné cuando empezamos a discutir el asunto.

Ahora, la voz predominante sí es la voz de Molly. Pero, la voz de Molly es para Boylan una voz a perseguir, y no sólo eso: él persigue esta voz como símbolo de la mujer que persigue. Para Bloom, es aquella que él recuerda, y todas las referencias que conducen a Molly, que son muchísimas, algunas indirectas; no está el nombre, pero hay una cantidad de cuestiones que acercan al lector a Molly —no hay más remedio que acordarse de ella. Por ejemplo, cuando las dos chicas lo miran a Bloom y les hace gracia la idea de casarse con ese hombrecito ridículo, bueno, alguien se casó con el hombrecito ridículo; ésa fue Molly. Por otra parte, cantar es la profesión de Molly. Entonces, en la medida en que todos cantan y, fundamentalmente, las canciones provienen de las mujeres, nos acordamos de Molly. *Miss* Kennedy, en un momento de la tarde, toma el té leyendo un libro. En la parte cuatro, Molly estaba tomando el té leyendo un libro: nos volvemos a acordar de Molly. Además, Lenehan hace algunos comentarios acerca de las muchachas del bar, y él fue quien contó aquella historia del carruaje en el *Entreacto*, en el que la manoseaba, etc., etc., con lo cual de nuevo volvemos a pensar en Molly. Quiere decir que Molly, no siendo un personaje presente físicamente, no puede dejar de evocarse prácticamente en ningún momento. La pregunta sería: ¿por qué? Esto es una manera, un recurso de Joyce para adelantar el papel cada vez más preponderante que Molly va a jugar en la última parte de su libro; la va imponiendo de alguna manera como personaje tercero. Nosotros conocemos muy bien a los otros dos, pero conocemos a Molly muy poquito, sólo por lo que hemos podido deducir en cuanto a la palabra mental de Bloom, pero Molly como personaje activo todavía no se nos ha presentado. Entonces, acá va adelantando este rol que va a tomar en otro momento.

La otra cosa que hay que decir es que, al instaurar la música en este capítulo, no se trata de una instauración solemne, ni sobria, cuidada; de ninguna manera, sino que tiene un efecto tragicómico en una cantidad de aspectos que remedaría la atmósfera de cualquier taberna de Dublín. La reacción sentimental de los presentes a las canciones representa la fuerza unificadora para los irlandeses de lo patético dentro de sus leyendas y sus canciones. Por eso me gustaría que escucharan algunas de esas canciones –no sé si tienen experiencia de haber escuchado a los irlandeses cantar o conocen alguna de las canciones populares. Hay una referencia, en un punto del capítulo, donde se menciona una Molly, que dice algo como: 'Beautiful Molly. O –hay un 'O' detrás del nombre Molly, y esto no se continúa. La mayoría de las canciones que aparecen en bastardilla son reconocibles como música aunque no sepamos de dónde vienen, pero este fragmento no. Esto me hace pensar en una canción popular irlandesa que se llama *Molly Malone*. La canción es sumamente melancólica y dice algo así como: "En la bella ciudad de Dublín/donde las muchachas son tan hermosas/fue donde vi por primera vez a la hermosa Molly Malone/empujando su carretilla por calles estrechas y anchas/y proclamando mejillones y almejas vivos –vivos, 'o'/". Ahí está el 'o'.

Esta Molly Malone de la canción, de la cual yo acabo de dar la primera estrofa, en la última estrofa, por supuesto, muere; no podría ser de otra manera, porque esto es lo que tiene que ver con el sentimentalismo. Entonces, el que canta cree todavía escuchar por las calles el canto de Molly Malone. Ella murió, su canto no todavía: vive en las calles. Es absolutamente representativo de este espíritu irlandés. En alguna ocasión alguien creyó recordar que un grupo musical humorístico argentino llamado *Les Luthiers* hizo una parodia de este tema, con un gran final a todo llanto. Y es posible, porque es una de las canciones más típicas. Es posible porque ellos han hecho una cantidad de humor con todo, y justamente acá el humor reside en este recuerdo amoroso, la muerte y el llanto, porque –y esta es una apreciación personal– para algunas culturas, la diversión no es plena si no viene acompañada de alguna lágrima. Es un punto en común que tenemos irlandeses y judíos. Si se me permite una digresión al respecto, cuando mi abuela iba al teatro yiddish y le preguntábamos si se había divertido, decía: "¡Cómo me divertí, cuánto lloré!" Ella medía sus niveles de diversión por la cantidad de lágrimas que había derramado. Así que somos bastante parecidos, y ahí hay un punto en el cual Bloom no debería sentirse tan extranjero respecto de los irlandeses. Lo que sí es interesante es que mientras todos los demás están absolutamente posesionados y se han olvidado del mundo, del afuera, y de sus vidas terribles, porque son estas vidas monótonas, aburridas, miserables, oprimidas, él se va. Precisamente ahora.

¿Por qué se va? Porque él no pertenece, él sigue sintiéndose exiliado, yo no sé si sin razón, porque ahí están Simon Dedalus y algunas otras personas con las cuales él compartió el carruaje, compartió partes de vida, etc., y nadie lo nota, no lo ven. El lugar no es tan grande; están todos cercas del piano y, sin embargo, él pasa desapercibido, como un fantasma a quien nadie ve, y por ende nadie le habla. Nadie lo ve cuando está; nadie lo ve irse.

De alguna manera, lo divertido de este capítulo es la diversidad de personajes reunidos alrededor del piano. No tienen nada que ver unos con otros, pero lo que los une es esta cosa musical, por momentos alegre, por momentos melancólica. Lo conmovedor es que, en esta música, lo que logran es encontrar algo de armonía interior, que es lo que no tienen fuera de la taberna y fuera de este momento, y algo de belleza dentro de estas vidas que evidentemente no son vidas agradables. Pero también, porque nada es tan así, aparece un elemento contradictorio, yo diría, casi sórdido, en un minuto en el que Bloom sale a la calle y reconoce a una prostituta. Entonces, esto es lo que viene a romper lo que sería el hechizo de la sirena, esto lo vuelve a la realidad.

La alusión a la sirena, entre otras literaturas, reaparece en un poema sumamente bello de T. S. Eliot, que se llama *The Love Song of J. Alfred Prufrock* [La canción de amor de J. Alfred Prufrock]. Es un poema en primera persona en el cual Prufrock, habiendo llegado a la mediana edad, se pregunta por el sentido de su propia existencia. Entonces dice que vamos por la vida haciendo esto, haciendo lo otro, "...hasta que las voces humanas nos despiertan y nos ahogamos." En la concepción de Eliot, la muerte espiritual proviene de la chatura de la vida, no de los cantos de sirena. Bloom, saliendo del lugar, evita ahogarse, que sería caer en el mismo trance que los otros.

Hasta aquí, la estructura del capítulo. Veamos algunos comentarios y preguntas que suscitó en diferentes ocasiones. Quizá coincidan con las del lector; quizá no. Como sea, siempre es educativo saber qué pensaron otros que transitaron el mismo camino.

"No puedo evitar buscar coherencia. A mí lo que me llama la atención es la presencia de figuras principales de mujeres, porque siempre hay dos hombres, pero también hay alguna mujer dando vuelta. En la primera parte, aunque muy poco esbozada, pero muy pregnante, era la madre de Stephen, sobre todo la memoria de la muerte. Lo que me parece es empieza a construirse la presencia de una madre, esta vez un poco más vital, no solamente porque canta, sino porque está viva y tiene otra cosa que la madre de Stephen, no se vuelve tan terrorífica, por lo menos hasta ahora.

"Bloom sigue siendo Bloom, o sea, no le perdono que se vaya así no más. Nadie lo ve, yo lo implico en todo lo que le pasa —porque uno lo termina queriendo—, pero el no ser visto por los otros... él no hace nada para que eso cambie. Tiene una resignación melancólica que, en un punto, se vuelve totalmente odiosa. Sí, es cierto, forma parte, se los cruza en la calle, va en el mismo carruaje, va al mismo velorio, pero el ser la sombra errante tiene mucho que ver con él, porque él también se esconde todo el tiempo, parecería que se esfuerza por pasar desapercibido. Considero que lo que le pasa son cosas propiciadas por él, no tanto generadas por el afuera".

"Yo temo hacer una digresión, pero hay algo que me resuena mucho y es la dimensión dionisíaca o apolínea de esta cuestión. Parece que Dionisio tiene que ver, Nietzsche habla de esto en el 'Origen de la tragedia'. Dice que, ante el llamado de Dionisio, las mujeres acuden a él dejando el lugar donde los hombres, Apolo, la palabra, las puso. Entonces, dejan de ser madres, esposas, tías, amas de casa, portarse bien y se dirigen a un lugar sólo privativo del canto y del baile y cierto desenfreno, donde los hombres sucumben. A mí todo esto me resonaba, por ahí no tiene nada que ver, pero me sorprende qué sean las mujeres quienes copan la escena con los hombres en segundo plano".

Nosotros dijimos muchísimas veces que la lectura no es matemática, con lo cual hay tantas interpretaciones como lectores, y toda interpretación que esté sostenida sobre el texto es válida.

La intervención acerca de Dionisio y las mujeres –asumiendo que se refiere a las bacantes, aunque sea tangencialmente– refiere al punto donde la mujer es atraída hacia un lugar que, a no ser en ciertas ocasiones especiales y que tenían que ver con festivales religiosos, pautados, les era un lugar prohibido. En aquellos festivales antiguos, en las fiestas dionisíacas de los griegos, no era éste el lugar de la mujer, sino del hombre: la fabricación y la ingesta del vino asociada a las ceremonias sacrificiales. Entonces, cuando las bacantes, que son las seguidoras de Baco, nombre alternativo de Dionisio, toman este lugar, por un lado, uno podría decir, hay un punto de "usurpación", pero por otro lado, desde el punto de vista del hombre, hay un momento en el cual el hombre cede a la mujer la posibilidad de acceder a lo mismo que él accede. Entonces, en este sentido, esto está sucediendo en la taberna.

Uno de los lectores se enoja mucho con Bloom, se enoja todo el tiempo, porque lo ve implicándose en sus propias ausencias y en su propio desconocimiento por el otro. Esto no se puede negar pero, además, ésta es su naturaleza, con lo cual no hay mucho que nosotros, como lectores, podamos hacer al respecto. Este es el personaje que nos regalaron. Ya veremos si más adelante se 'reivindica' y lo sacamos bueno, y hace algo como para implicarse de otra manera.

Respecto del comentario acerca de la madre terrible, que es la madre que hemos venido viendo en los capítulos anteriores, en realidad acá la figura maternal no es esa madre. *Ulises* porta más de un modelo de madre. Pronto vamos a entrar en este larguísimo capítulo que es una pesadilla –una pesadilla en la realidad, no porque yo diga que es una pesadilla: es una pesadilla– donde la madre terrible vuelve a aparecer, y con demandas mucho más fuertes, porque son demandas de atracción hacia la muerte, por parte de la madre de Stephen a Stephen. Además, y para colmo, se agrega una madre no castrada, en tanto no se identifica, sino que se presenta con el apellido del marido, y sin nombre; no sabemos que es una mujer. ¿Recuerdan que Virag era el nombre real del padre de Leopold hasta que se lo cambió a Bloom? ¿Recuerdan que hablábamos del origen del apellido y de su excesiva extranjeridad, en opinión de Bloom padre?

Este extraño personaje, Virag, porta un apellinombre que tiene un doble sentido, porque en inglés la palabra *virago* es una mujer terrible, la mujer abusiva, pegadora, tremenda. Sin embargo, éste es el apellido paterno, y se presenta un personaje al cual muchos lectores, en el primer momento de acercamiento, asocian con un hombre porque es el apellido paterno, pero cuando el personaje empieza a hablar resulta que es la madre. Entonces, ahí tenemos mamá y papá en un mismo personaje que está demandando la muerte de este hijo –ahí vamos a llegar y a ver qué pasa en ese momento.

No quiero dejar pasar el uso de la onomatopeya a través de todo el capítulo, que no sé como quedará en castellano, o sea, cuán sonora es, pero está presente todo el tiempo. Por otro lado, hay un uso abundante del slang, del argot, con lo cual también se hace bastante difícil, porque es propio no sólo de Irlanda, sino de Dublín y de un área en particular de Dublín.

Y una última referencia a Molly, que de nuevo tiene que ver con la transmigración de las almas, mal dicho, porque ella no puede pronunciar *metempsicosis*, entonces dice cualquier otro disparate del que, si nosotros juntamos los pedacitos, nos quedamos con la *metempsicosis*. De nuevo el problema de la transmigración de las almas, y entonces, de nuevo el problema de estos vivos que son arrastrados al mundo de los muertos donde van a empezar otra vida, que es la vida del más allá.

Entonces, el capítulo, que no es largo, en realidad tiene todas estas cosas. Volvamos un instante sobre el trasfondo de la música. En primer lugar, aquí hay una figura de estructura, en el capítulo del cual nosotros dijimos "ésta es la fuga", parece haber un contraste entre el amor y la guerra. Un escrito publicado por la Universidad de Iowa –pensar que yo siempre insisto con la cuestión de la traición, aunque sin haber visto esto antes. En este escrito me encuentro con que dice: "amor y guerra, traición". ¿De qué lado estaría la cuestión del amor y de qué lado estaría la cuestión de la guerra? Podríamos pensar qué tipo de amor y qué tipo de guerra, no tiene por qué ser literal. Lo palpamos en las músicas que van cantando y tocando, con las cuales se identifican los personajes. Entonces, nos encontramos con una música que dice, un trocito, 'M'appari', de la ópera *Marta*, de Flotow. ¿A quién corresponde este fragmento? A Cowley; Cowley canta eso. Además dice que es una de las obras más conmovedoras que ha escuchado, porque es parte también de una ópera de Bellini que se llama *La sonámbula*, de la cual también se canta un aria: *tutto è sciolto*, todo está perdido. La ópera trata de una heroína que, sumida en una especie de sonambulismo, aparece en una situación donde queda como desleal a su novio. Cuando despierta, ya está en esa situación, y parecería que todo está perdido, porque no puede explicar qué está haciendo en ese lugar donde la llevaron sus pasos durante el sonambulismo. Lo que dice la ópera en sí es que el amor no podrá ser nunca más despertado, es decir, ella despertó, pero el amor que aparentemente traicionó en el sonambulismo no podrá ser despertado jamás. ¿Cuál es acá la cuestión de aquella o aquel que camina dormido también, tomémoslo metafóricamente, hacia algún lugar del cual no hay regreso y aparecería una traición que no es tal, pero que sí lo parece a los ojos del que está despierto? ¿Bloom? ¿Sería el mirar las estrellas pensando en la traición de Molly?

Pero si esto fuera así, si lo tomamos desde la ensoñación de Bloom, nos llevaría a decir que en realidad Molly no sabe lo que hace. Si nosotros tomamos a Molly como alguna especie de paralelo de lo que le pasa a la heroína de la sonámbula, parecería que todo lo que ella hace en su coqueteo y en su adulterio responde a un estado del cual ella no es responsable.

Fíjense que en la escena del *Entreacto*, mientras están mirando las estrellas desde el carruaje y Bloom explica, y ella se deja 'acomodar' la ropa por el otro personaje, no está ni dormida, ni desconectada; sabe perfectamente lo que ocurre, e incluso acompaña el disimulo siguiéndole la corriente astral al marido: palabras para uno, y cuerpo para otro. Todo el tiempo sabe lo que está haciendo, incluso con la carta que deja cuando llega, en los primeros capítulos, la carta de la hija y la carta del amante, cuando hace un pequeño intento para esconderla. Definitivamente, no parece sonámbula.

Tratemos de buscar por otro lado. Cuando Bloom se relaciona epistolarmente con Marta —la ópera *Marta* que acabamos de mencionar es una pista— él no es él, es Henry Flower. Entonces, es otro que no es registrado por Leopold Bloom, el personaje se disocia. No es cuestión tampoco de tomar al pie de la letra el 'no saber' sonambulístico al que aquí se alude. Bloom sabe que lo que hace, no como la sonámbula, que de golpe despierta y no sabe lo que le está pasando, es más; tienen que explicarle cuál es la situación, más allá de que ella se da cuenta de que está en un lugar donde no tiene que estar, tienen que darle argumentos para todo lo que va a suceder después de eso. Bloom sabe perfectamente que se cambió el nombre, cómo lo hizo, de dónde sacó el nombre de la dirección de esta novia epistolar. No es sonámbulo Bloom en esta partición. No obstante, todos conocemos una cantidad de casos —vamos a hablar de los personajes de los libros, para no tocar a personas de la vida real— de gente que se pone en situaciones de las cuales nada sabe, por lo menos conscientemente. Entonces, son otros, se transforman, son desdoblamiento los que hacen equis cosas, o que dicen equis cosas. Puesto de otro modo, esto, repito, no es al pie de la letra. Él no sabe lo que hace, pero cuando él, supongo, sabía lo que hacía, cuando se desdobló en la figura de Henry

Flower, estaba abriendo la puerta a un ser otro que iba a actuar de otra manera, que no estaba casado, que se dedicaba a otra actividad inclusive. Construye una personalidad que no tiene ningún punto de relación con la suya propia. Hay momentos de la novela, que son cortitos, pero existen, en los cuales él es ese otro. Entonces, una parte de su ser no registraría qué es lo que pasa cuando es ese otro.

La otra cuestión a señalar es que, en un capítulo anterior, Bloom se escapó de Boylan porque no lo quería cruzar, ni saludar, ni nada por el estilo. Aquí están juntos en el mismo lugar físico. ¿Qué pasa con los dos en el mismo lugar físico? Lo extraño es lo que no pasa, pero no por decisión de Bloom −acá lo defiendo a Bloom porque me lo están atacando todo el tiempo: "él no se implica, él no sale, él no se defiende, él no habla". Ahí está el otro que se lleva todo por delante y que cuando sale de la taberna va a la casa de Bloom, a encontrarse con Molly so pretexto de preguntarle cuál aria quiere que cante, que es *La ci darem*, un dúo entre Don Juan y Zerlina como introito a todo lo demás que va a suceder allí, en tanto la composición de esta forma permite que ambos personajes expresen sus sentimientos y pensamientos sobre un mismo tema sin compartirlos. Volviendo a Boylan, el atropellador, el que se ve atropellador en su actitud, en su vestimenta, en la forma en que se dirige a los otros que son unos pobres que no saben nada de todo eso. ¿Qué hace teniendo a este marido engañado por él, ahí, delante suyo? Está a lo largo de todo esto porque los dos están ahí todo el tiempo. ¿No lo ve o hace que no lo ve? Se me ha dicho que hay que tener en cuenta el momento histórico, el 'mal gusto' de poner en evidencia la sordidez de ciertas circunstancias en la época en que fue escrito el libro. Creo que a esta altura ya habremos descubierto que el autor estaba muy adelantado, literariamente hablando, a su momento histórico. Por otra parte, casualmente, en ese momento histórico era muy mal visto ignorar este tipo de situaciones. Era el amante quien se escabullía, se escondía y se escapaba del marido, y era el marido de quien se esperaba que tomara cartas bastantes agresivas para lavar su honra. Es claro que la literatura misma nos da ejemplos de maridos 'distraídos', para diferenciarlos de los complacientes. Y las razones no las vamos a encontrar en el momento histórico, sino en el momento histérico, que es muy otra cosa.

Una psicoanalista tomó al vuelo la vocal de diferencia:

"Me parece que, siguiendo la línea de la sonámbula en relación a Bloom, él no va por el lado de la histeria, sino más bien por el lado

de una cosa que se va desbarrancando, degradando. Por ejemplo, es un motivo menor la relación de Bloom con Pat, el mozo, pero está mucho tiempo en juego. Me parece que reproduce la manera de estar de Bloom, donde él por ahí lo llama a Pat, que dice que es un mozo que no escucha, que es sordo. O sea, Pat no puede escuchar la música –si es verdad que hay un motivo central del capítulo– ni registra los llamados. Esto es la inversa de lo que le pasa a Bloom, que a él no lo registran. Me parece que este desdoblamiento que él hace en relación a otro es producto de su inseguridad, como si estuviera continuamente buscando lugares donde afianzarse, pero que son lugares donde apenas puede hacer pie. Cuando él se va del bar, antes de irse hay una alusión a que él se va a ir, como que tiene que ir a buscar dinero, como algo más concreto en toda esta situación del bar, de la cual todos parecen formar parte, que él está y no está, porque al mismo tiempo le está escribiendo a Marta".

Pero ya alguien se había desentendido del juego de las escondidas entre una parte y otra de Bloom para preguntarse por las continuas referencias a las flores, particularmente a las rosas, en relación al nombre adoptado: Henry Flower. Es increíble cómo, durante las discusiones de este texto, las cadenas asociativas de los lectores tarde o temprano se pliegan al estilo, y van desgranándose por lateralización, prendiéndose de un término para acabar en un concepto.

Recordemos que Henry Flower es el nombre que tomó Bloom, sin desnaturalizar del todo su apellido; es más, me atrevería a decir que reafirmando un proceso de completud, en tanto la flor *(flower)* es producto del florecimiento o apertura o esplendor del capullo *(blooming)*. La rosa es una cuestión muy particular y que además hay que tomar con pinzas, porque tiene por lo menos dos vertientes. Ahí está mencionada como rosa de Castilla. Si pensamos que Bloom conoció a Molly en Gibraltar, en el momento en el que todavía había una población española sumamente importante, que la madre de Molly era española y, como se nos dirá más adelante, gitana, probablemente esta cuestión de la rosa de Castilla tenga que ver con la belleza de la mujer española, completamente diferente de lo que es la mujer irlandesa en su momento de florecimiento, en el mejor momento de la rosa. Por otra parte, Joyce nos está haciendo chistes a lo *Finnegans Wake*, aunque en este texto se aclaran luego. Si escuchamos –porque acá vamos a tener que empezar a escuchar además de leer, igual que en *Finnegans…*– esto en inglés nos resulta en dos frases que suenan exactamente iguales al oído: *Rose of Castille / rows of cast ile.* La segunda frase significa las líneas de metal de una mezcla de hierro y acero con la que se hacían las vías de los ferrocarriles. Con lo cual no nos está diciendo lo mismo cada vez que alude a la rosa, o sea, no nos está hablando de esta función de florecimiento de la mujer, en particular de la suya propia, sino de una realidad mucho más dura, y totalmente moderna, que es la instalación de las vías del ferrocarril, que en última instancia va a unir esta ciudad y este mundo encerrado al resto de los lugares del mundo. Me parece que, respecto de la cuestión de las flores, esto es lo más importante –y tener presente que cuando el autor no hace las aclaraciones, si el traductor omitió la nota correspondiente, algo grueso se pierde, y esto implica una dificultad para los no anglo-parlantes cuando Joyce, pionero seguido por muchos otros escritores después, trabajan apoyados en el sonido.

NOTA: agrego la letra completa de *Molly Malone* para quienes la quieran disfrutar. La música se encuentra disponible en Internet.

> In Dublin's fair city
> Where the girls are so pretty
> I first set my eyes on sweet Molly Malone
> As she pushed her wheelbarrow
> Through streets broad and narrow
> Crying, "Cockles and mussels, alive, alive oh"!
>
> Chorus:
> Alive, alive oh! Alive, alive oh!
> Crying, "Cockles and mussels, alive, alive oh"!
>
> Now she was a fishmonger,
> And sure twas no wonder,
> For so were her mother and father before,
> And they each wheeled their barrow
> Through streets broad and narrow
> Crying, "Cockles and mussels, alive, alive oh"!
>
> Chorus:
> Alive, alive oh! Alive, alive oh!
> Crying, "Cockles and mussels, alive, alive oh"!

She died of a fever
And no one could save her,
And that was the end of sweet Molly Malone.
Now her ghost wheels her barrow
Through streets broad and narrow
Crying, "Cockles and mussels, alive, alive oh"!

Un ojo no basta para detectar a los cíclopes

Conviene hacer un recorrido amplio por este capítulo, y luego ir puntuando algunos detalles. No sé cuán evidente se presenta a la mirada del lector el cambio radical en la estructura narrativa, el vuelco que resulta de abandonar el monólogo interior y recuperar, a lo largo de estas páginas, un narrador en primera persona. Sin embargo, esta primera persona es un narrador anónimo: no uno de los personajes que conocemos, ni el autor cumpliendo un doble rol.

Es, más bien, un individuo que frecuenta tabernas, que en ese momento entra en la taberna donde se desarrolla la escena y se encuentra con los parroquianos en el ámbito inusualmente violento de esta taberna, a diferencia de otras que hemos visto en capítulos anteriores. Este narrador anónimo, al que identificamos con el cíclope por razones que explicaremos luego, cumple, entonces, la función de un narrador desconocido que no volverá a aparecer.

Igualmente violento es el viraje en la técnica de la escritura, preanunciando el viraje de Bloom hasta su desaparición metafórica respecto de cómo lo hemos conocido hasta ahora, con su carácter indeciso y pusilánime para tantas cosas cruciales en su vida.

Muestrario de estilos a través de la parodia

Creo que la mayor dificultad –sobre todo al principio– que confrontamos aquí es que muchos de los pasajes del texto parodian los excesos y el gigantismo de numerosos estilos literarios. Las parodias siguen un cierto orden cronológico, que parte desde una forma bastante antigua, que correspondería a lo que habrían sido las primeras sagas sobre el rey Arturo, aunque Arturo es un personaje lateral a Irlanda (si bien la trágica historia de Tristán, Isolda, y el rey Mark de Irlanda es parte de las sagas) y los relatos que le atañen son anteriores a la clásica novela de caballería.

Hay veladas insinuaciones que hacen contacto con el ojo único y la posterior ceguera del cíclope Polifemo, por ejemplo, en la conversación inicial entre el narrador y un policía, cuando el primero se queja de que el cepillo de un deshollinador que anda por ahí casi lo deja ciego. Esa casi pérdida del ojo se hace luego patente en la ceguera metafórica de este personaje, llamado el Ciudadano. No es ciego; por lo menos no de los ojos, pero sufre de una ceguera social, política, y de la realidad que vive el país. Su ceguera es 'real' en cuanto a la pérdida del ojo de la mente. El Ciudadano, de quien nos enteramos que ejerce el oficio de cobrador de deudas, entabla conversación con Hynes que, como sabemos, debe dinero a Bloom, pero se siente muy a sus anchas, pues sabe que Bloom no tendría el coraje de perseguirlo mediante un cobrador. Esta conversación es, también, una jerga legal parodiada, semejante a un informe jurídico, de muy difícil comprensión para los legos: es lo que nos sucede cuando leemos los escritos redactados por nuestros propios abogados. La conversación se desliza hacia el mercado, incluyendo una alusión al Renacimiento irlandés, al que también volveremos en la puntuación. Dentro de la taberna, el Ciudadano, claramente un nacionalista a ultranza y estereotipo de muchos de sus connacionales según Joyce los ve, añora en su discurso la era heroica y la épica celta, que están perdidas. En el momento de pagar, se produce una parodia periodística de la época. Luego entra el Sr. Green, cuya mujer había estado hablando con Bloom de la carta que había recibido y de su estado mental: el discurso de Green parodia el estilo heroico.

En cuanto a Bloom, acá se convierte en una persona menos 'extraña', en todos los sentidos del término. Afloran su sinceridad y su conciencia social, pero a través de un estilo sumamente irónico, similar al de Jonathan Swift en *Los viajes de Gulliver.* Entonces, y precisamente por el estilo que Joyce adopta, todo lo que Bloom quiere expresar se va diluyendo, y se pierde si no se le presta mucha atención.

El episodio del perro –animal relacionado con la épica celta, y también con los mitos antiguos pre-helénicos, subsumidos en la cultura griega– ofrece una parodia de la escritura académica de ese momento. Lo que se trae a colación, en la extensión del episodio, es la cuestión de la identidad nacional, y nada como nominar Ciudadano al ser anónimo para iluminar el tema.

De verdugos, renacimientos, y patriotas

Habrán visto que uno de los personajes asombra a los demás extrayendo un manojo de cartas de supuestos verdugos –o supuestas cartas históricas escritas por verdugos –en las que hay ofertas de matar de determinada manera a cambio de una suma de dinero.

Es interesante situar la escena, aclarando primero que, en tanto el de verdugo era un cargo público, era también un empleo pago. Casi inmediatamente después de la lectura de la carta, se produce la entrada de Bloom, a quien en un desarrollo posterior parecería que habría que 'ajusticiar', como símbolo de todos aquellos que, según Mr. Deasy, el director de escuela y jefe de Stephen, serían culpables de haber 'contaminado' a Irlanda. Se alude también a los ingleses como 'verdugos por dinero', en medio de los vaivenes de la conquista, lo cual hizo pensar a los asistentes a los seminarios que la intención era nombrar a los ingleses como verdugos.

Al respecto, la historia parecería indicar que, desde el sojuzgamiento de Irlanda, los verdugos no eran nativos del país, sino que se 'importaban' de Inglaterra: extranjeros pagados con los dineros de Irlanda para ejecutar a ciudadanos irlandeses. Haciendo una pequeña digresión, esto de traer al verdugo de afuera resulta sumamente humillante para el ajusticiado, en la medida en que quienes terminaban abatidos por el hacha habían sido condenados por traición, puesto que los crímenes menores, muchos también castigados con pena de muerte, terminaban en la horca. El traidor –o supuesto traidor; en muchos casos se fabricaron pruebas– a la patria, a la Corona, o al rey, esperaría que un par, es decir, un connacional, tomara sobre sí la responsabilidad de su muerte. En el caso que discutimos aquí, la responsabilidad de la muerte pasa a un tercero que no está involucrado. Al venir de otro lugar, desinvolucra también a aquellos que lo han contratado. La extranjerización del verdugo ocurrió en Inglaterra una sola vez, cuando se trajo a un verdugo de Francia para ejecutar a Ana Bolena, probablemente porque Enrique VIII –o su Consejo– no estaba demasiado convencido de que la traición había sido realmente cometida ni de que la ejecución era lícita, dado que todo partió de un problema político enraizado en la sucesión de su dinastía; una repetición, con matices, del mismo problema que desencadenó la Reforma. El hacer traer a Monsieur de París (pues así se conocía a los verdugos entonces, por el nombre de la ciudad donde se desempeñaban, ocultando con todo cuidado su identidad) lavó, metafóricamente, la sangre de las manos de los dignatarios que tomaron la decisión. Aunque la mención de los verdugos es casi un aparte al pasar, no es casual, y abre la reflexión sobre otro aspecto amargo de las relaciones entre los dos países.

Dijimos antes que era necesario hablar un poco más acerca del Renacimiento irlandés, que no puede separarse de la idea de nacionalismo. En primer lugar, cabe señalar que el Renacimiento irlandés se produjo mucho después que los movimientos renacentistas que conocemos, pues tuvo lugar entre fines del s. XIX y las dos primeras décadas del s. XX. Suena algo extraño el uso del término en una época tan avanzada del mundo: nosotros, cuando queremos volver a dar vigencia a tiempos o modos anteriores, no lo llamamos así. Supondríamos que la elección de la palabra *Renaissance* (Renacimiento) evoca una solidaridad de propósito con sus homólogos europeos, tomándonos la libertad de incluir a Inglaterra en el continente, a despecho de que los ingleses nunca se han sentido parte de él. Sin embargo, los Renacimientos europeos, entre los siglos XIV y XVII, impulsaban un regreso a la cultura clásica, corroída y desnaturalizada a partir de la caída del Imperio Romano y renegada durante el oscurantismo de la baja Edad Media. En cambio, el Renacimiento irlandés se proponía revivir el antiguo folklore irlandés, las leyendas y tradiciones de Irlanda, mediante trabajos literarios nuevos. Se entrelaza con la faceta cultural del movimiento político denominado, en celta, *Finn Sein*, y en inglés *we ourselves*, lo cual puede traducirse como 'nosotros mismos', o 'nosotros solos', o 'nosotros por nosotros mismos'. En consecuencia, esto se relaciona con la cuestión de la independencia, el gobierno autónomo de Irlanda, y el redescubrimiento y vuelta a la vida de un pasado literario que sería pertinente a las luchas contra la opresión del invasor. Los autores señeros del Renacimiento irlandés, entre los que se cuentan nombres muy famosos, como el dramaturgo Sean O'Casey, cuyas obras tratan mayormente de la clase obrera, o el multifacético John Synge, o el poeta y también dramaturgo y político William Butler Yeats, buscaban revivir la cultura celta perdida a través de las leyendas. Sentían que si lograban despertar el interés popular por algo que había quedado como un agujero negro, un vacío, en el inconsciente colectivo de sus compatriotas, reforzarían la adhesión al movimiento político nacionalista. Otro de los autores renacentistas es nuestro conocido A.E., muchas veces puesto en relación con Stephen en la novela, y de quien ya hemos dicho que las iniciales corresponden al seudónimo elegido por Joyce para el poeta George Russell.

Joyce no fue del todo ajeno a este movimiento en un principio, aunque su participación fue sumamente crítica, inclusive cáustica, porque de ninguna manera creía que las cosas fueran a funcionar como estos idealistas imaginaban. Pronto lo abandonó, y es por eso que parodia también los estilos de estos autores, mostrando su rechazo a un renacentismo empeñado en apoyar al Movimiento (de Liberación) Nacional.

Ahora bien, en medio de tanto ir y venir por despliegues no menores, tenemos que apuntar nuevamente el foco hacia el Ciudadano, el sin nombre, en tanto engloba una mayoría que responde a la descripción freudiana de las masas. Al igual que muchos de los 'patriotas' que Joyce describe en su literatura, el personaje es antisemita y está absolutamente aislado; aislado, no porque se lo rechace, sino porque exterioriza su pensamiento en un discurrir casi diarreico que no permite el diálogo con posibles interlocutores. Está borracho, y habrá que creer que *in vino veritas*. De lo primero que habla es de la cultura celta perdida, de la muerte del gaélico –la lengua irlandesa– y muestra una particular concentración por el resurgimiento de los antiguos juegos celtas, por revivirlos: un renacimiento en otro campo. Vamos a ver que, más adelante, el juego cobra importancia, y ya podemos adelantar que los cambios de nombre de Bloom –de Bloom a Flower, y el regreso fantasmático del original Virag implican, finalmente, un juego. Un juego de ocultamiento de la identidad, aunque vano, puesto que la sinonimia de los nombres frustra la intención. En otras palabras, no hay modo para Bloom de arribar al borramiento de ser quien es; no escondiéndose tras esos nombres, por lo menos.

Cuando Bloom entra a la taberna, se siente muy incómodo en ese ambiente agresivo que mencionamos al comienzo. No sólo se siente amenazado por la irritabilidad –por decirlo suavemente– de los parroquianos, sino también por un perro, al cual el Ciudadano alimenta, aunque no es su perro. Esto no tendría nada de particular si no fuera porque el perro, que no pertenece a nadie, se siente propiedad del Ciudadano, en una identificación que ustedes dirán "es común en los perros; otorgan el derecho del amo a quien les da de comer". Y es verdad, pero este perro no es cualquiera, sino un recordatorio del héroe celta llamado Cuchulain, figura heroica celta por antonomasia, y paralelo del Aquiles de Homero en cuanto a que es, como muchos otros héroes griegos, mitad divino y mitad humano.

La parte divina de Cuchulain proviene de un dios representado bajo la forma de un perro. En la mitología celta, Cuchulain es el defensor de la independencia y la preponderancia de estas tribus. Si les interesa la historia del héroe y sus pormenores, pueden leerla, junto con la relación que sostiene con mitos de otras culturas, en *La diosa blanca* de Robert Graves.

Hemos dado el antisemitismo como primera característica del Ciudadano. Al incrementarse la virulencia de los ataques verbales dirigidos ¿a la raza? ¿a la religión? ¿a ambas? —los antisemitas no consiguen ponerse de acuerdo consigo mismos en la definición del judío, ni les preocupa demasiado; 'judío' encierra, para ellos, una polisemia que provocaría la envidia de los léxicos disponibles si estos tuvieran la capacidad de envidiar— algo hace que Bloom se vea obligado a defenderse, a diferencia de otras instancias donde trataba de pasar desapercibido, de desaparecer, de 'evanescer', de 'inexistir', que difiere del 'no existir'. En el juego de la ambigüedad sobre la identidad, que juega sin saberlo, nuestro Bloom, que no se consideraba irlandés, al tiempo que resentía que lo alienaran del ser irlandés, de pronto se revuelve ante la afirmación del Ciudadano respecto de que los judíos jamás podrán ser verdaderos ciudadanos de Irlanda. Ahí Bloom desgrana una lista interminable, con visos cómicos intercalados, de los judíos que contribuyeron grandemente no sólo a la cultura y al conocimiento en general de Irlanda, sino también del mundo. La escena culmina cuando Bloom le suelta al furibundo individuo que el Dios que 'ellos' adoran era judío. Y esto termina por sacar de quicio al Ciudadano, algo que ocurre invariablemente cuando los judíos recurrimos a ese argumento irrefutable, pero inaceptable para la mentalidad del antisemita genérico. Es el peor insulto. La segunda persona de su Dios, Dios hijo, ¿un sucio judío? Bloom siente que ha obtenido una victoria, que ha puesto las cosas en su justo lugar. El Ciudadano le tira un proyectil, pero no le atina. Donde la palabra falta —y es también gracioso que este ebrio verborrágico quede privado de la palabra— se reemplaza por la violencia física.

Hasta aquí, el comentario general.

Preguntas disparadoras y asociaciones libres

Mientras quien conduce un seminario intenta anticipar las posibles preguntas de los concurrentes, con la expectativa de no quedar 'sin palabra' ante lo inesperado, realiza un trabajo que podríamos llamar de 'topo', internándose imaginariamente en la mente de sus oyentes, su idiosincrasia, su particular manera de abordar el texto bajo estudio, y la amplitud de información –que no siempre es cultura– que cada uno ha ido perfilando en sucesivas intervenciones a partir del primer encuentro. No obstante, en mi experiencia, no han dejado de surgir interrogaciones del texto que habían quedado fuera de mi consideración, algunas porque me parecían obvias, y otras porque la atención del lector había quedado fijada en algún detalle en el que yo no planeaba detenerme a causa del peso de la línea temática central.

En cierta ocasión, se desencadenó una catarata de preguntas inconexas, aunque no por ello poco significativas. Vamos a ordenar un par a continuación a modo de ejemplo de lo que se adhiere a la mente durante el proceso de un análisis personal del texto.

1. *"¿Qué es la fosfatina? Cuando se habla de la paternidad, me llamó la atención que se alude al nacimiento de dos niños. No me queda claro si se trata de mellizos varones o una niña y un varón. Yo creí entender que esos hijos nacieron de Bloom. Antes de esta escena, los circunstantes han estado denostando a Bloom, por su condición de 'judío renegado' –nada los conforma; si es judío está mal, y si ha renegado de su condición y quiere ser otra cosa (como si se pudiera) está mal también. La oración que me intriga, aparte de la información sobre los hijos, es ésta: '[...] tendrían que haber visto a Bloom antes de que le naciera ese hijo que se le murió. Lo encontré un día en los mercados del sur de la ciudad comprando una lata de fosfatina seis semanas antes de que su mujer diera a luz'".*

2. *"El Ciudadano habla del húngaro Virag, diciendo: 'Asvero lo llamo, maldito de Dios'. ¿Qué o quién es asvero?*

Lo más fácil de responder, obviamente, es la naturaleza y función de la fosfatina. Se trata de una sustancia que solía utilizarse como reconstituyente o fortalecedor del organismo. No parece haberle servido mucho a Molly, puesto que Rudi nació tan frágil que murió prematuramente.

En cuanto a los hijos, podemos tomarlos como los dos hijos de Bloom, Rudi y Milly, no mellizos, y de los cuales sólo la muchacha sobrevivió. Sin embargo, sabemos que Bloom no ha logrado sobreponerse a la pérdida del varón, continuador de la estirpe, portador del apellido, y homenaje al abuelo Rudolf —ya hemos discutido el sentido de dar, entre los judíos, el nombre de un muerto cercano a un nuevo ser. Bloom abriga, respecto de las circunstancias de la muerte de su padre, culpas ajenas y propias. No es responsable del suicidio de Rudolf, pero lo acosa su negativa de entrar a la habitación del hecho. Recordemos el paralelo con Stephen, quien rechaza el papel que se le adjudica en la muerte natural de su madre. Quizá tanta fantasía alucinatoria del fantasma clamante de la madre como hemos visto en los primeros capítulos muestra alguna inseguridad respecto de su certidumbre en no estar implicado. De todos modos, Bloom fantasea con visiones de su hijo a distintas edades, y lo busca en un sustituto que aún no ha encontrado, y que resultará encarnarse en Stephen cuando se produzca el encuentro.

Si resuena la idea de gemelos, asociémosla libremente con los pares de gemelos míticos que pueblan las creencias de los antiguos. En tanto todos ellos son producto de la unión de una mortal con un inmortal —tal es el caso de Heracles y Alcides, y de Castor y Pólux— uno de ellos está destinado a cumplir una función humana y el otro, una función divina. Las mitologías celtas no están exentas de gemelos en iguales condiciones. Podría pensarse que, tomando la dupla como metáfora, un individuo único va a tomar uno u otro rol, desdoblándose para ello, y haciéndolo en forma electiva; es decir, optando alternativamente por la conducta heroica o por la debilidad propia de lo humano. Esta teoría toma más cuerpo en el episodio denominado 'Circe', donde Bloom se lanza a una tarea de salvataje muy poco propia de sus temores internos y externos.

Intentando dar respuesta a la segunda pregunta, la más problemática, y siempre partiendo del texto, la frase 'maldito de Dios' sugiere que este Asvero corresponde a la leyenda medieval forjada sobre el Judío Errante, según la cual un judío de ese nombre se burló de Jesús en el sendero del Calvario, y fue condenado por Dios a vagar sin patria ni destino hasta el regreso del Hijo a la tierra, supuestamente para llevar a cabo el Juicio Final. Este día, *Doomsday* en inglés, y el retruécano *Bloomsday* (el día de Bloom) bajo el cual se conmemora a Joyce en Irlanda por ser el 16 de junio la fecha en que transcurre el *Ulises*, merece un comentario aparte, pero no ahora. La leyenda mencionada hay que tomarla con pinzas, pues algunas versiones afirman que el irreverente no era un judío, sino un romano, pero la feroz persecución a los judíos habría obliterado este 'pequeño' detalle, con plena participación de la institución eclesiástica, a fin de alentar el odio y la persecución al 'pueblo maldito' o 'pueblo elegido', según de qué lado del espejo nos situemos. En fin, si andamos este camino, el Ciudadano se asume como la voz de Dios en la reiteración de la merecida errancia de Bloom, nombre ficticio, en tal caso, del judío castigado por herejía.

Ahora, en tanto en español el nombre 'Asvero' es una deformación poco común de 'Asuero', podemos pisar un terreno distinto con base en la Biblia, y apoyándonos en otra palabra de la misma oración. En inglés, el nombre dado al Judío Errante es 'Ahasver'. Pero Joyce usa el apelativo 'Ahasuerus', lo cual hace lícita la segunda apertura que propongo. El Libro de Esther relata que esta bella muchacha contrajo matrimonio con el rey Asuero de Persia, a quien conocemos mejor bajo el nombre de Jerjes. No me pregunten qué distorsiones fonéticas operaron semejante transformación en el sonido y la grafía. Por indicación de su tío y tutor Mardoqueo, Ester oculta su origen judío, no obstante haber sido los persas quienes rescataron a los hebreos de la esclavitud a la que habían sido reducidos por Nabucodonosor en Babilonia. (Curiosamente, esta es una repetición, con pequeñas variaciones, de la historia de Sara, que aún casada con Abraham, contrae matrimonio con el Faraón de Egipto ocultándole su estado civil y su identidad judía, por indicación del mismísimo Abraham). Volviendo a la historia de Ester, el primer ministro de Asuero había obtenido del rey la prebenda de que todos los súbditos debían arrodillarse ante él, pero Mardoqueo nunca lo hizo. Naturalmente esto enfureció al ministro, que concibió un odio feroz por el atrevido, y decidió vengarse de él y de todos los judíos de Persia, para hacer tronar el escarmiento. El Libro de Ester dice, textualmente:

"Y dijo Amán al rey Asuero: Hay un pueblo esparcido y dividido entre los pueblos en todas las provincias de tu reino, y sus leyes son diferentes de las de todo pueblo, y no observan las leyes del rey; y al rey no viene provecho de dejarlos.

Si place al rey, escríbase que sean destruidos; y yo pesaré diez mil talentos de plata en manos de los que manejan la hacienda, para que sean traídos a los tesoros del rey.

Entonces el rey quitó su anillo de su mano, y diólo a Amán [...] enemigo de los judíos.
Y díjole: La plata propuesta sea para ti, y asimismo el pueblo, para que hagas de él lo que bien te pareciere".

La reina Ester revela entonces su identidad a su esposo, y éste, rompiendo su propia ley, accede a que todo quede como estaba. En la visión del Ciudadano, el hecho de que Asuero haya rescindido el decreto ya emitido que sellaba la destrucción de los judíos implica imperdonable traición por haberles permitido sobrevivir. Esto justificaría el maldecirlo. Una vía de interpretación no excluye necesariamente la otra.

Breve incursión por *La Odisea*

Hay aquí algunas similitudes con el episodio de los cíclopes en *La Odisea*. Ustedes recordarán que Ulises oculta su identidad cuando Polifemo le pregunta su nombre, y que el nombre mentido –Nadie– provoca la consternación de los otros cíclopes cuando le preguntan quién lo ha herido.

Por otra parte, Ulises emborracha a los cíclopes para llevar mejor a cabo sus planes. En nuestro texto, el Ciudadano se emborracha a sí mismo. Del mismo modo en que Polifemo arroja una roca sobre la nave de Ulises una vez que éste se ha hecho a la mar, pero le falla la puntería, el Ciudadano le tira una lata a Bloom con igual mala suerte. Al abandonar la taberna, Bloom parte ufano y victorioso como Ulises, mientras que el Ciudadano-Polifemo no se recobra de su ceguera; es decir, de la ceguera mental de la que hemos hablado. A ello debemos agregar que Bloom, 'disfrazado' con los nombres que le pertenecen y los nombres asumidos, termina siendo 'nadie', que es como Ulises se nombró a sí mismo. En el caso de Ulises, operó la astucia. Bloom, en cambio, piensa que él es, genuinamente, un nadie. Por último, nadie causa la ceguera del Ciudadano, que corre por cuenta propia.

Un pasaje hace referencia a los *yahus*, los habitantes del último país que visita Gulliver. En tanto los *yahus* son caballos –es el país de los caballos– el hilo narrativo nos retrotrae al caballo de Troya, la invención genial de Ulises para penetrar las murallas de la ciudad. El estilo de Swift, como hemos dicho, está también representado, así como personajes de su monumental *Viajes de Gulliver*. Los caballos remiten a *La Odisea* en más de un caso. Hay un comentario sobre apuestas en una carrera de caballos, donde el primero en llegar al disco gana veinte a uno por no ser el favorito. Veinte fueron los años que Ulises estuvo ausente de Itaca.

Y, de manera más general, se nos recuerda que Ulises traspasó la delgada línea que separaba a los vivos de los muertos, pues uno de los personajes afirma haber visto a Dignam, y se le replica que esto es imposible, porque Dignam está muerto. Toda la disquisición que sigue respecto de los muertos que quedaron del lado de los vivos (los que no fueron enterrados según el ritual, y por ello se les impide acceder al Hades) y de los que regresan del mundo de los muertos anticipa las fantasías que vamos a encontrar en *Circe*.

El Ciudadano: segundo *round*

En sus acusaciones específicas contra los judíos, el Ciudadano los califica de ladrones y explotadores de huérfanos y viudas, entre otras lindezas. Esto marca un contraste nítido con la actitud de Bloom, cuya presencia en la taberna se debe a que se ha citado ahí con otro parroquiano para combinar una visita a la viuda de Dignam y acordar qué ayuda económica se le va a prestar. Se nos muestra la distorsión discriminatoria de la mirada que ve en el judío un ladrón, un estafador, etc., etc., y otra visión, la de este judío de carne y hueso que es el único que se ocupa activamente de ayudar a alguien que se encuentra en una situación desesperada.

En las primeras páginas del capítulo, hay una descripción que reza: "De su cinturón colgaba una hilera de guijarros [...] y sobre esos estaban grabados con rudo pero sin embargo sorprendente arte las imágenes de las tribus de muchos héroes [...]". Obviamente, estas imágenes no correspondían a los antiguos héroes celtas, sino a aquellos que de alguna manera contribuyeron a la cultura universal, de la cual los irlandeses también aprovecharon. Es una anticipación a Nausicaa, el episodio siguiente, donde se hace una alusión bastante clara a un canto de *La Divina Comedia*, titulado *Oda al amor*. Creo que lo que Joyce transmite es que el Ciudadano, en su ignorancia, no posee la capacidad de discernir entre su verdadero origen, lo puramente celta, y lo que es universal, lo que se une a lo celta para abrir un campo mucho mayor y más amplio a la posibilidad de cultura y de desarrollo de vida. Esto se refuerza cuando, en algún momento, el personaje del Ciudadano, en una especie de invocación a Dios, le pide un Mesías para el pueblo elegido de Irlanda. El Mesías no es un concepto celta, y ni siquiera es un concepto católico tomado desde esta posición de ruego, porque para los católicos, el Mesías ya llegó. Entonces, está cayendo en un lugar donde no quiere estar: el de la cultura judía, que todavía espera al Mesías. Por otra parte, según el Antiguo Testamento, que no se separa del Nuevo en la Biblia, el pueblo elegido no es el celta, ya lo sabemos.

En la verborragia del Ciudadano se desliza algo gracioso: que una Irlanda sobria es una Irlanda libre. Parecería, en la época que se desarrolla la novela, que esto no va a suceder jamás. Si los individuos persisten en la tesitura de tabernas y borrachera continua, con quejas por la cantidad de tabernas además –Joyce escribió significativos relatos sobre el tema de la bebida en *Dublineses*– jamás habrá una Irlanda libre si depende de la sobriedad. Todo es parodia, y sin implementar el chiste propiamente dicho, provoca un efecto cómico.

Dos comentarios de asistentes a los seminarios muestran que el lector comprometido percibe perfectamente de qué se trata:

"En este capítulo, no sólo Bloom empieza a correrse de su posición pasiva anterior, sino que también la parodia tiene el efecto de implicar a los irlandeses en su condición de destino. La parodia ridiculiza cierta cuestión de movimiento político, lo muy burdo de la transmisión cultural que define al irlandés, pero además comienza a implicarlos como no siendo ajenos a lo que les ha venido pasando. Respecto de los judíos y su espera de un redentor, un circunstante acota: 'como nosotros, nosotros también'. Impresiona la pasividad de un pueblo que, habiendo sido pisoteado y traicionado, espera".

"El Ciudadano, en su fundamentalismo, termina siendo ciego, bruto, torpe, ignorante. Hay una crítica feroz a este nacionalismo a ultranza".

El Ciudadano representa a cualquier irlandés en esta posición, de la cual sólo podríamos sustraer a la elite intelectual y a las clases más pobres, que carecían de tiempo para detenerse en estas cuestiones, porque estaban demasiado ocupadas tratando de sobrevivir. Es verdad que la crítica es dura. Pero no podemos dejar de ver que en esta escena Bloom se involucra a sí mismo –creo que por primera vez– como irlandés, bien que judío irlandés, o irlandés judío. El orden de los factores sí altera el producto, y queda a criterio de cada lector decidirlo.

Bloom el profeta

Varios críticos coinciden en que Bloom parte 'en la posición del profeta Elijah', un profeta sometido a pruebas muy dolorosas durante su vida y uno de los primeros en anunciar la venida del Mesías o, si prefieren, en instalar la esperanza de un salvador. Habiendo salido airoso de las tremendas penurias que le fueron impuestas, Elijah tiene la posibilidad de ascender al cielo, no sin antes hacer traspaso de su misión al profeta Elisha, quien va a continuar la anunciación del Mesías con la potencia que le permite su juventud. El paralelismo implícito anticiparía que Bloom va a hacerse a un lado pasándole la antorcha a Stephen. Ahí donde Bloom se juega por aquello en lo que cree, y empieza a volver a pensar en la generación más joven, a la que pertenecería su hijo, se va anunciando –no la venida del Mesías– sino el rol parental que desempeñará después, pasado el episodio de Nausicaa, respecto de Stephen. Algo que hay que tener en cuenta para pensar en sus implicancias al momento de redondear es que se dice que *Ulises* es el 'libro del día', en contraposición a *Finnegans Wake*, llamado el 'libro de la noche'. Sin embargo, en la última parte de este episodio ya es de noche; es decir, ha oscurecido, y se empieza a vislumbrar la polarización de las edades, de viejo versus joven en cuanto al proceso que atraviesan las sensaciones de Bloom, un proceso que se vuelve mucho más evidente en el capítulo siguiente, aquél que se equipara a la aventura de Ulises con la joven princesa de Feacia (actual Corfú), la ya mencionada Nausicaa, cuyo nombre, curiosamente, significa 'la que hace arder las naves'.

Nausicaa

En *La Odisea*, la joven princesa Nausicaa descubre a un Ulises desastrado que ha ido a dar a las playas de Feacia después de un naufragio. Ella se encuentra allí jugando con sus compañeras a la pelota y, en un tiro fallido, es este extranjero quien le devuelve la pelota. La Nausicaa de *La Odisea* rejuvenece a Ulises, en el sentido de que lo toma bajo su protección, lo lleva al palacio de su padre, le proporciona un baño, y el ser andrajoso, que infundía miedo a las otras muchachas, pero no a ella, vuelve a adquirir su majestuoso aspecto de héroe y sus atributos reales.

Antes de adentrarnos en el episodio, me gustaría tratar de analizar algo que yo leo como un acercamiento a la homofonía. A pesar de que ciertas partes de este capítulo reacomodan nuevamente el estilo, recordando la novela romántica del s. XIX, como las de Jane Austen y Charlotte Brontë, Joyce no deja de lado sus juegos de lenguaje, y Nausicaa parece remitir a 'náusea'. La pregunta que se plantea es qué de nauseoso podría verse en este episodio. La respuesta requiere un recorrido por el capítulo.

Vemos que el encuentro entre Bloom y Gerty se produce en la playa, sin contacto ni diálogo; cada uno da rienda suelta a especulaciones o ensoñaciones sobre el otro. En las primeras líneas, Gerty invoca una bendición relativa a María Estrella del Mar –*Stella Maris*– la protectora de los marinos. Referencia a *La Odisea* en cuanto a las travesías de Ulises, pero también a la Virgen María, insinuada por las ropas celestes de la muchacha, y siendo éste el color con el que suelen representarse los mantos de María. Asociamos un aspecto de Gerty a lo virginal a través de lo cromático, reforzado por la insignia que luce como 'hija de María', una de las tantas agrupaciones civiles-religiosas que proliferan en muchos países. El *leit motif* de la Virgen va a aumentar su frecuencia. En contraste, la escena está rodeada de símbolos fálicos: la torre de la iglesia de St. Dumont, la Torre Martello que se ve desde allí, y el faro cercano. Estos símbolos –edificaciones de gran tamaño y antigüedad– lejos de haberse convertido en ruinas, conservan toda su fortaleza, pueden leerse como alusiones a una virilidad potente, y actúan como reflejo invertido de la debilidad que Bloom experimenta durante su acto onanista en la contemplación de Gerty.

En este punto, María, el faro de los navegantes, la estrella que los guía, y aquella a quienes se dirigen los dolientes, se convierte en una torre de refugio femenina; en la protección femenina hacia el hombre que va perdiendo sus atributos viriles. Es un tema recurrente en muchas literaturas; las novelas de caballería, por ejemplo, nos regalan un personaje femenino, a veces misterioso, que aparece en el momento de la necesidad del héroe.

Femenino – Masculino

Se me ha preguntado si el auxilio proveniente desde la figura 'María' parte de su condición de madre o de su condición de mujer. No puedo sino decir que las 'Marías' que se proponen a modo de la

María bíblica no tienen condición de mujer si hablamos de actividad o deseo sexual. "Pero Gerty…", estarán pensando ustedes. Sí, claro. Completo la objeción por otra vía. "Pero Gerty personaje constituye una combinatoria de más de uno", una idea a completar más adelante. Y tanto se desea en este momento del texto insistir en la obturación de la mujer que el episodio siguiente, conocido como *Los bueyes del sol*, expande el tema dando cuenta de un nacimiento con unas características más que llamativas. El padre existe, pero no ha acudido al acontecimiento, en lo que entiendo simbólicamente una madre que tiene un hijo sin intervención del hombre. Entonces, en lo que nos concierne ahora mismo, este aspecto 'María' no refiere a la madre, sino a la hacedora de milagros, puesta por Dios en el camino de los que atraviesan situaciones desesperadas. La contracara –puesto que nada sigue la línea recta; recordemos que continuamos dentro del laberinto– es que la potencia de juventud que Gerty despierta en Bloom causa un efecto paradójico: dominándolo, lo coloca en una posición melancólica respecto de lo perdido. La palabra del texto en inglés es interesante, una palabra que usamos todavía: *emasculate*, donde la 'e', un prefijo latino que significa 'fuera', deja a Bloom fuera de lo masculino, aunque en sentido estricto se trataría de la privación del pene, que él no ha perdido, pero que ha quedado reducido a manipulaciones masturbatorias. Quedaría por reflexionar qué de lo masculino se extirpa, además de lo que ya hemos visto en aquello que se espera de un hombre: la defensa de su honor, de su mujer, y de los ataques a su origen, aunque de esto último se reivindicó en la respuesta al Ciudadano. Para decirlo de un modo general, Bloom ha sido exiliado de lo que se supone es la posición masculina de fuerza, sin olvidar que viene masticando sus tribulaciones por la edad, el paso del tiempo que despoja imaginariamente al hombre de los atributos que lo signan en su masculinidad.

Gerty invoca a la María, la Virgen máxima en relación a las que lista el martirologio cristiano, creando un sentido irónico, pues su propia conducta sexual no tiene nada de virginal. Hay una clara provocación a Bloom, y las fantasías que cruzan por su mente mientras contempla al desconocido son no menos graciosas que desconcertantes para el lector de otra cultura.

Como católica, ella supone que si este señor que la mira –de lo cual es totalmente consciente, porque los ojos aceptan jugar al coqueteo– fuese un protestante (ni se le ocurre que existen otras opciones), ella podría, a través del amor, convertirlo al catolicismo para iniciar una relación. En ningún momento piensa en un judío irlandés. Su estrecho mundo, compartido por la mayoría de ese presente histórico en el lugar, se reparte entre católicos y protestantes.

La conducta de Gerty, sus pensamientos 'impuros', anticipan la aparición del personaje Bella-Bello; es decir, un hermafrodita, en un episodio posterior. Vamos a recordarlo al llegar. Mientras tanto, démosle a Gerty el crédito de su sincera preocupación por Bloom. En algún punto la conmociona, le provoca pena, y lo que siente por él permite que aplique a su propia persona la peregrina idea de reencarnar a la Virgen María, refugio de los pecadores (por este nombre se la conoce también), para 'salvar' al desconocido. Sin duda sabe que se trata de un pecador, porque ve lo que él hace, y el pecado es de la carne. La grosería del acto trata de atenuarse en un supuesto lazo amoroso entre ellos, sostenido por el estribillo de una canción que corre por los pensamientos de Bloom: "Dime, Mary, cómo he de cortejarte". Es llamativo que Bloom responda a las ideaciones de Gerty sobre María, sin conciencia de que ella, deliberadamente, se le está ofreciendo como uno de los avatares de la Virgen, de las formas en las que se dice que María se manifiesta ante algunos creyentes privilegiados.

Por otra parte, en este episodio Bloom repiensa su relación con Molly, y muchas 'Mary' llevan el sobrenombre 'Molly'. Así, la canción no necesariamente se dirige a sólo a Gerty; inclusive, y lamento si esto confunde, veremos que Gerty termina siendo un avatar de Molly. Retomando: hacia el final del episodio, Molly ocupa la mente de Bloom, pero de una manera diferente, desprovista de la agitación y preocupación que lo asaltaban cada vez que la figura de su mujer invadía el decurso del 'flujo'. Se ha perdido la sensación de exclusión respecto de Molly que señalamos en ocasiones anteriores. En una construcción muy musical, la transición en el pensamiento de Bloom expresa la creencia de Joyce de que el amor actúa como facilitador de las relaciones interpersonales. Es un indicio de que el tono va cambiando, de que hay salida de todo lo tremendo, lo trágico, que el humor no termina de obturar. Habría que decir que Joyce no encaró esta obra con lo trágico por meta pero, en tanto cualquier obra es completada por el lector, la experiencia lectora frente a la obra la tiñe de colores muy oscuros, ominosos, a punto tal que a muchos el humor les pasa completamente desapercibido. A pesar de lo chocante que nos espera todavía, la novela entra en otra etapa, donde vamos a encontrar algunas respuestas y, fundamentalmente, la postura positiva del autor respecto de la vida. En un lenguaje sumamente ordinario, y pidiendo disculpas por la vulgaridad, yo lo resumiría así: "todo esto es una porquería, pero hay una forma de sobrenadarla, dada por el amor".

Adiós a la playa

El episodio contiene, además, alusiones a *La Divina Comedia*. Quizá Joyce confirma así su conexión temática con los cantos finales de *El Paraíso*, la *Oda al amor* que mencionamos no hace mucho. En la Oda de Dante, cuando la Virgen María aparece en el Paraíso ofreciendo amor y piedad a todos los que la necesitan, se produce una explosión de luz. Joyce incluye estos elementos en los fuegos artificiales, en las luces del faro, y en los himnos y canciones de amor de la última escena que transcurrirá en la playa.

Podría decirse que el diálogo silencioso entre Bloom y Gerty opera a modo de respiro entre la violencia anterior desencadenada por el Ciudadano y el papel de guardián de Stephen hacia el que Bloom se encamina en los tres capítulos que faltan para cerrar la historia.

Ciertas frases sugieren que, para Joyce, la institución Iglesia continúa deslegitimada, aunque, a nivel humano, el sentimiento religioso es sanador, entendido como la compasión por el otro, el cuidado del otro, todo lo que la escritura trasunta desde el personaje de Gerty. Se perciben dos actitudes: una conducta 'inmoral' (el entrecomillado se debe a que, para el vulgo, lo inmoral guardaba relación sólo con lo sexual público o sabido, y no estoy muy segura de esto haya perdido vigencia), y un interés genuino por el desconocido que se ve tan desdichado.

Es necesario tener en cuenta que la fuerza que adquiere la profusión de las alusiones a María debería remitir también a Stephen, que evocaba a su madre –Mary Dedalus– en esta misma playa, casi al principio, durante el paseo en el que iba pisando las conchillas. La temática contrapone acá la potencia comparativa del amor materno y del amor paterno, que se despliega en el capítulo siguiente. Un crítico afirma que mientras Bloom se prepara para la función paterna, lo sostiene la intervención maternal de Gerty, pero que su sinceridad del deseo de hijo se ve disminuida por haber desparramado su simiente en el acto de la masturbación. El comentario encuentra contradictorio el deseo de hijo y el desperdicio de la materia que podría engendrarlo. Creo que la contradicción no es tal, porque Bloom no parece en condiciones de llevar a cabo una cópula ni se propone un nuevo comienzo. Su deseo de hijo se describe centrado en la fantasía de Rudi; no es cualquier hijo, sino lo que en su imaginación reemplazaría a **su** hijo muerto.

La mujer y la náusea

"La náusea se juega dentro de las estrategias del género romántico, encantador, con visos de ternura, pero con la masturbación inscripta y descripta. A esto se suma el shock de enterarnos, cuando Gerty se pone de pie, de que es renga. Entre estos dos extremos, el amor encantador del s. XIX despojado de toda connotación erótica, acá desacralizado por el acto onanista, y la bella muchacha del mundo interno de Bloom, que se materializa en una discapacidad física, se cuela la náusea".

"Hay una descomposición de la imagen, que podría traducirse en náusea, disparada por la masturbación de Bloom y la renguera de Gerty. Me parece, además, que hay otro orden de rechazo, un rechazo muy fuerte de ella en relación a los niños. Lo veo como un rechazo a la posición femenina y a la maternidad, que ella vela echando mano al lenguaje de revistas femeninas y del corazón, dirigidas al adorno y a la composición de una imagen que termina rengueando, y no sólo de la pierna. Se va desarmando a medida del deseo de ella de dar vuelta la situación como un guante, de mostrarse, de exhibirse ante el desconocido que la observa. La masturbación no es unilateral, aunque sólo la mano de Bloom se mueva. Los dos saben de qué se trata, y ella se presta".

"Respecto de la masturbación, algo viene insinuándose desde otros momentos, y lo mismo pasa con el rechazo a la maternidad. En este capítulo se percibe un tratamiento diferente entre lo que sería la condición femenina y la condición materna en relación a la infertilidad y al hecho de que Bloom haya perdido un hijo varón, y cómo, en este sentido, parece que su sexualidad se restringe al onanismo, sin llevar a cabo el acto de la transmisión de una semilla que dé lugar a una nueva vida. No digo que esto se asocie a la náusea, sino que es una buena razón para pensar en bueyes y no en toros".

Reflexiones elaboradas durante los seminarios. Cabe aclarar que el amor puramente romántico del s. XIX primó en la literatura británica, puesto que otras no vacilaron en desnudar el erotismo, e inclusive en traspasarlo para alcanzar una animalidad muy poco estética pero no por ello menos vivida como cosa diaria.

Vuelvo al 'enigma' de la identidad profunda y fusionada que trastoca a Gerty en Molly. Gerty no es un personaje aislado u ocasional, ni un pretexto para impulsar la polución crepuscular de Bloom. Está latente la cuestión de la juventud y la vejez o mayor edad. Cuando avancemos hasta el monólogo de Molly, ella va a recordar haber efectuado una masturbación durante sus años en Gibraltar, antes de relacionarse con Bloom. A tal efecto, Molly cubrió su mano con un pañuelo. En la escena que estamos analizando, también aparece un pañuelo en la mano de Gerty, que está resfriada y se suena la nariz. La mente de Bloom no puede evitar el contraste entre esta joven encantadora –antes de que se ponga de pie y rompa el hechizo con la renguera–, bonita, y fundamentalmente limpia. Su noción de 'limpieza' abarca lo externo y lo interno: la visión de la ropa interior de Molly tirada sobre la cama, su desorden y falta de higiene (recordemos los jabones que él compra), y la suposición de que se encuentra ante una joven 'inocente'. La oposición joven-limpio/viejo-sucio va a desarrollarse en los capítulos posteriores. Una extensión menos sofisticada de la náusea, y por cierto ligada al rechazo, pero no de ella, sino de él, es que el orgasmo al que arriba tras la masturbación le provoca un estado de debilidad que el libro llama 'lasitud'. Esto dirige sus pensamientos a que la lasitud post-orgásmica es un signo de envejecimiento porque, en otra edad –en consideración de Bloom– el orgasmo no es debilitante.

La narración comenta que Gerty 'lava ropa'. Parecería que, en su imaginación, también 'lava' la figura de Bloom, rejuveneciéndolo y mejorando su apariencia mediante elementos tomados de las revistas femeninas de la época, invistiéndolo de rasgos interesantes, alguien propicio para inducir un estado de ensoñación abonado por las fantasías internas y muy alejado del hombre de carne y hueso que despliega sus propias fantasías en el juego de miradas al que ella se ofrece.

Cabos sueltos

En razón de que un análisis exhaustivo del lenguaje demandaría otro libro, y de mi desacuerdo con un desmenuzamiento que termina por estropear el placer de la lectura, hemos tomado muy pocas palabras significativas para ver qué contienen en realidad. Aquí me interesa un neologismo: *soulwreck*, que podría traducirse como 'náufrago del alma', o como los restos del alma después de un naufragio espiritual, comparable a los naufragios reales y metafóricos de Ulises. Esta idea cobra fuerza por la referencia a las tormentas, que presentifican las tormentas interiores de Bloom y las del mar por el que erró Ulises.

El capítulo cierra con la palabra 'cucú'. La mente no puede dejar de asociarlo a *cuckold*, por sonido, puesto que la palabra inglesa aparentemente proviene del francés antiguo 'coco', con el agregado del sufijo *'ald'* de la misma época, y aportando el significado 'cornudo'. De ahí que *'cuckold'*, a través del anglonormando, resultaría de aquel cucú. ¿Por qué? Porque la pájara de la especie abandona el nido y deposita sus huevos en los nidos de aves de otras especies, para que sean criados como propios. En francés, y en extensión, el dejar el nido se entiende como traición a su pareja. El cucú, entonces, marca el paso del tiempo en su acepción de reloj, el estatuto de cornudo de Bloom y, en tanto se repite tres veces, algunos autores lo asocian con la triple negación que Pedro hace del Cristo, si se acepta que Bloom representa una figura crística. No es ésta la línea que me interesa tomar, pero queda abierta a la indagación del lector curioso.

De bueyes perdidos

El episodio siguiente traslada la acción al hospital donde Mina Purefoy realiza un penoso trabajo de parto de duración inusitada: tres días.

En relación a *La Odisea*, este capítulo se ha denominado *Los bueyes del sol*. En su visita al Hades, Odiseo recibe una severa advertencia de Tiresias —mejor dicho, del espíritu del profeta tebano— respecto de no recalar en la isla de Trinacria o, en su defecto, abstenerse de dañar el ganado que allí pastorea, pues se trataba de bueyes sagrados consagrados a Helios. No le es posible evitar la isla y, aunque hace jurar a sus hombres no alimentarse de los animales, el tiempo adverso para hacerse nuevamente a la mar es demasiado largo, y lo inevitable sucede. La ira del dios se desata sobre la tripulación, y sólo Odiseo escapa al castigo.

Al igual que con todo mito, existen diversas versiones de la historia. Antes de despejar las confusiones creadas por las variantes, me interesa recordar que muchos dioses olímpicos se asociaban con animales que les eran consagrados y sobre los que había una interdicción de caza o matanza cuya desobediencia implicaba terribles consecuencias para el infractor. Valga como ejemplo adicional la corza con cuernos de oro de Artemisa. En el caso de Helios (el sol, *sun* en inglés, y homófono de *son* –hijo– que tiene relevancia en el argumento, como ya sabemos), se trata de unos bueyes dorados: el color no es caprichoso. Se dice de los distintos animales incluidos en esta categoría divina que no se reproducían porque, al ser una suerte de emblema totémico del dios o diosa, eran eternos e inmortales como la divinidad que representaban.

Algunas versiones reemplazan los bueyes por vacas o terneras. A nosotros nos sirven en la ruta de sentidos múltiples o ambivalentes que venimos transitando, y que se nos complica de todos modos, porque nuestro texto imbrica el buey –el animal castrado y, por lo tanto, incapaz de engendrar– con el toro, el animal potente, explícito en el nombre que recibe el fruto de Mina: *Bullybull*, un doble toro (*bull*), y eso sin tomar en cuenta que *bully* –matón– lo convertiría en el toro que se enseñorea sobre los otros.

Pequeña advertencia

Este episodio abunda en juegos de palabras o retruécanos que pueden haber sufrido perturbaciones en el proceso de traducción. Trataremos de rescatar algunos, pero sin duda habrá resto perdido. El relato lineal, que transcurre en la espera de un niño que demora en venir al mundo, se retuerce, como corresponde al laberinto, en la intertextualidad –no exactamente en el sentido que le damos hoy– temática o estilística con numerosos autores que van desde los celtas anónimos hasta el s. XVIII. Se reconocen fácilmente *Beowulf*, una antiquísima leyenda épica de origen muy discutido (si anglosajón, si teutónico, si...) cuya primera versión escrita se atribuye al s. XI, y las novelas de caballería, con Bloom transformado en *Sir Leopold*. Lo demás es difícil de identificar para culturas no familiarizadas con los autores. Sin fragmentar el capítulo, por los motivos que ya hemos discutido respecto de 'trozar' un escrito para su disección, menciono que entre los estilos distintivos más fácilmente reconocibles se encuentran los de Sir Thomas Malory, Thomas Browne, John Bunyan, Samuel Pepys, Lawrence Stern, Charles Lamb, Thomas De Quincey, John Ruskin, y Dante y Gabriela Rosetti.

El eje y los radios

El eje temático del episodio se ubica en 'vida v. muerte'. El ciclo de la vida se abre e ilumina simbólicamente con el sol (Helios en el mito) como chispa que la enciende, y se cierra con la destrucción del ganado, que implica la muerte de quienes se rebelan ante el tabú. Es natural que la escena se desarrolle en el Hospital Nacional de Maternidad. El director del Hospital es también el médico que atiende a la parturienta por quien Bloom se interesa, y su nombre es A. Horne. Aquí se produce un juego de palabras sobre los cuernos bovinos y los nacimientos múltiples que hacen del lugar un 'criadero'.

Joyce escribe el apellido del médico HORNE. La 'e' final es muda, de modo que suena *horn* = cuerno, el recordatorio del mito en la sinécdoque, un tropo que, entre otras cosas, utiliza la parte para representar el todo. Si quisiéramos pronunciar la 'e', contra las reglas de la fonética, pero los apellidos tienen sus caprichos, esa 'e' sonaría 'i' corta, y nos veríamos ante el adjetivo slang (argot) *horny*, que significa 'cachondo/a', aludiendo a la libido muy alta y al gran número de nacimientos efecto de las calenturas respectivas de las parejas cuyas mujeres dan a luz en el hospital.

Se suceden frecuentes apariciones de la forma antigua del término que significa 'criadero': *bairne*. En inglés moderno, esta palabra se ha reducido a *barn*, que además refiere a un establo. Decir 'establo' al hablar de nacimientos, y sumado a desarrollos anteriores, equivale a recordar el nacimiento de Jesucristo. Hagamos un paréntesis antes de especificar qué otros elementos nos acercan esta lectura. La madre centro de atención del grupo de hombres reunido en el hospital se llama Mina, igual que la Miss Kennedy del capítulo de la taberna, y ambas son de cabello rubio dorado, apuntando al sol y al color de los bueyes devenidos vacas en una de las variaciones del mito. Al bebé se lo llama 'niño dorado', en un juego de homofonía entre *sun* y *son*. El niñito dorado —niño sol o niño hijo— se rodea de una cantidad de tropos que incluyen lana y ganado respecto del recién nacido. Esto lo identifica con el ganado sagrado de Helios, y además sugiere que el niño quizás venga a ocupar un lugar mesiánico, a raíz de que la madre va a parir en ausencia de un padre que, si bien existe y le ha dado su nombre, no se presenta en el hospital en ningún momento. Todos están ahí, menos el padre. Es sugestivo que el nacimiento se produzca luego de tres días, el mismo tiempo que transcurrió entre la muerte y la resurrección de Jesús. Así nos acercamos a la analogía con María y su hijo. En la narración bíblica, José no era el padre, aunque sí acompañó el nacimiento. El verdadero padre, que se dice omnipresente, al estar en todas partes, no está en ninguna, y además es invisible e inaudible.

Este es un día de muertes concretas –Dignam– y espirituales, como las que experimentaron Stephen y Bloom en distintas instancias. En este niño que nace se vislumbra una esperanza de cambio positivo, un desvío alentador fuera de las expresiones de decadencia y esterilidad que marcaron partes anteriores. Joyce construye el personaje de Mina desde la palabra de otros. Es sólo un ser nombrado a semejanza de la Virgen en la ambientación de establo y en borramiento del padre. Ya a esta altura no sorprende demasiado que Joyce construya la temática vida-muerte sobre la madre como origen de la vida, en tanto sus padres, comenzando por Simon Dedalus y terminando por Mr. Purefoy, parecen condenados a dar su nombre sin ejercer la función paterna respecto de los hijos varones, y Bloom, que querría ejercerla, perdió a su hijo.

La conversación de los hombres en espera está plagada de blasfemia, con un tratamiento cínico del nacimiento, las parturientas, cuántas dan a luz, cuántas mueren, si corresponde que prevalezca o no la vida de la madre en caso de tener que optar. Se destaca el lenguaje soez de Mulligan, quien además se muestra más insistente en la cuestión de la muerte. Puede leerse como el epítome de la matanza metafórica de los bueyes; es decir, Mulligan reuniría en su persona a los blasfemos míticos que mataron a los bueyes del Sol.

Femineidad y maternidad

Un concurrente a los seminarios quedó atrapado en la alusión a Lilit, percibiendo una diferencia entre las mujeres que no son madres, y estableciendo una diferencia entre femineidad y maternidad. Según la versión que aportó, Lilit fue desterrada del Paraíso porque, estando hecha de barro, aunque no del barro celestial que constituyó a Adán, se niega a copular con éste y termina pariendo demonios.

Interesante versión judeocristiana de la diosa sumeria/acadia Lilith. En realidad, los diablos o demonios de las religiones más nuevas eran los dioses caídos de las religiones antiguas. Junto con el destierro –trabajoso, por cierto, de la Diosa Madre, que algunos afirman fue conservado en las imágenes de la Madonna con el bebé Jesús en brazos, una imagen sospechosamente similar a algunas estatuillas de Isis con el niño Horus –surge el mito de Lilith como la mujer de barro impuro y, por ende, madre de demonios. Antes de eso, se la conocía como la Primera Eva o Diosa Madre. Al establecerse el mito de la creación divina del hombre por un Dios masculino, dándole una compañera sometida, semejante a la estructura teocrática que importaron los aqueos, Lilith queda relegada al lugar demoníaco, desde el cual la religión judeocristiana no admite la posibilidad de la reproducción a imagen y semejanza de Dios, según nos informa la Biblia.

Lilith queda entonces del lado de la sexualidad, en tanto ésta está prohibida por la Iglesia si no tiene una finalidad procreativa, mientras que Eva queda del lado de la madre, la madre universal. Para ver cómo se unen cosas que uno francamente no comprende cómo han llegado a juntarse, cabe recordar un antiguo mito celta adoptado por los anglosajones y que se describe en *Romeo y Julieta*: el de *Queen Mab* [la Reina Mab]. Cuando Romeo, en las nubes del enamoramiento, habla con su mejor amigo de lo que le ocurre, recibe esta respuesta: "Veo que la Reina Mab ha estado contigo", y pasa a explicarle que Mab visita a los hombres en sus sueños, provocando poluciones nocturnas y fantasías sexuales sin propósitos de procreación. El tema de la procreación se insinúa muy seriamente en el capítulo anterior, asociado al misterio de la menstruación. Hay comentarios que señalan a la mujer menstruante como provocadora de abortos espontáneos, a la vez que se cree que el sólo verla hace que se corte la leche. Una mujer menstruante no está en condiciones de procrear, y de ahí las 'brujerías' que se le atribuyen, además del estado 'impuro' que le impone el judaísmo ortodoxo. Por otra parte, no hay que cargar todas las tintas de la elección por la femineidad antes que por la maternidad sobre las mujeres. Como bien dice el texto, ya existían los preservativos de tripa de buey, de los que se habla extensamente en las *Memorias de Casanova*, incluido el precio; precio de oro, según cuenta el gran mujeriego.

La estructura

Desde un narrador omnisciente y exterior a los acontecimientos, la prosa, focalizada sobre el tema del nacimiento, se divide –artificialmente, por supuesto –en nueve secciones cuyo propósito es emular los nueve meses del embarazo. Cada una de las secciones corresponde a una fase de la gestación o de la evolución de la lengua inglesa, y por eso me referí a los comienzos celtas. Comienza con un cántico celta compuesto por oraciones entrecortadas, y va avanzando hacia formas progresivas del inglés antiguo de la Edad Media, del inglés isabelino y de la época de Jacobo I, y de los siglos XVII y XVIII. A medida que se va completando el orden sintáctico, el tono narrativo se aclara; es decir, se comprenden mejor las conversaciones, aprehendiendo las formas típicas de cada uno de los períodos. En la primera parte, la que equivaldría al inglés antiguo, Joyce emula la épica de *Beowulf*. Luego se apoya en *Everyman*, una obra anónima escrita en el s. XVI sobre una base muy de tradición oral mucho más antigua, que habla del destino común del hombre encaminado hacia la muerte. 'Everyman' es 'todo el mundo', algo que Joyce retomará después en *Finnegans Wake* mediante un desdoblamiento onírico de un personaje a quien llama H.C.E. –Here Comes Everybody, o Aquí Viene Todo el Mundo– sustentado en el *Everyman* que introduce en *Ulises*.

A partir de aquí, aunque Joyce por supuesto no lo anuncia, entramos en los preliminares de *Finnegans*, algo que sólo se percibe retrospectivamente volviendo sobre *Ulises* desde la otra su última novela. Entra luego Geoffrey Chaucer con sus *Cuentos de Canterbury*. En ocasión de un peregrinaje a la tumba del mártir Thomas Becket, Chaucer reúne en los cuentos todas las clases sociales y las ocupaciones del medioevo. Para aliviar el tedio del camino, cada uno de los personajes relata su historia, repasando la condición humana, desde la más baja o vil hasta la más noble o enaltecedora, y a medida que aumenta la tensión en el texto el relato se apropia de versiones del inglés moderno, relacionadas estilísticamente con los decimonónicos de Dickens y Thackeray. Stephen, en estado de debilidad por haber sido objeto de muchos ataques durante la conversación a causa de que no disfruta de la diversión de los estudiantes de medicina y sus amigos respecto de tomar tan a la ligera la vida y la muerte que rodean al nacimiento, abandona el lugar. Con su partida se corta lo que se llamaría el lenguaje del Imperio, puesto que, desde lo lingüístico nos encontramos en la era victoriana, y cierra el capítulo con una especie de degeneración de la lengua, con un argot dialectal urbano, poniendo fin al ciclo nacimiento-muerte y nacimiento de la lengua-muerte de la lengua, en tanto el uso del argot la ha bastardeado.

En conclusión, este capítulo me sugiere que la palabra se hace carne, y lo justifico en la observación de que mientras la conversación ociosa se desgrana en la sala de los médicos, nace el hijo de Mina, como si los intercambios verbales hubiesen contribuido al milagro del nacimiento. Después de estos tres días de trabajo de parto —probablemente una metáfora del tiempo— aparece la carne. Con igual relevancia, se pone de manifiesto el caos de la lengua: el caos anterior a que la lengua se termine de estructurar, que hace paralelo al caos del habla en las calles de Dublín en la época. Entonces, va de caos a caos, y por eso también el nacimiento y muerte de la lengua.

Las leyes del caos

Hablo de un caos diferente, intensificado, y difícil de digerir. Durante todo el tiempo que Bloom y Stephen han compartido una misma sala en el hospital, el primero fue asaltado por inexplicables sensaciones de inquietud respecto del joven. Lo sentía débil, pobre, aislado de los demás, esos a quienes les resultaba indiferente la tasa de nacimiento y mortalidad, plantados en un cinismo que suele criticarse a los médicos. Bloom, preocupado, va tras los pasos de Stephen porque, notando que se dirige a la zona de los burdeles, presiente que puede tener problemas.

Al llegar al barrio, ambos personajes entran en una ensoñación que los conduce a fantasías que transcurren en su mente como respuestas directas al mundo real. Es decir, algo que ocurre en la realidad desencadena fantasías llevadas a las últimas consecuencias, y que recorren todas las perversiones imaginables, algunas rayanas en el horror. Es importante ver que Joyce trabaja el capítulo a la manera de una banda de Moebius, donde lo interno y lo externo —fantasía y realidad que la provoca— se suceden en la torsión de la banda.

La yuxtaposición de personajes e incidentes nos acerca más a la técnica que luego producirá *Finnegans*: los unos son otros, y los otros, otros más. Stephen y Bloom, que siguen siendo ellos mismos aún inmersos en sus fantasías, son los únicos que conservan su identidad, la que conocimos hasta ahora. El resto de los personajes, fieles a la magia de Proteo, cambian de identidad, de sexo, de demanda, al compás de una enorme velocidad en los cambios de estilo evidenciados por el modo de lenguaje que utiliza este episodio. Necesitamos paciencia para poder desprender los componentes, hasta donde sea posible.

Circe

La Circe mítica que da nombre a este episodio, es llamada reina y/o hechicera, pero de origen divino, por ser hija de Helios y de una Oceánide. Hay otras versiones que la sindican como hija de Hécate, uno de los nombres de la Diosa Madre, de quien habría heredado sus poderes mágicos. Habitaba la isla de Ea, probablemente situada cerca de una península mediterránea próxima a España, por lo cual sería lícito afirmar que nos encontramos ante otra 'isla de la muerte' de las que ya hemos hablado. La peculiaridad de Circe es que convierte en animales a todos los hombres que llegan a sus costas. Suele decirse que los compañeros de Ulises fueron transformados en cerdos; sin embargo, a su llegada, observaron una abundancia de especies zoológicas diversas –otros desdichados que corrieron la suerte que les aguardaba a ellos– y lo más probable es que la diosa (puesto que estamos hablando de una inmortal) efectuara el cambio de acuerdo con la naturaleza intrínseca de cada hombre. Por lo tanto, quienes terminaron en la piel del cerdo, habrán revelado características propicias para ello.

El cerdo, en cuanto símbolo, connota suciedad, apariencia des-agradable, e ininteligibilidad en el gruñido que emite. Por supuesto, ningún animal salvo el humano ha desarrollado lenguajes; sin em-bargo, solemos decir que nuestras mascotas –perros, gatos –'hablan', debido a las diferentes modulaciones de sus sonidos. Nadie lo dicho respecto del cerdo, notorio, además, por una lujuria sexual muy lejos de la privacidad. Sabemos que a ciertos animales, para facilitar su apareamiento, hay que proporcionarles determinadas condiciones ambientales sin las cuales la hembra se resiste o el macho circula por otro lado. Entonces, cuando Circe convierte a los hombres en cerdos, parecería mostrar lo peor del hombre. Donde la pátina de civilización o educación se borra, emerge un ser repulsivo y desin-hibido que hace cualquier cosa en cualquier lugar.

Bloom ha renegado del judaísmo como religión –no quiero dete-nerme en la prohibición bíblica de comer cerdo, porque nos llevaría a descubrir que muy posiblemente responde a la identificación del cerdo con un animal totémico sagrado anterior a la etapa monoteísta hebrea, y esto nos obligaría a devanar una larguísima historia –y acá se le reprocha, al igual que en otras partes del libro. Principalmente, el reproche se hace oír en las voces internalizadas de sus padres, y en su propio remordimiento por haber abandonado la religión de sus ancestros (el mundo interno). Sabemos que no practica los ritos, que toma alimentos que le están prohibidos según la Biblia, y además necesita integrarse: la integración es a una Irlanda católica. Pero en el fondo de su alma sigue sintiéndose judío, y ese fondo irrumpe en el afuera, como también hemos visto. En su interior se desarrolla una lucha tremenda entre lo que no puede dejar de ser y lo que querría dejar de ser. En este capítulo, en tanto Bloom hace las veces de Odiseo, y Odiseo esquiva la transformación gracias al moly del que lo ha provisto Hermes, Bloom se ve inmerso en durísimas fantasías masoquistas, aunque desde la condición humana, no desde la inconsciencia animal.

En consonancia con lo anterior, Circe retiene a Ulises en su condición de hombre, lo que significa que el héroe de *La Odisea* es 'lo bastante hombre' para que esta mujer terrible –terrible por su belleza y por su poder– se enamore de él. Esto dotaría al Ulises concebido por Homero de una masculinidad en cuanto a carácter, y de una virilidad en cuanto a potencia sexual capaces de satisfacer a semejante mujer. 'Lo terrible' de las mujeres es imaginado por muchos hombres como aquello que no pueden satisfacer; pues bien, a ésta, este hombre en particular sí puede, y ahí radica el interés de ella en retenerlo. Cuando finalmente le permite partir y reconvierte a sus compañeros, dándole indicaciones para que los peligros que lo acechan le sean menos penosos, podemos hablar de la renuncia por amor de hasta 'la mujer terrible'. Creo que hay una gran reivindicación de la mujer aquí, un apartarse de la misoginia que hemos visto en otros capítulos, donde es constantemente denigrada y humillada, donde no hay perdón para la mujer.

La apreciación de los lectores

Ya expertos en desentrañar la técnica con que fue escrito el libro, distintos lectores formularon teorías valiosas. Sin importar su condición de verdad, puesto que en literatura, como en la vida, la verdad es relativa y, citando a Oscar Wilde, "nunca pura y rara vez simple", el valor reside en la capacidad de pensar más allá de la letra impresa. Veamos:

"El capítulo está presentado en forma teatral. A mí me hace pensar en el teatro de la vida, con los problemas de los sexos, el amor, el

deseo. Lo lúgubre de los escenarios provoca asco. Bloom es el centro, y Stephen está en dos mundos, inmerso en lo que le preocupa: la poesía, el arte, la pregunta filosófica".

"Es difícil separar lo que es real y lo que no. Creo que el autor nos ayuda mediante el uso de bastardillas en ciertos diálogos. Hay cosas muy interesantes: de pronto aparece una mujer cubierta de brillantes con una boa falsa; la belleza y la falsedad, la no verdad".

"Además de toda la cosa irónica, o el exceso, que se pone en juego para resaltar la oposición de los sentidos, lo real está también en el monólogo interior, que ahora reconocemos más fácilmente porque estamos entrenados. Yo creo que en este capítulo, fabulación aparte, se juega el armado del rompecabezas que se desparramó en los anteriores, con una recopilación de quiénes fueron los personajes, qué les sucedió ese día o en la vida, y qué se repite de su historia".

"Habría que considerar qué es real y qué no con base en los mecanismos de la memoria. El problema reside en que la memoria distorsiona, en la evocación, las supuestas realidades, a veces porque son demasiado dolorosas y nos destruirían si no intervinieran los procesos distorsivos, y otras porque los 'agujeros' –aquello que no es posible recuperar– tienden a rellenarse con cierta lógica para no romper el continuum del recuerdo".

En esta novela, los personajes son 'reales' dentro de las reglas que rigen el universo en el que fueron creados. Sin embargo, el entramado que solemos hacer de acontecimientos que leemos, o de nuestras propias vidas, se arma a partir de lo que podríamos llamar 'falsas uniones', para poder darles algún viso de sentido cuando dudamos de nuestra comprensión, y seguir adelante. Eso vale también para los personajes en su mundo de ficción. Por suerte, existe el olvido como función, no como disfunción de la memoria. De no ser así, por lo general no podríamos resistir el peso de todos los recuerdos, y los personajes, tampoco.

Los soldados ingleses, el burdel, las prostitutas, Stephen y Bloom son, sin duda, reales. Todo lo demás es producto de la alucinación, aunque el material que la constituye se nutre de personajes que en algún momento formaron parte de alguna realidad, externa o interna, de las historias personales de los protagonistas.

Anthony Burgess *dixit*

Burgess es autor de un texto titulado *Re Joyce*, un retruécano en homenaje al autor que analiza. *Re* funciona como '*reference*', como se anuncia el tema en los memos. Pero si unimos el título y cambiamos la 'y' de Joyce por una 'i', que sonaría igual, nos encontramos con el verbo '*rejoice*': disfruta, alégrate, diviértete. En su análisis del *Ulises*, Burgess juega: su libro trata de la obra de Joyce, pero además llama a disfrutarla con regocijo. Dice que el capítulo dedicado a *Los bueyes del sol* celebra la fertilidad, mientras que en *Circe* reina el burdel y las madres se han sustituido por prostitutas. La locomoción puesta en peligro por las consecuencias de la sífilis y el peligroso arte de la brujería reinan en las tierras de la hechicera. En el capítulo anterior, la tierra recibía la lluvia (fertilidad); aquí todo es niebla que retuerce la realidad en formas fantásticas. Cito: "[...] para Bloom éste es el territorio más desconocido, éste del distrito de los burdeles, y uno que no elegiría por gusto, pero siente que tiene un deber paternal para con Stephen, que ha decidido visitar estos parajes acompañado sólo por Lynch".

Recordemos que Lynch era el amigo que, en el *Retrato del Artista...*, cumplía el rol de Judas respecto de Cristo. Acá actúa de la misma manera, acompañando, porque todos los demás han decidido quedarse bebiendo por ahí o, ante lo peligroso del distrito de las luces rojas, echarse atrás y buscar diversión en lugares mejor protegidos. Sin embargo, la naturaleza de Judas se pone de manifiesto cuando la atmósfera comienza a enrarecerse. Lynch abandona a Stephen. Burgess dice que, aunque los poetas borrachos se sienten a gusto en los burdeles, Bloom teme por ese hijo que ha decidido adoptar, y se siente capaz de cuidar de él y de sí mismo porque ha bebido poco y además porque lleva consigo algunos amuletos para protegerse de la lujuria.

Entre los amuletos se cuenta la flor del 'moly'. Con muy leve diferencia de pronunciación, Bloom llevaría a Molly, su mujer, en calidad de objeto interno. 'Moly' es lo que le da Hermes a Ulises para protegerse de los hechizos de Circe, y al mismo tiempo ella utilizaba esta planta en la preparación de sus brebajes, lo cual significa que el portador de la flor neutraliza el daño mediante el mismo elemento que lo provoca.

La protección se completa con la barra de jabón que lo hemos visto comprar, con una pezuña de cerdo y una pata de oveja que adquiere especialmente, y con la papa que Bloom viene cargando en el bolsillo desde el principio; Burgess dice que en Irlanda la papa, en la creencia general, sirve para combatir el reumatismo, lo cual remite a los últimos pensamientos de Bloom respecto de su decadencia física, que incluye un principio de reumatismo.

En la medida en que el cerdo estaba consagrado a Hécate, podemos suponer que Circe, entre otras cosas, es una de las manifestaciones de la Diosa, y que poseer un miembro de su animal totémico haría al poseedor indemne al hechizo o al poder sobrenatural ejercido por la divinidad. La pata de oveja se relaciona con los carneros de los cíclopes. Ulises y sus hombres lograron escapar de la caverna escondidos entre los carneros; el pensamiento mágico de Bloom-Ulises le haría creer que aquello que lo salvó en una ocasión va a repetir su función ante el peligro que teme.

Según Burgess, estos amuletos se incluyen en la amplia imaginería animal de la isla de Circe. Recordemos que el capítulo que nos ocupa abunda en nombres de animales, no representados como tales –salvo el perro, que conocimos como el perro del Ciudadano– pero sí en la manera de dirigirse unos a otros dentro de las alucinaciones y en las descripciones de los rasgos animales de ciertos personajes. Ahí es donde se evidencia el zoológico. Agrega Burgess que cada una de las bestias, especialmente las más primitivas, está preparada para devorar el alma del hombre, y que cuando el hombre conserva su forma, ésta aparece retorcida, atontada, y balbuceante. Esto lo vamos a mantener en suspenso, adelantando que quienes mantienen su forma son los personajes reales. Sólo Bloom sostiene la figura del hombre como especie superior, intocado por la varita mágica que reduce al humano a la condición de bestia.

Por lo que hace a la estructura del libro, este capítulo es el más importante. Acá van a adquirir su desarrollo pleno todos los temas sugeridos hasta el momento; por eso dije antes que todo lo que aparece acá fue nombrado. La técnica utilizada en *Circe* corresponde a la alucinación: esto es lo que piensa Burgess respecto de la fantasía. Los personajes se convierten en protagonistas de una obra teatral y se encuentran con la personificación de sus fantasías más recónditas: Bloom deviene alcalde de Dublín, trae al mundo un sinnúmero de hijos varones, ve la edificación de la nueva *Bloomusalem* (la nueva Jerusalem), se convierte en el rubí que es orgullo del anillo y presencia el fin del mundo. ¿Qué más se puede pedir? Realiza, en el campo de la alucinación, todas sus fantasías positivas. Las otras pertenecen al campo masoquista que veremos después. Las alucinaciones las conjura el autor, quien utiliza su propia 'magia' para hacer aparecer a la madre muerta de Stephen, por ejemplo. Juntos, Stephen y Bloom ven en un espejo un transvestismo de Shakespeare barbotando un verso de Oliver Goldsmith, un anacronismo total, porque median doscientos años de diferencia entre ambos. Burgess reflexiona lo siguiente: si las fantasmagorías son subjetivas, Bloom y Stephen son una misma persona, pero como claramente no es así, sería de concluir que la fusión corresponde a un movimiento de sonata.

Ya hemos discutido, en otro capítulo, la fuga como forma musical, y la inclusión de la música y el canto. Burgess, además de ser un escritor excepcional y gran lingüista, hizo estudios muy serios de música. En su análisis del *Ulises*, va buscando equivalencias con formas musicales, y considera que este capítulo en particular está escrito a la manera de una sonata. En la sonata más moderna, pensada para un instrumento solista con gran acompañamiento instrumental, hay un punto en el cual todos los instrumentos y el solista se unen en la misma música. Él explica que la aparente fusión entre Bloom y Stephen corresponde al punto de unión de la música dentro de la estructura de la sonata. El solista sería Bloom, aunque después, en un artilugio típico de Joyce, quien toca el piano es Stephen.

"Un solo elemento de la realidad tiene importancia: el ataque que Stephen sufre a manos de dos soldados ingleses. Bloom se hace cargo, y entiendo que aquí responde al *Sueño de una noche de verano*". ¿A qué se debe esta afirmación de Burgess? Sabemos que esta obra está atravesada por Shakespeare. Por lo general, cuando los críticos analizaron este capítulo, muy particularmente este incidente, y teniendo en cuenta el ambiente pesadillesco en que transcurre la acción, lo compararon con una parte del *Fausto* de Goethe —*La noche de Walpurgis* o *La noche de las brujas*— y también con una obra de Flaubert titulada *Tentación*. Burgess no acuerda con estas interpretaciones, y adopta la obra de Shakespeare mencionada porque muestra, al igual que Joyce, lo que él llama "el raro hombre común asaltado por la magia".

Repasemos muy brevemente *Sueño*....El bosque está habitado por seres mágicos e invisibles al ojo humano: Titania, Reina del Bosque, su esposo Oberon, y su corte. Por otra parte, por este bosque pasean personas de carne y hueso: el rey del lugar, cortesanos, y gente común. En un momento dado, para vengarse de Titania, que se niega a regalarle un muchachuelo de su cortejo, Oberon hace que, mediante una poción especial derramada sobre sus párpados, se enamore de la primera criatura viviente que vea al abrir los ojos. Puck, el geniecillo que lleva a cabo las órdenes de Oberon, realiza por su cuenta una de sus habituales travesuras, y toma por blanco a un tejedor llamado Nick Bottom, trocando su cabeza de hombre en una de asno. El canto de Bottom despierta a Titania, que se enamora locamente de él. La trama no concluye aquí, pero es todo lo que necesitamos. Bottom sería el raro hombre común que no entiende nada de lo que está pasando porque ha sido tocado por la magia, algo que pertenece a una dimensión que él no comprende.

Burgess explica que las hadas del *Sueño...* llevan cómicos nombres de fantasía, y que las tres prostitutas de Joyce asumen la totalidad del mundo físico, algo que queda indicado en sus nombres: Zoe (zoo) representa la vida animal; Florry (flora), el mundo vegetal, y Kitty el mineral. Según este autor, la hechicera en jefe, Circe en persona, es Bella Cohen, la madama del burdel.

Lo que Burgess no comenta, pero yo agregaría, es por qué se eligió el apellido Cohen para esta empresaria del sexo. Bella alude a la hermosura de Circe. Cohen es un apellido judío, y no cualquiera, dado que los *cohim* eran la casta sacerdotal. Se me ocurre que en la medida en que ella oficia de madama y representa a Circe, asume un rol de sacerdotisa, reforzado, entre nombre y apellido, desde lo pagano y la primera religión monoteísta no fallida (esto porque el primer intento provino de la voluntad del faraón Akhenamon, quien cambió su nombre a Akhenaton para imponer al sol –Atón– como único dios, pero la reforma duró lo que un suspiro y terminó en forma cruenta). Por añadidura, como Bella va a poner en práctica una de las fantasías masoquistas más terroríficas de Bloom respecto a su abandono de la religión ancestral, no desentona que el castigo imaginario con el que se tortura sea propinado por alguien cuyo apellido se entronca con quienes ejercían el derecho y el deber de hacer cumplir los preceptos de Jehová.

En el clímax de la fantasía masoquista de Bloom, Bella se transviste en Bello. Estos personajes –las prostitutas y la madama– son tan reales como los soldados ingleses, pero habitan en un mundo de muertos, seres de ficción, y personas reales aunque ausentes, como los respectivos padres, Gerty, los niños de la playa, todos los cuales entran y salen de escena. Burgess interpreta el entrecruzamiento de mundos y personajes como un mensaje que advierte la existencia de un mundo único, que pertenece de manera equitativa a los vivos y a los muertos, a los reinos de la naturaleza y a lo abstracto e intangible.

Detalles

Los soldados, cuyos nombres concuerdan con los de enemigos personales de Joyce en Zurich, aparecen temprano en la escena, en actitud burlona y pendenciera. Se ven también las compañeras de Gerty y los niños de la playa, rebajados y animalizados, y luego entra Bloom con un monólogo interior que se exterioriza. Ahí voz, palabras, y silencios componen diversas conversaciones, entre las que se destaca aquella en la que sus padres lo interpelan, representados como figuras de pantomima cuidadosamente descriptas en su vestimenta y gestos. Haciendo hincapié en el simbolismo de los ropajes dentro del contexto de la magia, Joyce no ahorra detalles. No obstante ser la ropa lo primero que vemos de una persona, se puede cambiar fácilmente, actuando como un cuerpo alternativo. La magia puede trocar lo externo de un ser vivo, pero no afectar el proceso más profundo de la *metempsicosis*, aquella palabreja que tanto preocupaba a Molly, y que ni siquiera lograba pronunciar. La transmigración de las almas, una creencia como tantas, en el sentido de que el alma no muere sino que va cambiando de 'envase'.

El tema de la transformación en animales está sugerido a lo largo de las fantasías, y la transformación de Bella en Bello se corresponde con la de Bloom en hembra, a modo de mecanismo defensivo, pero ni aún así se libra de ser acusado por su falta de virilidad. Sabemos que lo angustiaba profundamente la pérdida de energía viril, ejemplificada en el capítulo anterior por la escena de la masturbación y la idea de que no se sentiría tan débil si fuera más joven. La humillación sin límites a la que su fantasía lo somete es la que desea en secreto y, al decir de Burgess, no tan en secreto, aunque no aclara por qué.

Aventuremos una explicación. En una escena en la cual Bloom es sometido por Bella de manera inimaginable, afirma, como corolario a las torturas, que desea ser dominado por ella. Lo dice, sin embargo, dentro de este capítulo nebuloso y en plena alucinación, porque en realidad nada sucede entre Bloom y la madama o las prostitutas. Hemos visto a un Bloom que no se ha corrido del lugar de la humillación a su persona, su origen, y a su rol marital. El "no tan secreto" apuntaría al no correrse de esos lugares, puesto que en circunstancias diferentes, ajenas a la fantasía, se trataba de realidades bien tangibles en las que él se prestaba al sometimiento infligido por las humillaciones verbales dirigidas a su extranjería, a su judaísmo (atribuido), y a su condición de cornudo. Permítaseme un comentario personal acerca de la ambivalencia de Bloom en el plano de la identidad. Los otros no estaban al tanto de sus pensamientos íntimos, ni de su oscilar dentro y fuera de las raíces judías. Pero aunque se hubiera decidido por el 'no', se habría impuesto la etiqueta decidida por el entorno. En la Segunda Guerra Mundial, ninguna víctima escapó de las cámaras de gas alegando prescindencia en el judaísmo. Bien, entonces el "no tan secreto" del Bloom real se encontraría en su posición frente al mundo.

Dos reflexiones de los ya avezados lectores extendieron la cuestión:

"El masoquismo se define por el deseo de ser dominado más que humillado. En 'La Venus de las pieles', eso es lo que le dice Masoch a Wanda".

"En relación a la fusión de los personajes de Bloom y Stephen, pensaba en lo que hacen con lo que los tortura internamente. En Bloom se juega su pesar o remordimiento por haber abandonado la ley del padre; del lado de Stephen, el no haberse doblegado ante la ley de la madre, no ofreciéndose como religioso en el momento que ella se lo pide. En relación a lo que los atormenta por no haber cumplido con lo que se esperaba de ellos, o con eso que los marcaba desde los progenitores, asumen posiciones totalmente distintas. Bloom se entrega al castigo para expiar la transgresión, y Stephen la combate mediante el cinismo y la ironía. Creo que en este capítulo se produce un giro, porque Bloom puede empezar a hacer otra cosa con su remordimiento, reubicarse en el lugar del padre, mientras que el 'huérfano' que andaba como extraviado se empieza a colocar en una postura que admite la protección del otro".

Estas reflexiones merecen respuesta. Toda dominación involucra, tácitamente o no, la humillación del dominado. El goce proviene precisamente de la humillación que conlleva el sojuzgamiento. En cuanto a la fusión de los personajes, válida desde el análisis de Burgess, puede verse que los intercambios alucinatorios entre Stephen y su madre y Bloom con sus padres hay rasgos particulares, debidos a la historia personal de cada uno y al tipo de memoria que domina las respectivas escenas.

En el diálogo entre Bloom y su padre, traído de la tumba ex profeso, lo que Rudolf le reclama a su hijo es que ha perdido la senda.

"¿Qué estás haciendo en este sitio [el burdel], *no tienes alma? [...] Con temblorosas garras de buitre palpa el inexpresivo rostro de Bloom. ¿No eres tú mi hijo Leopoldo, el nieto de Leopoldo? ¿No eres tú mi querido hijo Leopoldo que abandonó la casa de su padre y abandonó el Dios de sus padres, Abraham y Jacob?"* En la contradicción de Bloom acerca de ser y no ser, abandonar o no abandonar del todo, más allá de una cuestión de voluntad, el deseo de integración se ve coartado por la imposibilidad interna de renegar de sus raíces. Pero en tanto el diálogo es alucinatorio, la contradicción se traslada a la supuesta increpación del padre, pues fue Rudolf quien primero se apartó de la ley mosaica, y Jacob usurpó el derecho de primogenitura de su hermano Esaú, aparentemente con la aprobación de Jehová y la connivencia de su madre. Jacob fue un traidor a su sangre, aunque no a su pueblo; Bloom pone en boca del padre sus propios remordimientos y sensaciones de traición.

Una de las escenas remeda un juicio, donde Bloom es acusado por los magistrados, y acaba condenado. El juicio es kafkiano, porque él no sabe qué crímenes se le imputan, y se siente perdido e indefenso a medida que avanzan los procedimientos. Pongamos atención en lo que sucede. Se oye el sonido del cuerno del carnero, del Shofar, advirtiendo que se va a realizar una ceremonia importante para los ritos judaicos[9]. Se iza el estandarte de Sión, una alusión algo enigmática, puesto que parece ser una representación de Moisés simbolizando la omnipresencia de Dios dentro de una rama de la Iglesia cuyo patrono es el profeta Elías, y que incluye, entre otros atributos, los estandartes de las doce tribus originales. Bloom se quita la capa que lleva puesta y desenrolla algo que parece un documento, del cual lee palabras, aparentemente sin sentido, que llegan hasta la cuarta letra del alfabeto hebreo: aleph, beth, ghuimel, daleth. Si fuéramos a buscar sus sentidos cabalísticos, encontraríamos que la primera letra significa, entre otras cosas, el padre generador. Beth la complementa como la fuerza pasiva –la madre– espacio que compone la pareja primordial. Ghuimel es el fruto de la unión de

---

9   Se hace sonar el Shofar en el Año Nuevo, llamado asimismo 'el día de la trompeta', recordándonos que Jehová permitió a Abraham sacrificar un carnero –cabrito, en otras versiones –en lugar de su hijo Isaac, lo que podría leerse como el fin de los sacrificios humanos y su reemplazo por animales, aunque pocos o ningún judío creyente estaría dispuesto a aceptar que su pueblo atravesó las mismas etapas evolutivas que los demás pueblos de la antigüedad. Se escuchó el Shofar al ser dados los Diez Mandamientos en el Monte Sinaí, y se lo considera el llamado de Dios a la redención, en tanto Jehová redimió a los hebreos de la esclavitud en Egipto.

las dos primeras, en la expresión personificada del amor. Daleth materializa los cuatro elementos: tierra, aire, agua, y fuego. Bastan para representar el mundo que conocemos, aunque naturalmente sus ramificaciones no se agotan aquí.

Luego Bloom hace referencia a cosas relacionadas con el cumplimiento del ritual: la hagadá (textos que se leen durante la Pascua hebrea), los *tefilim* o filacterias –partes de la Torá que los judíos ortodoxos se enroscan alrededor de la muñecas y a veces de la frente en el momento de orar para acentuar el recordatorio de que hay que amar a Dios de palabra, obra, y sentimientos; el casher –la pureza de las comidas y las leyes de su preparación, pasando revista al Yom Kippur (el Día de la Expiación o del Perdón), a Hanuká (celebración de la purificación del Templo al ser recuperado de manos de Antíoco), a Roshashaná (el Año Nuevo), a una digresión cómica que rompe con la solemnidad de los acontecimientos sagrados, encarnada en la Benebrit, una asociación caritativa que probablemente existe todavía, y continúa pasando revista al bar mitzvá (la ceremonia que, a los trece años, inicia al varón judío dentro de la comunidad de sus pares), a la matzá (el pan ácimo que se come especialmente en la Pascua, rememorando que, en su prisa por partir de Egipto, los hebreos no tuvieron tiempo de dejar levar el pan), y en el medio de este listado hilarante dentro de lo trágico de la situación, menciona el taled, el manto que usan los judíos sobre sus ropas en el momento de rezar, y la palabra *mishigue*: loco. A partir de esta palabra comienza el juicio, con Bloom diciendo "Acá se abre la corte de la conciencia".

Yo supongo que la clave de esta enumeración reside en la cuestión de la locura, que no es precisamente un término clínico, y que solemos aplicar a lo que nos confunde o no se encuadra dentro de nuestra lógica. La "corte de la conciencia", ¿parecería tomar jurisdicción sobre temas que evocan el remordimiento? Ni sí ni no. Hay momentos en los que Bloom se siente sumamente afectado, y otros en los que daría cualquier cosa por ser un irlandés de pura cepa. En la fantasía de este capítulo, se autodenomina ex-marino que ha luchado por Inglaterra como lo hicieron otros irlandeses, siendo herido en combate. De ello resulta que el combate entre el origen y la nacionalidad se sigue librando en su conciencia, y esto es *mishigaz* (locura).

Durante el juicio se le formulan algunas preguntas difíciles de responder. Por ejemplo: "¿Eres tú el Mesías hijo de José o el Mesías hijo de David?" Menudo dilema. La genealogía de María en tanto miembro de la casa real de David está muy clara; respecto de la de José, sólo los evangelios de San Lucas y San Mateo lo nombran "José de la casa de David", pero se presta a mucha duda, dado que no especifican los escalones que conducen de David a José. Existe, sin embargo, la necesidad político-religiosa de que así sea, puesto que en tanto la identidad judía va a estar dada por la madre, el sistema patriarcal exige la legitimidad del parentesco para heredar un trono que, en este caso, hace mucho que ha quedado vacante por parte del linaje davídico. Por otra parte, para los cristianos, Jesús el Mesías no es el hijo de José, sino el hijo de Dios para con quién José desempeñó la función paterna en la tierra. A Bloom se le está pidiendo que tome una decisión, que se incline por un lado o por el otro. Pero no es tan sencillo. Si opta por ser hijo de José, es decir, por el mandato paterno, podría tener que optar por Irlanda, puesto que fue la opción real de su propio padre Rudolf. Si decide ser hijo de David, deberá abrazar abiertamente el judaísmo. ¿Por Irlanda o por Judá? No hay respuesta, pero sí trampa. El Antiguo Testamento reconoce las virtudes de liderazgo político y militar de David, pero su promiscuidad sexual no es digna de alabanza. Quizá en este sentido, Bloom, promiscuo en sus amores epistolares y en las fantasías no alucinatorias que le despiertan las muchachas y hasta las estatuas, sea un verdadero 'hijo de David'. En suma, lo que se le dice es: 'si no estás con nosotros, estás contra nosotros', dentro de la alucinación donde se juega su identidad, en el punto donde querría ser visto como irlandés.

Fíjense en este comentario de un lector:

"Bloom también exclama que querría ser madre. Esto habla de una posición pasiva y femenina, de ubicarse del lado de la mujer. Yo entiendo que el ser hijo de José se asocia con el reclamo de ser hombre y padre, porque José era definitivamente un hombre, y fue padre de Jesús sin haberlo engendrado. La disyuntiva es feroz".

Es cierto. Nada es una sola cosa; todo abre a sentidos que aceptan más sentidos.

Última conversación con Burgess

Burgess dice, llegando al final de su discurrir sobre este capítulo: "Finalmente, cuando hasta Dios ha muerto". La frase se refiere a la última escena, en la cual Stephen rompe un candelabro en el burdel y pronuncia una especie de exorcismo cuyo propósito es quebrar de una vez y para siempre el rol de Dios como manipulador del mundo, al menos en su imaginación. En la realidad, el Estado Británico toma revancha. Dios habrá muerto, pero no así el Estado ni la lucha por y en Irlanda. Como muestra concreta, aquí se produce el ataque físico de los dos soldados ingleses a Stephen. Bloom trata en vano de detenerlos, y Stephen es golpeado, "aunque no muy malherido", dice Burgess, y continúa: "Stephen, más borracho que herido, susurra las palabras de la canción que entonara al morir su madre. Bloom no comprende, pero también murmura palabras de sentido mágico que terminan de revelarlo como masón, miembro de una logia honorable y secreta. El último conjuro de la noche es la figura de Rudi, el hijo de Bloom, si hubiera llegado a los once años y no a los once meses. Su figura revolotea sobre Stephen, que está reclinado, y sólo un corazón de piedra podría contener las lágrimas".

¿Cómo interpretar la pertenencia a la masonería?

He aquí algunas de las ideas surgidas en los seminarios:

"Si hay algo que le ha pasado a Bloom todo el tiempo, es que no pertenece a ningún lado".

"La masonería abunda en símbolos, magia, y conjuros".

Sin duda, se impone una aclaración. El consenso general acuerda en que se trata de una sociedad secreta, y que un masón reconoce a otro a través de ciertos símbolos y gestos. Pero quizá deberíamos diferenciar entre la masonería histórica y la logia. En tiempos medievales, era una de las tantas cofradías de artes y oficios. Ésta tenía que ver con la construcción, y se componía de albañiles y maestros constructores. En cada obra que hacían, especialmente en las catedrales, iban dejando marcas identificatorias de las herramientas; marcas secretas en tanto sólo serían comprendidas por otros albañiles, porque eran los signos de un código laboral referido a la construcción en sí: a la medición, a las proporciones, a los cimientos, al peso que podían sostener. Practicaban un rito bastante extraño que se mantuvo hasta hace relativamente poco tiempo –por lo menos hasta principios del s. XX en ciertos lugares– y que consistía en enterrar un cadáver en los cimientos antes de comenzar la construcción, para que el edificio perdurara. La concepción de un cadáver en la tierra equivale a la generación de la vida; se descompone en materia vital y da lugar a la fertilidad, es decir, a la vida posterior, o a la perpetuación de la vida. Recordemos los campos de amapolas en Francia después de la Primera Guerra Mundial, y no estaría de más leer *The Spire*, una novela extraordinaria de William Golding, aunque en ella la función del cadáver se desvirtúa por el pecado de orgullo.

Tomando en cuenta la significación del cadáver, tiene total sentido la aparición de los muertos en este episodio, si es que van a quedar "enterrados en la nueva construcción de vida" a partir de la nueva relación que entablan Stephen y Bloom.

El bastón y el farol

Hemos dicho que Stephen iba siempre acompañado de un bastón hecho de una madera especial, con símbolos protectores. Si nos guiamos por los acontecimientos de este capítulo, no parece que la protección surta mucho efecto, ni que ayude a evitar su destino fatal de ser apaleado. Sin embargo, es gracias a ese destino fatal que Bloom se hace cargo de él. Desde la búsqueda del padre iniciada en *Retrato del Artista...*, Stephen va a lograr ser hijo de alguien, ser protegido por alguien, y Bloom, vicariamente, se va a convertir en padre de un varón.

Volviendo atrás, hacia el principio del episodio Stephen rompe un farol, y el texto dice: "destrozó luz sobre el mundo", agregando enseguida que el gesto es el lenguaje universal. Al encontrarse en el distrito de las luces rojas, este farol que Stephen rompe es uno de los que alumbran los fantasmas de la felicidad, las fantasías de quienes la buscan en estos lugares donde el engaño asume formas de veracidad. Parecería que Joyce lo señala como la falsa luz que ilumina el mundo, la luz de la imaginación que alimenta los placeres ficticios.

Respecto de la cuestión del lenguaje, aquí casi no hay lenguaje real, en el sentido de intercambios entre personas reales. Es necesario separar, como lenguaje de la mente, todos los elementos que componen el lenguaje de la alucinación. Obviamente, Joyce lo tuvo que poner en palabras, porque no hay otra forma de escribir un libro, pero es muy poco el lenguaje real que emiten los personajes. Mi impresión es que él, en este momento, intenta desprenderse de la realidad, la realidad acústica del lenguaje, ya que no puede abandonar la representación gráfica, para dar paso a ese otro lenguaje de la alucinación al que no es posible moldear sino en el gesto. Una muy inteligente observación de una lectora lo ubicó en el siguiente contexto:

"Cuando se habló de la rotura del farol y hacer algo con el mundo, dejar de iluminar el mundo, yo pensaba: a veces los matemáticos hablan de diversos mundos posibles, y acá se está hablando del mundo y de lo in-mundo. En el mundo hay personas y lenguajes; en lo inmundo habita lo animal, lo translingüístico, lo que se mezcla y se abre a una polisemia permanente".

Creo que es una lectura sobradamente acertada. Si lo que el autor pretende es salirse del mundo, de la regla, y de la ley, sólo lo logrará a través de la fantasía y de la alucinación.

Joyce habla de *Circe*

En una carta dirigida a Frank Budgen, el amigo de Joyce a quien mencionáramos en otras ocasiones, el autor incluye diversas referencias a este capítulo: "Me he encontrado varias veces con Sargent [el pintor]; las historias que me cuenta del comportamiento de las masas en Londres son casi increíbles. He utilizado algunas en el episodio de *Circe*, el cual, por otra parte, es una teatralización tremenda. Va tornándose peor y más salvaje y más intrincada, pero supongo que finalmente resultará bien. Como ya lo he manifestado, una palabra desencadenante me basta para analizarme. [...] El *moly* es un hueso duro de roer. Lo último que se me ha ocurrido es lo siguiente: el *moly* es un regalo de Hermes, el dios de las transacciones y modos de comportamiento únicos, y es además la influencia invisible: la oración, el azar, la agilidad, la presencia de ánimo y el poder de recuperación que salva en caso de accidente. [...] Esto incluiría la inmunidad a la sífilis. [...] *to philos* =cerdo – amor?"

La "palabra desencadenante" nos remite a los hitos que, como hemos dicho, Joyce escribía de diferentes maneras para luego entrecruzarlos y obtener el estilo tan particular de gran parte de esta obra. En el caso de *Circe*, la palabra es *moly*, el nombre de la hierba que algunos traductores han rebautizado como *maruja*. 'Maruja' es, en español, uno de los sobrenombres aplicados a las Marías, como Molly lo es en inglés. El problema reside en que Molly no es Circe. ¿O tal vez sí, en parte, cumple uno de los roles de la hechicera? Hermes le advierte a Odiseo que aún cuando la planta mágica evitará que sea transformado en animal, Circe es traicionera y que seguramente va a invitarlo a compartir su lecho, en cuyo caso intentará emascularlo, de modo que si Odiseo acepta la invitación, debe obligarla, espada en mano, a renunciar a este truco. Visto así, podríamos pensar que en el larguísimo monólogo de Molly que cierra la novela, cruzan pensamientos que equiparan a todos los hombres a cerdos, y que de alguna manera ha emasculado a Bloom, prefiriendo a otros hombres, muy particularmente a Boylan. La operación de privación del pene de la que hablamos no es ni remotamente un cercenamiento físico. Cuando un hombre realiza menesteres domésticos –pensemos en la época– para una mujer que no parece levantarse de la cama más que para cantar siempre que tenga un contrato, cuando por las razones que sea lo amedrenta la concreción del acto sexual, y se aviene a ser reemplazado por otro que satisface los apetitos no perdidos en la fantasía pero irrealizables con la mujer (propia o no), ha sido emasculado. En las múltiples facetas de estos personajes, no es contradictorio que Molly/*moly* actúe a modo de escudo protector a la vez que como pócima destructiva.

La preocupación por la sífilis es una constante; y naturalmente se exacerba en la proximidad de las prostitutas. Sin embargo, la frase más enigmática de la carta es, sin duda, la última.

Hermes es el dios de los hitos; es decir, se relaciona con las marcas en los caminos y, especialmente para un viajero, con el punto donde convergen caminos paralelos y otros conducen a direcciones contrarias. Hermes es un accidente de la Providencia. La planta que porta se compone de varias hojas, y Joyce les pone nombres: por ejemplo, la indiferencia fruto de la masturbación (recordemos el episodio de *Nausicaa*). Podemos aventurarnos un tanto en el tema de la indiferencia y de la indiferenciación –la no diferencia –en el punto de la masturbación. Parecería que en los momentos autoreferenciales de Bloom, la no diferencia se traduce en que todo da igual, no de que prescinda de los personajes que lo rodean ni de las situaciones en las que se ve inmerso. Lejos de constituirse en su propio *omphalos*, Bloom trata de encontrar lazos, reales o imaginarios, con su persona y sus circunstancias pero, haga lo que haga –hasta este momento, al menos –no se produce un cambio definitivo de rumbo. La queja resignada ante la vejez lo deja en el punto de convergencia de los caminos paralelos. En este sentido se produce la indiferenciación.

Joyce dice que las otras hojas de la planta representan el pesimismo congénito, el sentido del ridículo, una cierta meticulosidad para los detalles, la experiencia. En *La Odisea*, se trata de la única ocasión en que Ulises no recibe la ayuda de Minerva, sino de "una contracara masculina o *inferior*". Debería llamarnos la atención que este rebelde respete la mezcla de nombres latinos y helénicos del poema original, pero la frase misma nos retrotrae a una cuestión central, iniciada en las discusiones del *Retrato del Artista...*, donde se comentó que, paralelamente a las derrotas reales sufridas por los habitantes de la Hélade [Grecia] en batallas reales dominadas por la invasión aquea, también fue derrotada la religión helénica anterior, y sometida la la Diosa Triple, o la Diosa Blanca. En la carta que nos ocupa habría una reivindicación de Joyce de aquella religión anterior y olvidada, donde la figura masculina era subsidiaria de la femenina en lo tocante a la divinidad.

La carta dice, además: "Quiero que Circe sea un episodio de trajes. Bloom, por ejemplo, aparecerá vestido de cinco o seis manera diferentes. ¡Qué libro!".

En la posdata de una carta posterior a Budgen, vuelve a referirse a la sífilis, con esta frase: "Concuerdo con la explicación acerca de la sífilis. Siempre pensé que su etimología derivaba de *sin philem*: junto al amor; conectado con él". Si se ponen lado a lado sífilis y amor, que quizá habría que entender como 'actividad sexual', el resultado estalla en la necesidad de que lo penado por el tabú religoso encuentre su justo castigo en este mundo, lo cual nos hace vacilar nuevamente respecto de la posición del autor frente a las marcas de fuego impuestas tempranamente por la educación religiosa.

La misma carta vuelve sobre el *moly*, comentando que podría ser la planta que representa la bebida en tanto impotentiza la actividad cerebral al igual que lo hace la castidad. Entonces, según Joyce y esta carta, bebida y castidad tornan impotente el pensamiento. Las palabras finales son: "¡Al diablo con Homero, Ulises, Bloom, y todos ellos!" Muchos interrogantes se abren a partir de ellas. En la carta anterior, que citamos parcialmente, Joyce experimenta lo que todo autor de ficción que no escribe 'por encargo' ni ateniéndose a la receta del moderno best seller. La frase "la teatralización va tornándose..." independiza la escritura de la voluntad de quien escribe; los personajes adquieren vida propia, y se desprenden de quien les dio vida, apoyando aquello que decía Pirandello, que los personajes habitan un mundo de sombras regido por sus propias leyes, y que 'eligen' al autor mediante el cual desean adquirir entidad en el mundo de luz, sirviéndose de él como mero intermediario o 'medium' (medio para tomar encarnadura, y ser sumido en trance hipnótico cuya voz es silenciada y de la que se apoderan las voces que necesitan ser escuchadas). Desde esta perspectiva, al autor no le queda otra alternativa que convertirse en escriba fiel de unos seres de los que, con total ingenuidad, piensa que son objeto de su creación y que los manejará como si se tratara de marionetas. Pero luego Joyce declara: "Quiero que...", afirmando un dominio de amo sobre los productos de lo que para cualquier lector nacen exclusivamente de la imaginación y la experiencia del autor. Ni qué decir que la expresión "¡Qué libro!" expresa entusiasmo, enfrentar el desafío, casi me atrevo a decir, admiración, en un contraste chocante con la maldición de la última cita. ¿Es un momento pasajero de exasperación, al darse de narices con desarrollos que no lo satisfacen? La frase, ¿va dirigida a estos personajes que él eligió −o por los que fue elegido− y que se rebelan, se le resisten, contra el corset de la forma elegida? Una buena pregunta vale por mil respuestas. Aquí la pregunta marca uno de los tantos momentos en que el artista −cualquier artista− es presa de la ira o desesperación ante un punto de vacío.

De exorcismos y demonios

En una de las lecturas, un asistente llamó la atención sobre la expresión *'flap'*. Si bien tiene una acepción nominal, pues es una tapa, como la de un sobre, que se dobla sobre el objeto a cerrar, es también la representación de un sonido, una onomatopeya, que actuaría como cierre metafórico. Ya aceptada la 'naturalidad' de los saltos en el texto, surgió la curiosidad sobre la función del exorcismo en el episodio. Alguien lo relacionó así:

"En el juicio se reescribe el diálogo. La horda pide que lo linchen [a Bloom]. Él se defiende como no se defendió Cristo. Aparece el transvestismo, y algo al final, que me recuerda tanto a un delirio como a la agonía. Siento que allí se opera un corte".

Antes de continuar, hay que intervenir aquí. Lo que el improvisado comentarista no menciona es la luz bajo la cual transcurre la escena. El delirio sería consecuencia de una luz maligna que estaría provocando las alucinaciones a la manera del opio, sin olvidar que el opio es la 'droga de las penumbras'. Lo que la ruptura del texto corta es el punto de la alucinación. La luz que se nos presentaba al principio era positiva, o 'natural', mientras que la artificialidad de ésta supone lo maligno o negativo de la luz.

Es creencia general, y así se manifestó en los seminarios, que la función del exorcismo consiste en desalojar al demonio y liberar el alma poseída. Sería interesante averiguar de qué demonio hablamos, puesto que no parece ser éste el demonio cuya caída analizamos en las primeras páginas, y tampoco estaría demás pensar de qué manera y hasta qué punto están tomadas estas almas por un demonio que no reconocemos claramente. Comencemos por decir que no se trata del demonio, sino de los demonios –culpas, traiciones que sienten han cometido, los espectros de sus muertos que no han sido enterrados ni debidamente duelados– que acosan a Bloom y Stephen desde niveles inconscientes profundos. No todos los torturan con idéntica fuerza y frecuencia, pero no es difícil reconocer 'el retorno de lo reprimido'. La fantasmagoría del retorno se viste de colores tan vívidos que hieren la sensibilidad y la mirada de cualquier lectura que pretenda conservarse prescindente.

Se me ha dicho que el demonio que más implacablemente persigue a Stephen es el espíritu de su madre, y también que no está, en realidad, poseído por la madre, sino por la culpa en relación a ella, una culpa adherida a un lugar donde Stephen incumple con el 'deber ser' en cuanto a lo que de él se espera. Que no es la madre como tal lo que le retorna, sino lo que los otros le dicen sobre ella; la acusación de haberla 'matado'.

No es una interpretación desdeñable, y si nos detenemos allí, podríamos convenir en que el psicoanálisis, volviendo consciente lo inconsciente, y reduciendo los aspectos pesadillescos de nuestros demonios, opera como un exorcismo viable y más creíble que la batalla ritualística de la Iglesia contra un 'demonio' con cuyo poder sobre nosotros no estamos involucrados; un demonio que se 'apodera' de un inocente y tortura alma y cuerpo. Este sentido de inocencia no se condice con la dirección de la cura psicoanalítica, que no hay que entender como una 'cura' de las dolencias del cuerpo, aunque el cuerpo se vea involucrado, y cuánto, según nos muestra este episodio.

He dicho "si nos detenemos ahí". No lo hagamos. Extendamos el concepto de 'madre' y tomémoslo como un lugar en una estructura. Ampliándolo de este modo, abarcamos la madre patria, Irlanda, el lugar del nido, el supuesto lugar protector tornado amenazante, y que también necesita ser exorcizado.

Se me preguntó si éste es asimismo el lugar de la lengua materna. Ya hemos dicho que existe un conflicto con la lengua materna, no tan materna si nos atenemos a la historia. En última instancia, podríamos al menos ponernos de acuerdo desde qué marco teórico nos referimos a ella. Las ciencias del lenguaje dirán que la lengua materna es la que se aprendió en la primera infancia, la 'primera lengua'. Yo diría que, al pie de la letra, dentro de esa primera lengua, transmitida por lo discursivo, el idiolecto propio de la figura materna conforma la base de la aprehensión de los significados, por fuera del código. Si esto fuera así, no habría escape a por lo menos dos lenguas: la adquirida en el contexto sociofamiliar y escolar-académico, y el particular plus que cada figura materna agrega desde los usos subjetivos, no sujetos al canon. Nos encontraríamos entonces con que todos somos 'traductores' o 'intérpretes', moviéndonos constantemente entre dos versiones de una misma lengua. La cosa se complica cuando se agrega la 'segunda lengua', o lengua extranjera, la que está exenta de las marcas emocionales que fijaron la primera. No me molesta repetir que la lengua materna de Irlanda es la lengua de la conquista. La estructura de una lengua nunca se corresponde elemento a elemento con la de otra. En la necesidad del pasaje, se comete una doble traición, inescapable y sin solución. Visto de este modo, no creo que el lugar de la lengua materna, en el sentido de un lenguaje, tome relevancia aquí. Pero a Bloom lo carcome la culpa por la lengua —modo de expresión y sistema de creencias— de sus ancestros, y la lengua materna de Stephen debería quizá entenderse como el deseo materno de un hijo creyente como la madre.

En palabras de psicoanalistas concurrentes a los seminarios:

"Tanto Stephen como Bloom se han apartado de la especificidad de sus respectivas religiones. Cada religión tiene su posicionamiento y sus reglas aplicadas al diario vivir. Podría comparárselo con las reglas de la lengua, de cómo se construyen los vínculos, de qué entra y qué sale, del comportamiento de los significantes, y del comportamiento de los personajes para con sus pares. Dentro de la religión se juega la sexualidad, y todos sabemos que si hay algo que tienen en común, es el procurar acotar y controlar su ejercicio. En mi opinión, la madre de Stephen representa el lugar donde se articula la religión, y sus mayores demonios parten de haberla traicionado rechazando la identidad católica y cercenando la línea de transmisión religiosa".

"Si hay algo que se ha marcado —al menos en mi escucha— en este seminario, es qué implica una mujer para Stephen y qué para Bloom. Esto me lleva a volver a hablar de la sexualidad. Por ejemplo, las mujeres del prostíbulo, que algo saben de las grandezas y miserias del sexo, están por fuera de la religión y por fuera de la palabra de

Dios. Lo que quiero decir es que si nos limitamos a las madres, no vemos que los personajes viven corriéndose de los sucesivos lugares que ocupan, abriendo la puerta al retorno permanente de la culpa. Con la culpa se hace algo, y la salida –el exorcismo– tendrá que operarse por el lado de un padre que imponga la regla, la ley, para que la culpa sea más soportable".

"El pasaje de la lengua singular materna a la lengua gramatical no puede ser sin traición. Pienso que estos personajes son todos de borde, y aquí están en un lugar de desborde. En ese sentido, lo demoníaco sería el desborde, algo más allá de toda regla. Creo que Bloom es quien intenta retornar al orden y a la regla".

Respecto del segundo comentario, el que menciona las prostitutas, se ha escapado un detalle: de pronto descubrimos que todos los personajes, ellas incluidas, comparten un mismo apellido: Christ (Cristo). En otras palabras, hay una comunión o consubstanciación de todo ser humano que acepta la posibilidad de redención de los pecados =remordimiento=culpa, y eso sí queda por fuera de cualquier ritual religioso, puesto que forma parte de todos, inclusive del ateísmo. No es que crea, por supuesto, que el ateísmo constituye una religión. Pero no dudo en llamarlo ritual, en tanto la empecinada negación suena a una letanía de otro signo.

En cuanto a la lengua, alguien recordó que Stephen, en un momento dado, le pide a su madre que le diga la palabra:

"La palabra que le falta de la lengua materna me despierta una pregunta acerca de ese punto del horror del más allá del lenguaje".

Sin entrar en disquisiciones psicoanalíticas (horror del más allá del lenguaje), pensemos en la angustia que todo ser hablante padece cuando 'le falta la palabra'. Desde casos nimios, en los que la palabra 'perdida' desencadena una cadena asociativa que la ronda con la esperanza de que alguna homofonía u otro punto de semejanza nos devuelva el faltante para así poder retomar el hilo de la idea, cortado en el abismo en el que cayó la palabra buscada, hasta los opresivos silencios provocados porque 'no se encuentra la palabra', suele ocurrir que una palabra que viene de afuera, provista por un interlocutor de buena voluntad, regresa el intercambio a su curso. Sin embargo, este socorro, muy útil a los propósitos prácticos, no hace más que obturar un agujero, ya que a menos que el hablante sufra de afasia, anartria, o Alzheimer, 'la palabra' se relaciona al ya mencionado olvido como función más que a un déficit de la memoria. Por eso no me interesa demasiado cuál es exactamente la palabra que Stephen pide, sino más bien a qué tipo de palabra apunta. Y dejar en claro que no creo que haya olvidado, sino que necesita confirmación, así como asegurarse de que ésa que pide sigue siendo la palabra identificatoria de la madre. En suma, la palabra es "arrepiéntete", dicha por el fantasma persecutorio materno con todas las letras. Pero el pedido es un imposible —lo único que escuchamos del lenguaje de nuestros muertos son las palabras que nos dictan las dolorosas fantasías que nos persiguen, o aquellas que nos pusieron de pie (o imaginamos que lo hicieron) en las derrotas que sufrimos. Probablemente, sean falsos recuerdos en ambos casos. Bien, Stephen no tiene registro de lo imposible, y la palabra se pierde en el remolino del aparente sinsentido que domina este episodio, no en vano llamado "apocalíptico", y parecería, engañosamente, que la respuesta fuera el silencio.

Hagamos aquí un agregado para la reflexión. Cuando la palabra 'silencio' se enuncia, pierde valor diferencial lingüístico. Al respecto, un alumno comentó: "La palabra que falta es marcar que no hay palabra". Pues sí. Yo agregaría: "y aceptarlo".

Por último, y antes de proseguir viaje, el término 'Apocalipsis' y sus derivados han sido objeto de todo tipo de zarandeos desde su aparición en una supuesta profecía hecha por Jesús a San Juan. El sentido que le han dado los críticos al integrar la noción a este capítulo, y no sin razón, porque el texto los soporta, se basa en los evangelios. No obstante, el significado denotativo más ajustado corresponde a 'corrimiento del velo', lo que equivale a desnudar la verdad. A esta altura, a Bloom y Stephen no les queda nada por revelar. Nos han mostrado lo peor y lo mejor de sí, incluido el inconsciente vuelto del revés como un guante.

El regreso

En el canto de *La Odisea* denominado *Eumeo*, la acción se desarrolla en Ítaca, donde Ulises ha llegado por fin. En lugar de dirigirse al palacio, se encamina directamente a la cabaña de Eumeo, el porquerizo, un hombre leal. Lejos de darse a conocer, se le presenta bajo un aspecto muy diferente del propio, y lo tranquiliza dándole a entender que Ulises volverá, aunque Eumeo ya ha perdido las esperanzas. El hasta ahora desconocido le pide que llame a Telémaco a su presencia, y entonces se le revela en su verdadera personalidad de padre y rey, aunque Eumeo queda excluido, por el momento, de saber quién se oculta bajo el disfraz de mendigo. Los tres últimos cantos van a cerrar el ciclo del *nostos*, una forma poética que implia una figura masculina ausente, y otra, por lo general femenina, que aguarda el regreso.

Los seminarios sostuvieron serios desacuerdos sobre las posibles equivalencias entre los cantos finales del poema y la resolución del conflicto en *Ulises*. Se protestó enérgicamente, aduciendo que Bloom no deseaba regresar al hogar, al contrario de Ulises, que Molly estaba 'revolcándose en un chiquero' en tanto Penélope protegía su virtud y manejaba los asuntos de su marido ausente para que, al volver, encontrara la misma o mayor prosperidad que a su partida. Otras voces se alzaron, manifestando que no estaba tan claro que Bloom no deseara volver, y que, en todo caso, era necesario sostener el concepto de parodia para que la historia de Joyce cerrara.

En todo caso, la metáfora del encuentro entre padre e hijo en terreno ajeno no está velada. Las complicaciones surgen del lenguaje, que todo el tiempo ha experimentado una evolución hacia algo nuevo, y que de pronto impresiona como un retorno (engañoso) a la linealidad. Tanto así, que un lector expresó:

"Siento que en la lengua hay un pasaje; fue como llegar a la calma de la playa después de haber sido sacudido por el oleaje marino. Lejos de la riqueza de las imágenes sensoriales del capítulo anterior, leo una lengua llana, lo que me hace pensar que el autor está recapitulando sobre lo dicho para guiarnos hacia el final. En las conversaciones aparecen todos los temas del libro: lo laberíntico, lo errabundo en el personaje del marino, lo que gira sin fin. Me parece también que este episodio no puede separarse del siguiente, en el cual Stephen y Bloom nos son presentados en sus diferencias, como una manera de aclarar lo que pudimos haber confundido".

Es curioso que alguien notara, recién en este punto, lo que no puede separarse. Nada de este libro debería 'desconectarse' del resto; lo ideal sería leerlo de cabo a rabo y recién después comenzar a discutir, aunque ya hemos visto que ahí precisamente reside la imposibilidad del lector y el consiguiente abandono del texto. Las separaciones o cortes que hemos hecho son puramente artificiales, con fines didácticos, para alentar el surgimiento del acuerdo, el disenso, y el pensamiento propio. El trabajo con ciertas obras se asemeja mucho a la enseñanza de una lengua extranjera. La lengua es un todo, pero si se presentara como tal, el alumno huiría despavorido; de ahí la gradación paulatina de las dificultades. La ventaja de la lengua sobre el texto es que podemos elegir el orden que mejor conviene a cada caso, mientras que la obra viene predeterminada, y nos impone una mínima lógica del método.

Los críticos tienden a coincidir en que este capítulo resulta sumamente particular. Antes de ver qué opinan al respecto, debo decir que, una vez más, es posible que la traducción haya interferido, puesto que algún traductor puede haberse visto en la necesidad de 'acomodarlo'; ya sabemos que esto sucede.

Bien, la crítica sostiene que la estilística del capítulo se apoya en construcciones gramaticales vacilantes, desconectadas, y divagantes, acompañadas de eufemismos, aclaraciones torpes por innecesarias (como cuando dice "él, Stephen", y el lector no podría dudar de quién se trata, porque 'Stephen' es sujeto de la oración), pomposidad, y errores gramaticales que sugieren un narrador sin la capacidad de recombinar los elementos de la lengua imprimiéndoles un sello personal. Se dice que este capítulo es insoslayable, en tanto apela a la ironía para poner en evidencia hasta qué extremos son incompatibles los aspirantes a 'padre' e 'hijo'. A medida que se profundiza en la relación entre el arte y la realidad, el foco se centra en el problema de la comunicación, porque las diferencias en la operatoria del pensamiento son insalvables. Dice un comentarista: "[...] la monotonía del estilo, que se va deslizando a tropezones, falto de agudeza y enredándose en sí mismo, comunica sólo los sucesos chatos e indiscriminados [...]. Para encontrar la significación, el lector debe apelar a su [...] intuición. [...] El idioma es el inglés; lo que se dice es razonable, pero no revela la realidad que subyace la estructura superficial del lenguaje respecto de las motivaciones, suposiciones y emociones que lo desencadenan".

Detengámonos acá para especificar qué se entiende por estructura superficial y estructura profunda de la lengua (no del lenguaje). La estructura superficial es cualquier proposición construida con diferentes elementos gramaticales y organización sintáctica que lleve necesariamente a un mismo sentido, dado por la estructura profunda. Para dar un ejemplo pedestre, 'Pedro mató a Juan' es una estructura superficial equivalente a estas otras: 'Juan fue asesinado/matado/muerto por Pedro'; 'Juan perdió la vida a manos de Pedro'. Las proposiciones alternativas tienen estructuras superficiales diferentes, pero en todos los casos, la estructura profunda conserva el mismo significado, y no hay forma de equivocarlo. Todas las lenguas occidentales contienen numerosas variedades de estructuras superficiales a través de las cuales tendemos a comunicarnos. En estos sistemas de comunicación predomina la función de la lengua como código, lo fáctico; no pensamos que la estructura superficial podría remitir a una estructura profunda abierta a otra interpretación. Por eso mi 'no del lenguaje', porque el lenguaje queda abierto a la interpretación.

Entonces, repasando lo que ha dicho nuestro comentarista, lo que indica es que Joyce se ha tomado un enorme trabajo para recubrir la estructura profunda apelando al engolamiento de la estructura superficial a fin de mostrar que estos dos personajes, a pesar de estar hablando de lo mismo, no se están comprendiendo.

Se me preguntó si este análisis es intercambiable con nivel del enunciado y nivel de la enunciación. No lo es; la enunciación traspasa el enunciado; es aquello que el hablante no sabía que estaba diciendo y que, de alguna manera, por los huecos de las palabras y de la estructura del lenguaje, se desliza, pudiéndolo reconocer algún otro, pero no quien lo enuncia. La palabra es una representación que sustituye –pobremente, diría yo– al objeto ausente o inconcreto. La estructura del lenguaje 'cose' el pensamiento, pero siempre queda un resto que no se puede plasmar en palabras. En el caso de la estructura profunda y la estructura superficial, el mismo hablante tiene acceso a ambas; por el contrario, el hablante no tiene conciencia del nivel de enunciación que se escapa cada vez que arroja un enunciado: hace falta otra escucha. En nuestros intercambios verbales de la vida diaria, no percibimos el nivel de enunciación, y luego nos sorprendemos de los efectos de ciertos enunciados. Pensemos en dos hermanos que la emprenden a golpes, y en una mamá que dice: "Que no los vuelva a ver pegándose". Parecería una amenaza de castigo si se reproduce la violencia física. Lamento decir que, sin saberlo conscientemente, la mamá ha dado un permiso: "Péguense donde yo no los vea". Ahí está el nivel de enunciación.

El comentarista agrega que el plus de ironía reside en que es fácil escribir mal, pero muy difícil escribir mal bien. Lo mismo sucede con un actor o bailarín: si no es talentoso, la mala interpretación no va a costarle nada; si es bueno, actuar o bailar mal adrede da un trabajo enorme. Cito: "[...] parodia del estilo crudo. Sus perífrasis y subordinaciones gramaticales se apilan una sobre otra hasta parecerse a un Henry James que ha enloquecido [...] para hacer reaccionar al lector sobre la incomunicación a pesar del exceso de palabra".

Henry James, entre cuyas novelas más conocidas podemos nombrar *Portrait of a Lady* y *Washington Square*[10], fue un escritor maravilloso cuya penetración psicológica y observación de los contrastes entre Europa y América lo destacan por sobre muchos. Asimismo, convengamos en que su estilo no es precisamente llevadero. Oraciones, descripciones, y reflexiones larguísimas hasta llegar al meollo de la idea requieren de enorme concentración para no perder el hilo. Imaginarlo "enloquecido" implica un esfuerzo mayúsculo, y ni aún así...

Nuestro final de la cita: "[...] la sátira amarga y la farsa violenta de secciones anteriores se reducen para tomar el camino preparatorio de la imaginería religiosa".

La farsa se adecua mejor a la dramaturgia que a otros géneros literarios, aunque en cualquiera puede cumplir su función, que consiste en la exageración de la comedia, forzando las características propias del género a extremos ridículos, en pro de una comicidad sobredimensionada, fuera de lugar, pero que tiene su razón de ser. Según su etimología, *farce* refiere al rellenado de un ave en la cocina. En la Argentina, la letra cómica, totalmente inesperada y fuera de libreto con la que ciertos actores deleitan al público, se llama 'morcilla', otro comestible relleno. Mucho antes de nuestra época y del estilo burdo de la farsa, el propósito de estos agregados era aliviar la tensión dramática, a la manera de los *fools o clowns* con los que Shakespeare, entre otras cosas, bajaba los decibeles de la tragedia. Una mirada retrospectiva al texto confirma la existencia del recurso.

Ahora bien, si en *La Odisea* Ulises se presenta bajo una identidad falsa para tantear el terreno, y recién al enterarse de la situación se revela ante su hijo y posteriormente a Eumeo, cuya ayuda necesita para tender su famoso arco, si volvemos a enfrentarnos al engaño que, hay que reconocerlo, es la especialidad del personaje, pues es su rasgo definitorio, ¿dónde habría un paralelo, un engaño, en este episodio?

Los lectores suelen ir directamente a las historias relatadas por el marinero, de las que se sospecha son producto de una imaginación demasiado vívida. Es una posibilidad. Sin embargo, el texto insiste mucho en la zurdera, en el uso de la mano izquierda. En español, hacer algo 'por izquierda' es trampear. En inglés, el adjetivo *left-handed* [zurdo], además de su significado denotativo, connota, en

---

10 Publicados en español bajo los títulos de *Retrato de una dama* y *La heredera* , respectivamente.

algunos contextos, mala intención, intención encubierta y, por lo tanto, engañosa. Mi sensación es que el engaño no proviene de un personaje, sino del entorno en el que se mueven aquí los personajes. La mano izquierda es llamada 'mano falsa', y ya hemos hablado de los orígenes de 'derecha' o 'diestra' en contraposición a 'izquierda' o 'siniestra'. Todo lo que da sustento a la escena, las narraciones del marinero, el que se hace llamar *Lord* sin serlo y pide dinero a Stephen, inclusive las actitudes de llevar un diálogo fluído cuando no se penetra la estructura superficial, huelen a impostura. Veremos si esto se sostiene. Los dos personajes que parecen estar inaugurando una relación paterno-filial no hablan de lo mismo, pero no lo admiten. De no sincerarse consigo mismos en un momento venidero, la impostura se instalará para quedarse.

Preguntas y respuestas

A primera vista, este episodio, convencionalmente relacionado con *Itaca*, me recuerda el interrogatorio al que se someten los aspirantes a novicios en la Iglesia, una suerte de vuelta atrás en el tiempo, al momento en que en *El Retrato...*, el padre Dolan insta a Stephen a ingresar al clero. En aquella ocasión no se produjo el buceo profundo, guiado por preguntas perspicaces, sino que se limitó a un panegírico sobre la importancia de 'pertenecer'.

En nuestro presente, las preguntas están claramente definidas, y las respuestas son precisas. Cuesta creer que este intercambio tenga lugar en la residencia de Bloom, y tampoco es fácil aceptar que Bloom mismo es parte del diálogo. Por otra parte, muchos lectores tienen la impresión de que, más que de un interrogatorio, se trata de una entrevista, a causa de la seriación provocada por partes de las respuestas que luego forman parte de la pregunta siguiente. Vamos a ver cuánto de esto es verosímil dentro de las reglas del juego que plantea el autor.

El encadenamiento entre las preguntas y las respuestas representa tres tipos diferentes de interrogatorios, también paródicos, que reúnen la gran pregunta del libro. La lógica de las preguntas no contempla saltos de pensamiento. Sí encontramos implicancias teológicas, que reaparecen en las respuestas, lo cual llevaría a decir que se trata de la llamada lógica escolástica, la que en la Edad Media intentó reconciliar las bases de la teología cristiana con el pensamiento aristotélico. Algunas preguntas evocan una sesión en un tribunal de justicia, por su especificidad en cuanto a qué ocurre u ocurrió, exigiendo, en ciertos casos, que el hablante deba justificar sus respuestas y asumir, alternativamente, un rol de testigo o de parte actora. Además, la mención a algunos elementos de la liturgia definen la importancia religiosa del episodio. Acá se termina de definir la cuestión del padre y del hijo, en una dimensión extendida, puesto que abarca lo que conocemos como Dios Padre y Dios Hijo bajo la figura de un hombre, el Cristo. Quizá haya que recordar que Cristo no es un nombre, sino un título, que en su versión griega significa 'el ungido', y en su versión hebrea, 'el mesías'. La expansión hacia ambas figuras indicaría, como muy bien lo intuyeron o dedujeron muchos concurrentes a los seminarios, que la escena llama al Juicio Final de ambos personajes (Bloom y Stephen) por parte del lector. Aquí el lector va a pronunciarse respecto de ellos, por lo cual es necesario el detalle de cada pregunta, cada respuesta, y del discurrir. Si Joyce no completara así el pensamiento de los dos, no habría modo de poder tomar una posición frente a ellos. Naturalmente, según lo que cada lector haya aprehendido de los diferentes aspectos que le fueron presentados, el 'veredicto' variará, pero el juicio se lleva a cabo aquí.

En algo se identifica con el canto *Itaca* de *La Odisea*. Lo único que sucede en este episodio es lenguaje; un lenguaje muy meditado, exento de asociación libre o jueguitos de palabras. La intención del lenguaje es lograr establecer la identidad del otro, tal como ocurre en *La Odisea*. Ulises no abriga demasiadas dudas de que el joven que acude a la cabaña de Eumeo es su hijo Telémaco, pero Telémaco no está tan seguro de que el desconocido es su padre. De ahí la importancia de poder confirmar, a través de las preguntas, la historia común a ambos donde pueden reconocerse como únicos. Nadie más sabría estas cosas. En el diálogo que estamos analizando, Stephen y Bloom pueden ver, con bastante claridad, la parte que los dos han perdido. A partir del *Retrato...* hemos puesto sobre el tapete la cuestión de la búsqueda del padre por parte de Stephen, y en la obra que estamos terminando de leer se nos ha mostrado que gran parte de la melancolía de Bloom y del rumbo errático de su vida se asocia a la pérdida real de su hijo varón muerto. Sin embargo, a medida que se suceden las preguntas y respuestas, se percatan de que su vínculo va a ser temporario, que se trata de un instante en la eternidad del tiempo en el cual los dos recuperan lo perdido, pero que la recuperación no es real, no es total, que la situación no va a resolverse en la adopción mutua. No hay más que el instante, si bien probablemente bastará para reparar el dolor de la pérdida.

Sucede que entre este hijo y este padre aparecen los fantasmas de otros hijos y padres, que hemos identificado durante la lectura, fundamentalmente el de Hamlet padre. Un crítico afirma que "entre Bloom y Stephen se yerguen Hamlet y su padre". ¿Cómo analizar la idea de que "se yerguen como obstáculo"? ¿Por qué se interpondrían Hamlet y su padre entre dos personajes que en este momento, aunque cautamente, se manejan como padre e hijo?

Estas preguntas fueron respondidas. Veamos dos puntos de vista al respecto:

"La madre de Hamlet le fue infiel al padre casándose con su asesino. Molly ha tenido y tiene amantes, lo cual puede haber 'asesinado' la autoestima de Bloom. El padre de Hamlet pide ser vengado específicamente por su hijo; en esta conversación, parece leerse un pedido de Bloom de que Stephen seduzca a Molly, para así quitarla de Boylan y conservar las cosas 'en familia'. Algo así como que a estos dos hijos se les pide que arranquen a la madre del adulterio".

"Hamlet se enfrenta a un pedido que roza el punto del imposible"

Vamos por partes. El arrancar a una madre del adulterio, entendiendo 'madre' como un lugar antes que como la madre biológica, recurriendo al incesto, figurativo en un caso, y concreto en el otro, suena a mal remedio. Si analizamos algunos pasajes de *Hamlet* en los cuales se transparenta la indignación que siente porque su madre se ha metido en el lecho de Claudio, hermano y asesino de su esposo el rey —el que pide venganza a su hijo— cuando aún no se había enfriado el cadáver, empezamos a dudar de qué lo corroe más: si el asesinato o el adulterio. En la terrible escena en la cual Hamlet enfrenta a su madre, la que termina con el asesinato de Polonio (del cual también hemos hablado), sus palabras tienen un dejo de celos que da que pensar. El nivel de la enunciación diría algo así: "Toleré que te acostaras con mi padre porque esa es la Ley, pero muerto mi padre, ningún hombre te tendrá". O sea, "serás toda mía", bien que no en el sentido del incesto consumado, pero incesto al fin.

El punto del imposible se liga con esto. Vengar al padre asesinando al asesino pone a Hamlet peligrosamente al borde de este incesto: nunca terminará de saber si lo mató por retaliación o por haberse acostado con la madre. Por eso hace que la compañía de actores transhumantes escenifiquen la muerte de su padre en el jardín, esperando algún gesto de Claudio que justifique matarlo. El caso es que Claudio admite su culpa en un breve monólogo consigo mismo, y no lo vuelve a hacer ni antes ni después. En otras palabras, Hamlet no está cien por ciento seguro de su vileza más que por las palabras del fantasma, pero sí está seguro del adulterio que sus propios ojos han visto. Luego retomaremos la cuestión del fantasma.

Bloom especula con que, si logra ubicar a Stephen en la estructura de su matrimonio, podrá deshacerse de Boylan el usurpador, y recobrar su lugar vicariamente, por procuración, a través de este joven que sin duda gustará a Molly y a quien él también acepta. Si éste es su 'hijo', pero no hijo de Molly, dado que Molly terminó su duelo hace tiempo y no busca sustituir a Rudi, no está mal, en su mente, que una versión más joven de sí mismo lo reemplace en el lecho de su mujer.

Bien, regresemos al fantasma, tratando de encontrar algo en común con la imposibilidad desde ese lugar, y para demostrar que las posibles explicaciones son múltiples. Tomando el punto de vista de la época, muy dada a la creencia en lo sobrenatural, digamos que hay una hora, entre las 12 de la noche y la 1 de la madrugada, en la que se suponía que los poderes del día y los de la noche no habían completado la tarea de relevo, y que esa era la hora en que los espíritus vagaban libremente. El padre de Hamlet lo dice, y es también la razón por la cual no puede exceder el lapso de su permanencia en la torre, pues al fin y al cabo la muerte lo ha convertido en un espíritu, espectro, fantasma; da igual.

El pedido de venganza proveniente de un fantasma de alguna manera convierte también a Hamlet en fantasma. Es decir: él no ha perdido el cuerpo, pero en ese no poder con aquello que se le pide, en el deambular, en el tránsito de ida vuelta de la locura a la cordura, que a veces es intencional y otras no, se va desvaneciendo la figura identificable. Entonces, hasta cierto punto, Hamlet también adquiere rasgos fantasmáticos después de haberse encontrado con el fantasma de su padre. Cambia su humor, su modo de enfocar la realidad, su pensamiento, su lenguaje. En este sentido, padre e hijo son personajes espectrales, porque no los podemos asir por completo: se nos escurren. Se han escrito miles de volúmenes acerca de esta tragedia, pero muchas veces se olvida que Shakespeare construyó su personaje cuidando de que no pudiera asirse en su totalidad, porque él se cuidó bien de no investirlo de totalidad.

Entonces, los dos padres –el fantasma que está fuera del mundo de los vivos y del mundo de los muertos durante esa hora en que los poderes 'duermen'– y el Bloom que se dirige a Stephen, fuera del mundo del que se ha extrañado –su hogar– y del mundo que lo extraña –el círculo de Dublín– resultan necesitar algo de sus respectivos hijos. Lo que Bloom pretende no tiene nada de particular: Stephen, en la medida en que no dispone de la llave para ingresar a Martello esa madrugada, dormirá allí y, además, podría alquilar el cuarto sobrante a futuro si no está cómodo en su alojamiento presente.

Sin embargo, Bloom y Stephen están perdidos respecto de qué quieren verdaderamente, y qué van a encontrar en el otro en caso que Bloom formalice el pedido claramente y Stephen acceda con igual claridad. Esto se complica al interponerse los 'fantasmas' del Padre y el Hijo– la expansión de la que hablamos. El dogma dice que, aunque el Padre y el Hijo son lo mismo, y en consecuencia se encuentran consustanciados, el Hijo es Dios con figura de hombre para morar en la tierra, y por ese cambio de figura, sólo tendrá paz y podrá volver a los brazos del Padre y ser de nuevo uno en la Trinidad después de la crucifixión, no antes. Aquí no vemos que Stephen esté dispuesto a sufrir ninguna crucifixión buscada, al contrario del Cristo.

Refrescando las profecías, recuerden que dijimos que una versión de la llegada del Mesías lo anunciaba como el Cordero (sacrificial), y otra como el Tigre (guerrero). Se dice que Jesús el personaje histórico, conociendo ambas, eligió deliberadamente la posición del Cordero, que culmina con el sacrificio de la crucifixión. Stephen no está preparado ni dispuesto a asumir ni la una ni la otra, lo cual lo instala en un no-tiempo, también relacionado con lo fantasmal.

La lectura cuidadosa del diálogo despliega todas las posibles formas de relación entre padre e hijo, quedando a criterio del lector las infinitas implicancias de cada una. Habrá que poner en juego los elementos de la propia experiencia, de la experiencia de otros, de las lecturas, de la imaginación.

Se me preguntó si esta postura de Stephen no lo iguala a Hamlet en la inacción. Sólo señalo, puesto que ésta no es una guía para *Hamlet*, que el príncipe de Dinamarca realizó numerosas acciones, quizás no las más felices en vista de los resultados, pero no es justo acusarlo de permanecer inactivo. Por su parte, Stephen actuó una sola vez, y no precisamente en este libro, sino en el *Retrato...*, cuando rompe con su futuro dentro del sacerdocio y abraza el camino del arte. Después, en el *Ulises*, el acto queda en suspenso. Digamos que él dio un paso fuera de algo. Supuestamente, cuando uno sale de un lugar, entra en algún otro. Pero parece que Stephen salió sin concretar una entrada sólida en nada. Se va diluyendo en el discurso mental, en el recuerdo, en la culpa, en el reproche, en el deambular no sólo físico. Queda en un lugar de parálisis que se va llenando con lo interminable del pensamiento. Parecería que mientras piensa –y esto es aplicable a cualquiera de nosotros– no hay necesidad de hacer; se aprovecha lo cómodo del pensar como refugio para no hacer.

Palabra propia y palabra ajena

En este episodio, Bloom y Stephen hablan de sí mismos, y de lo que cada uno piensa sobre todas esas preguntas que se van planteando de manera muy prolija. Daría la impresión de que cuando se encuentran con ellos y su decir son bastante menos interesantes que cuando se encuentran en el pensar y en el decir de otros que hablan de ellos, o en su 'expansión de la conciencia'. Acá no median otros elementos: leemos el discurso en acto. De las palabras de otros –el padre de Stephen, los supuestos 'amigos' de Bloom, Mulligan, Lennehan, etc.– impresionan como seres interesantes, por lo positivo o por lo negativo, y lo mismo sucede cuando tenemos acceso a sus procesos preconscientes. Acá, en el discurso real, por la forma que toma y el tipo de sintaxis que eligió Joyce, se achatan. Se comentó en los seminarios que esta visión de la realidad no es poética y que se pierde la humanidad y la subjetividad de los personajes. Por el contrario, yo creo que la verdadera dimensión humana está muy lejos de la poética, y que es muy valiente el escritor que, aunque sea en una breve parte de la obra, prescinde de los artificios de su arte –aclarando que la prescindencia no deja de ser una forma de hacer arte– para mostrar un personaje al desnudo, sin temor a la 'desilusión' del lector. Esto, si el contenido del discurso es verdadero dentro de las condiciones de verdad del texto. Mi sensación es que cuando más creemos saber acerca de un personaje –estos u otros– tan explicitados, tan vivisecionados, es justamente cuando menos sabemos.

Un ¿experimento? literario muy posterior, que llegó alrededor de los años 70, consistía en advertir al lector que iba a ser engañado. En consecuencia, mientras avanzaba en el texto, el lector no dejaba de preguntarse si el discurso de los personajes o lo que se relataba desde un narrador omisciente era o no verdad. El summum de esta literatura, a mi criterio, se encuentra en la novela *The Magus*, de John Fowles, donde el mago advierte desde el comienzo y a todo lo largo del libro, que hay contar con el engaño como factor.

Se impone preguntar si nos enfrentamos al engaño. Bien, no en el sentido de jugar al gato y al ratón con el lector. Pero cuando en el interrogatorio el que responde lo hace desde un lugar absoluto, al estilo de un catecismo que resuena para quienes pasaron por la experiencia, y donde no quedan resquicios para la duda ni para un pedido de explicación, puesto que el dogma es cerrado, completo, y no admite discusión, sí hay engaño. Sabemos que lo completo no existe. Sin embargo, este tipo de engaño puede resultar tranquilizador para algunos lectores. Alguien postuló que las preguntas del episodio son las que se hace el lector. Si ese lector queda conforme con con un 'ahora ya sé quiénes son', sin darse cuenta de que es el apex de ignorancia que tenemos sobre los personajes, deja de preguntarse acerca de casi todo; se apacigua: por fin 'entendió'. Hasta que lo vuelva a sacudir el último capítulo.

Veamos dos comentarios que se suscitaron alrededor del capítulo, dando todo su valor a la palabra propia de lectores que no se amedrentaron ante el brusco cambio de técnica en la escritura:

"Yo siento que el que hace las preguntas es el lector, y que Joyce responde como si estuviera sentado en el banquillo de los acusados".

"Es cierto que al principio las respuestas me tranquilizaron. Pero después empecé a preguntarme. ¿Por qué dice Stephen "Veo a un hombre"? ¿Por qué no sabemos dónde va Stephen cuando decide no quedarse? El artista, el que perdió la llave –la clave– ¿dónde va a parar?"

Sin duda, no hay respuesta cerrada al estilo del catecismo. Aventuremos que como éste no es el libro de Stephen, hay que sacarlo de escena para dar lugar a que Bloom vaya donde debe ir. Stephen irá tan lejos como su estructura lo permita. En principio, pasado el instante de la reparación de la imagen paterna, no queda enquistado en la falsedad de permanecer con 'papá', lo cual ya es algo. Agrego que veo al artista como un eterno buscador de la llave, o de la clave. No la va a encontrar; la llave no es una caza del tesoro, sino aquello que va a estar siempre en otro lugar, y que en el artista funciona como motor para seguir creando. Hablando como escritora, si yo encontrara la llave dejaría de escribir, porque se obturaría mi deseo de decir algo más. Si encontré la llave de lo que necesito comunicar, ese es mi último acto creador. Respecto de lo que Stephen dice de Bloom, parecería que este personaje, que hasta ahora no se nos ha presentado bajo la apariencia de lo que llamamos vulgarmente 'un hombre', llega a esta posición, que no está mal, teniendo en cuenta el punto de partida. Él también ha comprendido que perseguía... un fantasma. Se cruzó con alguien que curó la herida de su deseo de Rudi. Le ha llegado la hora de ocupar su lugar.

El libro de Molly

"La última parte es imposible. No hay un punto, una coma..."

Esta última parte consta de veintidosmil palabras, según algunos comentaristas, y de alrededor de cinco mil según otros −sin comentarios− en un decurso del pensamiento donde la puntuación, si la hubiera, destruiría el efecto de la asociación libre, en la cual una cosa lleva a otra sin mediación de operadores. En estas páginas, los saltos son muy grandes; es la mente de Molly en crudo, hasta donde la técnica experimental, que no dispone de otro elemento que la palabra, puede capturarla y transmitirla. Es, entonces, una sola oración, con un punto final y algún otro perdido por ahí. Por otra parte, la puntuación implicaría la escansión, que no va de acuerdo con la asociación libre en la cual cualquier elemento se encadena con otro. En el pensamiento anterior a su codificación no existen los signos de puntuación. El que piensa o asocia no puntúa; en todo caso, la puntuación viene de un otro que está afuera, del que lee, en este caso.

Supongo que la primera pregunta que surge de la lectura del monólogo de Molly es cómo se relaciona Molly con *Penélope*, el nombre que se da a este episodio y que cierra el círculo de esta particular 'Bloomisea', como el reencuentro con Penélope da un final feliz a *La Odisea*.

Molly ha estado muy presente en el pensamiento y/o el discurso desplegado por otros personajes, pero recién ahora la 'conocemos'; comenzamos a ver cómo funciona. Con cierta ingenuidad, podría pensarse que un paralelismo entre las esposas de los dos Odiseos −el legendario y el nuestro− es un mal chiste. Nuestra Molly es adúltera, la maternidad le resbala (la muerte de su hijo no la marcó como a Bloom, sintió cierto alivio con el alejamiento de su hija porque ya la presentía como rival, no quiere tener más hijos, lo cual se ve claramente ante la llegada de la menstruación −a los 34 años podría volver a concebir, pero no es lo que desea), no se ocupa de los menesteres domésticos, y parece abrigar un cierto desprecio por los hombres, mayormente basado en las −a su criterio− extrañas conductas sexuales, que conoce bien y a las que se presta; se 'presta', no se da.

"Lo igual es el tejido (del pensamiento)"

Pues claro. Bien por la sagacidad de este lector. En este monólogo, donde no es posible identificar una forma de discurso formal o verbal, hay un constante tejer y destejer del pensamiento. Esta paradoja de un final interminable e interminado va marcando el paso del tiempo con tiempos fuera del pensamiento. Las señales se encuentran en las funciones corporales y en elementos externos, como el silbato del tren o la campanada de un reloj, señalando la diferencia entre el tiempo externo o cronológico y el tiempo interno de la mente, tiempo único, donde la línea de acontecimientos no es discernible en la proverbial sucesión de puntos, donde se mezclan los hechos con el pensamiento sobre ellos, y donde un chispita encendida por un recuerdo tira, como si fuera un piolín, de una larga sarta de instantes que pertenecen a otro tiempo pero que, en tanto sigue vivo en la mente, no puede pensarse sino como un presente ilimitado. Dicho de otro modo: aunque los adverbios de tiempo y los tiempos verbales marquen otra cosa, todo lo que Molly piensa está vivido como aquí y ahora.

Se ha discutido mucho si es posible el pensamiento sin palabra. Acá el punto queda dirimido por la escritura. Posible o no, un autor se ve obligado a recurrir a la palabra sobre la página. Se ha dicho que las palabras que Joyce eligió para transmitir el correr del pensamiento de Molly provienen mayormente de las canciones que canta. Eso se ve en el texto en el alargamiento de las vocales. Por otra parte, ya hemos visto que Molly tiene ciertas dificultades con el lenguaje (metempsicosis, por ejemplo, la palabra impronunciable), y aquí comete un malapropismo hilarante, utilizando el término 'omisión' en lugar de 'emisión' del semen. Sólo porque no nos embarcamos en un psicoanálisis me abstengo de darle status de lapsus. Yo diría que habría que diferenciar entre el relato de sucesos (que tiende a la elección de un léxico explícito y vulgar) y el pensamiento puro. En esta instancia, es posible que carezca de un lenguaje propio, lo que la obliga, inconscientemente, a apropiarse de palabras ajenas para expresar lo menos concreto. Si es un proceso inconsciente, no hay registro de ello, y se nos aparece como una mujer que, a diferencia de los hombres que tuvimos oportunidad de observar en gran detalle, no siente temores ni culpas. Una mujer, aparentemente, libre.

En el continuum de su mente, se cuela la primera vez que se acostó con Bloom. Un amante lleva a otro; los amantes no son apreciados –Molly experimenta un cierto disgusto por el acto sexual, sus complementos y variaciones, por el miembro masculino, por las fantasías, sobre todo si hay que ponerlas en práctica. El placer no entra en su ecuación, ni siquiera el recuerdo del placer. Sin embargo, el capricho de la asociación libre la hace contradecirse todo el tiempo: se queja del monstruoso miembro de Boylan y de que no la trata como a una dama, pero ansía que llegue el lunes para un nuevo encuentro; la 'dama' afirma que "todas las mujeres somos putas", pero odia que Bloom le haya traído *Moll Flanders*, una novela de Daniel Defoe cuya protagonista ejerce la prostitución durante doce años (lo que más la irrita es el nombre: Moll=Molly, y en realidad se trata de un escrito puritanamente moralista); no mueve un dedo para reanudar una relación marital con Bloom, interrumpida diez años atrás, pero lo cela imaginando que se revuelca con otras 'por ahí'. La única contradicción que se resuelve es la que se plantea en "todos los hombres son distintos"; "todos los hombres son iguales". Luego se comprende que lo distinto es el fetiche que moviliza el deseo de sus hombres, y lo igual que no les importa la mujer (ella) más que como juguete, repositorio, objeto. En cambio, son más amables los recuerdos románticos: las flores y los besos "bajo el muro de los Moros" en Gibraltar. No está claro cuándo perdió la virginidad. Las frases "por qué no con éste" y "yo a los 15 años sabía más de los hombres que ellos saben de las mujeres a los 50" parecerían sugerir que ocurrió más bien temprano en su vida.

Muchos críticos emprenden una defensa de Molly, aduciendo que no ha tenido amantes antes de Boylan, y que ha sido la negligencia conyugal de Bloom y su 'ojo alegre' para con las muchachas lo que la echó en los brazos del donjuán. Se me escapa el por qué habría que defender a alguien que no está siendo atacado, sino mostrado a través de su 'expansión de la conciencia' creada por el autor. De todos modos, el punto de vista de la Iglesia Católica al respecto sería que no es necesario llegar al acto para cometer adulterio, pues basta con fantasearlo, y Molly, como Bloom, usa abundantemente su imaginación desde hace mucho, como lo prueba la peregrina historia de la banana.

Llama la atención la repetición de la palabra 'padre' en referencia al suyo. El Mayor Tweed aparece como el elemento del afuera que puntúa simbólicamente el monólogo. Hay una nostalgia de padre –"si sólo fumara cigarros [...] el olor de mi padre" – que hace pensar que nuestra Molly es huérfana de padre tanto como huérfana de marido. Hay aquí otro contraste con Penélope, que no veía el momento de alejarse de un padre que intentó matarla (literalmente), y también, haciendo ejercicio de la asociación por proximidad, una similitud en la figura materna: a Molly le intriga el nombre y la ascendencia de su madre la gitana tanto como a Penélope el hecho de ser hija de una nereida que vive en un medio líquido, la visita poco y siempre mojada, y se alimenta de peces vivos.

Joseph Prescott reparó en las múltiples variantes del término 'natural' que contiene esta sección. Básicamente, representa la idea de Molly de la aprobación moral y de lo socialmente aceptable, pero en el recorrido de su pensamiento sobre su vida y su matrimonio, lo natural y lo antinatural va transformándose en otra cosa. Con su marido dormido, atravesado sobre la cama a los pies, se plantea darle una nueva oportunidad a la relación, porque es él quien la conoce en todas sus facetas, mientras que los demás sólo ven los fragmentos que ella desea resaltar según de quién se trate. Si Bloom no reacciona, ella se vengaría haciendo más pública su relación con Boylan.

Antes de discutir el problemático "sí" que abre y cierra el capítulo, es interesante notar que en algún momento piensa que si tuviera la manera, la inteligencia... escribiría un libro con todo lo que pasa por su cabeza. Y el libro se ha hecho: este último episodio es el libro de Molly.

Sí... ¿a qué?

La palabrita no sólo abre y cierra, sino que se repite infinidad de veces. El lector romántico suele tomarlo como una reiteración de la aceptación de Bloom, y es bienvenido a quedarse con un final feliz. Yo propongo que las diversas afirmaciones, esos 'sí' que también puntúan desde fuera de la estructura, afirman su pensamiento y refieren, en cada ocasión, a algo diferente. El último, efectivamente, tiene que ver con Bloom y el nuevo comienzo. No le veo un costado romántico. No significa romper con Boylan. No es un voto mental de fidelidad si –sin acento– Bloom se comporta a la altura de las circunstancias, para lo cual va a tener que avanzar hacia la cabecera de la cama, si puede. Más bien es algo así como 'con él no necesito disimular, no tengo que poner cara de éxtasis ante algún regalito que no vale nada, no tengo que fingir'. No suena a un volver a empezar desde el amor. Es muy difícil imaginar que haya una valoración de la persona antes que una relación a una parte del otro que 'sirve' a un fin utilitario. Es verdad que las últimas líneas tienen un ritmo que sugiere la llegada al clímax; es verdad que Bloom-Odiseo-Ulises ha vuelto al hogar y al lecho conyugal. Falta saber si este no-héroe, en la escala del mundo real, será capaz de tender, metafóricamente, el arco de doce anillos que permitiría que su mujer lo reconozca –lo re-conozca– como hombre.

James Joyce: Breves Datos Biográficos

Nace en Dublín el 2 de febrero de 1882.

Ingresa a Clongowes Wood College, escuela jesuita, en 1888.

Se transfiere a Belvedere College, también de la orden jesuítica, en 1891.

Ingresa a University College, Dublín, en 1898.

Se gradúa en Lenguas Modernas en 1902, se inscribe en la Facultad de Medicina, y viaja a París, de donde retorna a Dublín rápidamente en ese mismo año.

Vuelve a intentar el periplo a París, pero debe regresar a Dublin, llamado al lecho de muerte de su madre, en 1903.

Vuelve a intentar una carrera en medicina, prontamente abandonada, en 1904. Ese año prolífico da a luz *Retrato del Artista Adolescente*, varios poemas luego reunidos bajo el título de *Música de Cámara*, y cuentos que, posteriormente, se publicaron en un volumen conocido en traducciones al español como *Dublineses* o *Cuentos de Dublín*. Conoce en junio a Nora Barnacle, junto a quien abandona Dublín en octubre. Luego de breves estancias en París, Zurich, y Trieste, la pareja se establece en Pola, donde Joyce se gana la vida como profesor en la Escuela Berlitz.

Parten a Trieste, donde nace su primogénito Giorgio, en 1905.

La familia se muda a Roma, donde Joyce obtiene un empleo bancario, en 1906.

Regresan a Trieste en 1907. Joyce vuelve a dar clases de inglés y nace su hija Lucía.

Vuelve a Irlanda para firmar un contrato editorial por la publicación de *Dublineses* en 1909. La tan ansiada publicación se posterga.

Vuelve a Dublín por última vez en 1912, furioso por los obstáculos a la publicación de los relatos bajo contrato.

El manuscrito de *Retrato del Artista Adolescente* y los cuentos que tanta angustia le provocaron en las dilaciones se publican en 1914.

Finaliza su obra teatral *Exiliados* en 1915, que se publica recién en 1918.

Ulises, iniciado en 1914, interrumpido y retomado durante varios años, con apariciones fragmentarias en periódicos, se publica en febrero de 1922.

Comienza a trabajar en *Finnegans Wake* en 1923.

Después de varias intervenciones quirúrgicas en los ojos, debe someterse a una más en 1930.

En julio de 1931, contrae matrimonio con Nora para proteger el legado testamentario. Ese mismo año fallece su padre.

Su hija Lucía da evidencias graves de un trastorno psiquiátrico en 1932, el mismo año en que Giorgio lo hace abuelo de un varón a quien llama Stephen James en honor a su padre.

Se levanta judicialmente el anatema sobre la esencia pornográfica de *Ulises* en 1933.

Finnegans Wake se publica en 1939.

James Joyce muere en 1941 luego de ser operado por una úlcera perforada y es sepultado en Zurich.

Nota: Se han omitido los incontables viajes de Joyce (con excepción de las ocasiones en que regresó a Irlanda), así como la publicación de sus artículos en revistas y periódicos y los problemas familiares, matrimoniales, y económicos que lo acosaron durante gran parte de su vida. Tampoco se hace referencia al inédito *Giacomo*, considerado como semilla del *Ulises*, así como *Stephen el héroe* fue el punto inicial del *Retrato*.

Asimismo, no se mencionan sus relaciones y correspondencia con distinguidos (y no tanto) escritores y pensadores de la época, en concordancia con la premisa de este texto: permitir que la obra hable por sí misma y abra, dentro de lo posible, una ventana sobre la vida del artista.

Para el lector curioso,

cuatro obras accesibles y apasionantes:

Ellman, Richard. *James Joyce*; Anagrama 2002, Barcelona.
Joyce, Stanislaus. *Mi hermano James Joyce.* Compañía General Fabril
    Editora, 1961, Buenos Aires.
Metamorfosis de la novela (comp.) Taurus, Madrid, 1971
Homero. *Odisea*, Editorial Óptima S.L., Barcelona, 1998.

Bibliografía

Barnatán, Marcos. *La Kabala*, Barral Editores, Barcelona, 1974.
Burgess, Anthony. *Re Joyce*, W.W. Norton & Co., Nueva York,
    2000.
Ellman, Richard. *Selected Letters of James Joyce*, The Viking Press,
    Inc., Nueva York, 1975.
——*James Joyce*, Oxford University Press, Nueva York, 1983.
Frazer, Sir James G. *The Golden Bough*, The Macmillan Press Ltd.,
    Hong Kong, 1980.
Graves, Robert. *The Greek Myths*, Penguin Books Ltd., Nueva York,
    1977
——*The White Goddess*, Faber & Faber Ltd., Londres, 1977.
Homero. *Odisea*, Editorial Óptima S.L., Barcelona, 1998.
Humphrey, Robert. *Stream of Consciousness in the Modern Novel*,
    University of California Press, Berkeley, 1972.
Joyce, James. *Ulysses*, Penguin Books Ltd., Nueva York, 1968.
——*A Portrait of the Artist as a Young Man*, Wordsworth Editions
    Ltd., Gran Bretaña, 1992.
La Biblia, Sociedad Bíblica Americana, Gran Bretaña, 1932.
Marengo Vaglio, Carla. *Invito alla lettura di Joyce*, Grupo Ugo Mursia
    Editore, Italia, 1977.
Renán, Ernesto. *Historia del pueblo de Israel*, Editorial Americana,
    Buenos Aires, 1947.
Trevelyan, G. M. *History of England*, Longman, Gran Bretaña,
    1988.

www.ingramcontent.com/pod-product-compliance
Lightning Source LLC
Chambersburg PA
CBHW031254090426
42742CB00007B/444

* 9 7 8 0 9 8 0 1 1 4 7 7 5 *